求是智库
ZJU Think Tank

舟山群岛新区自由港研究丛书

丛书主编 罗卫东 余逊达

自由港管理的
法律制定与研究

Legislation and Research
on Free Port Management

王冠玺◎著

ZHEJIANG UNIVERSITY PRESS
浙江大学出版社

图书在版编目（CIP）数据

自由港管理的法律制定与研究 / 王冠玺著. —杭州：
浙江大学出版社，2020.12
ISBN 978-7-308-19943-8

Ⅰ.①自… Ⅱ.①王… Ⅲ.①自由港—港口管理—法
律—研究—中国 Ⅳ.①D922.296.4

中国版本图书馆 CIP 数据核字（2020）第 268842 号

自由港管理的法律制定与研究

王冠玺　著

责任编辑	陈佩钰	
责任校对	杨利军　夏湘娣　孙　鹏	
封面设计	项梦怡	
出版发行	浙江大学出版社	
	（杭州市天目山路 148 号　邮政编码 310007）	
	（网址：http://www.zjupress.com)	
排　　版	杭州中大图文设计有限公司	
印　　刷	广东虎彩云印刷有限公司绍兴分公司	
开　　本	710mm×1000mm　1/16	
印　　张	21	
字　　数	310 千	
版 印 次	2020 年 12 月第 1 版　2020 年 12 月第 1 次印刷	
书　　号	ISBN 978-7-308-19943-8	
定　　价	78.00 元	

总 序
开启舟山"自由港"筑梦之旅

　　舟山群岛是中国第一大群岛,拥有 1390 个岛屿和 270 多千米深水岸线,历史上被誉为东海鱼仓和中国渔都。从地缘区位来看,舟山是"东海第一门户",地处中国东部黄金海岸线与长江黄金水道的交汇处,背靠长三角广阔腹地,面向太平洋万顷碧波,是我国开展对外贸易和交往的重要通道。从自然地理来看,舟山港域辽阔,岸线绵长,航门众多,航道畅通,具有得天独厚的深水港口和深水航道优势,是大型深水港及集装箱码头的理想港址。

　　舟山独特的地缘区位优势与自然地理优势,使它在 16 世纪上半叶就成为当时东亚最早、最大、最繁华的贸易港,汇聚了葡萄牙、日本等十多个国家的商人,呈现出自由贸易港的雏形。但后来由于倭寇入侵等原因,舟山成为海盗、海商与朝廷对抗的地方。明朝开始实行的"海禁"政策,使舟山的区位优势和地理优势未能转化为支撑舟山经济发展的产业优势。鸦片战争期间,那些来到舟山的侵略者也赞叹它优越的地缘区位和自然禀赋。一名英国海军上校在信中就曾这样写道:"舟山群岛良港众多……如果英国占领舟山群岛中的某个岛屿,不久便会使它成为亚洲最早的贸易基地,也许是世界上最早的商业基地之一……其价值不可估量。"然而,晚清政府屡弱无能,舟山的岛屿价值和港口优势并没有得到应有的重视和开发。因此,在近代中国百年历史中,舟山一直以"渔都"存在着,无人梦及"自由港"。

新中国成立后特别是改革开放政策实施以来,舟山开始焕发勃勃生机,它的地缘区位优势与自然地理优势也受到广泛关注。随着改革开放的深化,2011年6月30日,国务院正式批准设立浙江舟山群岛新区,舟山成为我国继上海浦东、天津滨海和重庆两江之后设立的第四个国家级新区,也是首个以海洋经济为主题的国家级新区,舟山群岛的开发开放上升成为国家战略。2013年1月17日,国务院批复了《浙江舟山群岛新区发展规划》,明确了舟山群岛新区的"三大定位"(浙江海洋经济发展先导区、全国海洋综合开发试验区、长江三角洲地区经济发展重要增长极)和"五大目标"(我国大宗商品储运中转加工交易中心、东部地区重要的海上开放门户、重要的现代海洋产业基地、海洋海岛综合保护开发示范区、陆海统筹发展先行区),舟山的国家战略使命更加清晰。而后,随着我国"一带一路"倡议的提出,2014年11月,李克强总理在考察浙江期间指出,舟山应成为21世纪海上丝绸之路的战略支点。殷殷期许承载了多少历史的蹉跎、时代的重托。

根据国际经验和中国的发展目标及具体情况,我们认为,实现舟山的战略使命,关键在于利用舟山的地缘区位优势与自然地理优势,把舟山创建成中国内地首个自由贸易港区。这既是舟山对国务院提出的"三大定位""五大目标"的深入贯彻,也是舟山"四岛一城一中心"建设目标的突破口和核心环节,更是我国发展海洋经济、创建国际竞争新优势的重大举措。

把舟山创建成自由贸易港区,其技术路线图大致是:从综合保税区到自由贸易园区,再到自由港区。具体而言,第一步,建设综合保税区,让舟山先拥有传统的海关特殊监管区。第二步,选择合适的区域建设舟山自由贸易园区,实行国际通行的自由贸易园区政策,实现贸易自由、投资自由、金融自由和运输自由,使之成为中国内地经济活动自由度最高、最活跃的地区。第三步,争取将舟山全境建设成自由港区,实现贸易和投资自由化,成为能与德国汉堡、荷兰鹿特丹、新加坡、中国香港等相媲美的自由港。

自由港作为国际通行的一国或地区对外开放的最高层次和最高形态,其建设内容是多方面的,比如推动建立完备的自由贸易区法律体系,建立简洁高效的自由贸易区管理体制,逐步放开海关监管、提高海关工作效率,促进金融制度改革等。同时,这些改革举措如何与国家的宏观制度环境相契合,也需要认真考量和应对。这就需要我们从国家战略的角度,先期进行科学的理论研究和顶层设计。基于这样的思路,从2013年开始,浙江大学社会科学研究院设立"浙江大学文科海洋交叉研究专项课题",组织金融、管理、贸易、法律、生态等相关领域的专家学者,一方面研究借鉴国内外相关经验,一方面深入舟山进行调查研究,多领域、多角度、多层次地提出问题和分析问题,进而为舟山群岛新区"自由港"建设提供理论论证和决策咨询建议。现在,我们将成果结集为"舟山群岛新区自由港研究丛书",并作为"求是智库"系列丛书之一献给大家,以响应我国"一带一路"倡议和海洋强国战略建设的伟大号召。

是为序。

余逊达

2016 年 12 月 8 日

自 序

中国内地目前尚未建立自由港,而是比照境外自由港的相关经验,建立了保税港区。保税港区综合了保税区、保税物流园区、出口加工区的所有功能,是目前我国内地开放层次最高、政策最优惠、功能最齐全的特殊区域。但随着我国对外贸易经济的发展,通关壁垒减少,关税水平大范围降低,各类商品的市场配额和其他数量限制配额分阶段逐步取消,保税政策所形成的优势已经日渐减弱。保税港区已经不能适应我国经济发展的需要。

为了适应我国对外贸易经济的进一步发展,我国当前最重要的就是在保税港区的既有基础上,进一步发展为自由港。我国的保税港区实行"先设港,后立法"的探索发展模式,因此尚未建立全国统一的保税港区法律体系;相关保障自由港顺利运行的法律体系和机制还很不完善,这些都将严重影响我国自由港建设的整体进程。

健全的法律体系和完善的法律法规,将是确保我国的保税港区和自由港顺利对接的基础;有关自由港的相关法律制度是否完善,将直接关系到我国自由港的建设能否顺利进行以及自由港建成之后经济效益的好坏。本书结合自由港的有关知识与理论,同时借鉴境外的自由港立法的经验,在考虑我国的具体国情后,提出我国建设自由港所需具备的法律条件,并就"自由港管理法"进行初步探索。

自由港立法一事十分重要，并且兹事体大，本书未尽熟虑之处甚多，作者实属抛砖引玉，并期待方家赐教，十分感谢。

作者在撰写本书的过程中，受到很多师友的鼓励与支持，尤其必须向浙江大学社会科学研究院的余逊达院长，以及浙江大学经济学院的史晋川院长致上最深的谢意，没有他们的支持与鼓励，这本书不可能有机会面世。此外，浙江大学光华法学院的翁晓斌教授、胡铭教授、王超教授、何娟教授等，提供了许多宝贵的意见与参考资料；而在搜集与汇整本书资料的过程中，王贺静同学备极辛劳，李凯更、王好、王政、刘洋、卢志强、杨礼丽、李洺、朱滔、陈伟、费芳、汪鸿渐、项运来、龚熙、朱朝晖、吴栩漩、亓凯、魏大颂等同学所提供的宝贵协助，增益本书甚多，在此一并致谢。

作者最后还要向浙江大学社会科学研究院的程丽、肖军霞、余杨伟等老师，以及浙江大学出版社的陈佩钰老师，致上诚挚的谢意，没有他们诚挚的帮助与支援，作者也不可能在有限的研究时间内将本书付梓。

王冠玺

目　录

第一章
舟山群岛新区自由港建立之必要性

第一节　舟山群岛新区概述

2011 年 6 月,继上海浦东、天津滨海、重庆两江之后,经国务院批准,舟山群岛正式成为国家战略层面的又一个新区。这也是中国国内唯一一个以海洋经济为主题的国家级新区。对于这一年轻的新区,中央给予其三大战略定位:浙江海洋经济发展先导区、长三角地区经济发展的重要增长极、国家海洋综合开发试验区。舟山群岛成为我国海洋战略的重要发展对象,与其自身独特的区位优势、优越的海岛资源紧密相关。

首先,从舟山群岛的历史沿革来看,早在 1703 年,英国人就曾经绘制舟山群岛的地图,对舟山群岛本身以及各岛的沿岸水深,都进行了详细的测绘。[①] 从相关资料可以窥见,英国人认为通过夺取舟山,将对其

[①] 王自夫.英国人测量过舟山海域,定海新闻网(http://dhnews. zjol. com. cn/dhnews/system/2009/06/22/011208327. shtml),访问日期:2013 年 11 月 20 日;See Lieutenant Ouchterlony, F. G. S, *Island of Chusan*, Pelham Richardson, 23, *Chornhill*, 1841. 本书现珍藏于斯坦福大学图书馆,已有 Google 电子扫描版本。

打开华东市场有莫大助益。[①] 事实上,舟山港海域航道顺畅,港池深阔,锚泊避风条件优越,对内是江海联运的枢纽,周边又有上海的保税区与自贸区所形成的区域整体优势[②];对外是远东国际航线的要冲,与釜山、长崎、高雄、香港、新加坡等重要港口[③],构成了 500 海里等距离的扇形海运网络,是远东国际航线要冲。

其次,从地理位置上看,舟山地处我国东部黄金海岸线与长江黄金水道的"T"字形交汇处,它背靠长三角广阔的经济腹地,是我国除台湾地区外另一个深入太平洋的海上战略支撑基地。舟山的岸线资源异常丰富,它适宜开发建港的深水岸线总长 270 多千米,接近全国的 1/4。舟山海域是建设大型现代化深水港的理想港址。再者,舟山位于连接东南亚直至东北亚的深水航道的中间节点位置上。深水航道对国家经济有着异常重要的价值。据《中国海洋发展报告(2010)》,我国贸易货物运输总量的 85% 是通过海上运输完成的。世界航运市场 19% 的大宗货物运往中国,22% 的出口集装箱来自中国。这也意味着,扼守中国经济命脉的,就是连通东南亚直至东北亚的海洋通道。舟山正位于这条海运生

---

① 刘存宽.香港、舟山与第一次鸦片战争中英国的对华战略,中华文史网(http://www.historychina.net/qsyj/ztyj/zwgx/2005-03-22/25378.shtml),访问日期:2013 年 11 月 20 日;See H. B. Morse. *The Chronicles of the East India Company Trading to China*,1635—1834,Vol. 2,p. 225,(Oxford,1926).

② 2012 年,上海保税(港)区在 9 个月内进出口业务同比增长 14.4%,共计 84.5 亿美元,占全上海进出口总量的 25.7%。引自 Shanghai Free Trade Zone reports growth;Shanghai Free Trade Zone has reported 14.4% year on year growth in imports and exports during first nine months. The total hit \$84.5Bn, the zone's administrators said yesterday, adding that the zone is responsible for 25.7% of Shanghai's gross import and export volumes. Commodity sales in the zone amount to 51% of revenues in the 103 special customs supervision zones in China, followed by industrial-commercial tax (52%) and revenues of logistics enterprises (78%). Until the end of September, the trade volume of clients in the zone's settlement centre reached \$6.5Bn and is expected to reach \$10Bn by the end of 2012. Eight finance leasing enterprises and 50 special purpose vehicle companies have entered the zone; 84 finance leasing projects have been conducted in the zone, with assets exceeding \$2.5Bn. Bulk commodity sales in Yangshan free trade zone meantime topped \$8Bn, and another 40 bulk commodity enterprises will be introduced into the zone within 2012. Such zones not only provide preferential policies of reducing or eliminating customs duties and income tax, but also allow foreign business people to open financial institutions and run tertiary industries. http://group.apmoller.net/bu/mcc/IntraAsia%20News%20Highlights/121114%20-%20Shanghai%20Free%20Trade%20Zone%20reports%20growth.pdf. 最后访问时间:2013 年 10 月 1 日。

③ Won Kidane,Weidong Zhu. *China-Africa Investment Treaties*:*Old Rules*,*New Challenges*,37,Formham Int'l l. J. 1035,(2014).

命线的中间节点的位置上。自从宁波—舟山集装箱码头获批准成立以来,该码头以每年 850 万个标准集装箱的速度增长,超过预计增长率的 2 倍,一跃成为我国第三大集装箱港口。近年来,我国对石油、矿产品等重要战略物资的对外依存度均已超过 50%。[①] 舟山长期以来就是我国铁矿砂、煤炭、油品、粮食、化工品等大宗物资的储备运输中转基地,也是未来开发海洋的后勤保障基地。因此,舟山作为自由港的后备港口,其区位、地理条件和发展潜力都有着无可比拟的优势。

第二节　建设舟山自由港的意义分析

在经济方面,作为中国经济的发动机,长三角地区在未来的可持续发展道路上遇到了一个瓶颈,那就是缺乏一个自由贸易港。而舟山群岛自然条件和环境优越,孤悬海外,建立自贸园区、自由港易于掌控风险,这都彰显了它成为自由贸易港的条件非常理想。如果舟山群岛新区成为我国又一个自由贸易港,将与香港南北呼应,既是为长三角经济在未来的继续腾飞做出一个重要战略铺垫,也是为中国在未来新一轮的对外开放提供战略支点。具体来说,推进舟山自由港之建设主要有如下重要意义:

(1)有利于吸引更多资本参与。资本是自由港建设之根本,而完善的法律制度无疑能给投资者提供更稳定的投资环境,提高资本运作的效率和素质。

(2)规范自由港开发和建设行为。通过相应的法律制度,能理顺海洋管理体制,规范各种海洋开发和利用行为,有效防止越权或滥权等不当行为,更好地实现经济发展预定目标,同时保护好海洋生态环境和资源等。

---

① 参见 http://apmportal.apmoller.net/Business%20Areas/Container%20Business/MCC%20Transport/IntraAsia%20News%20Highlights/110905%20-%20Ningbo-Zhousha%20box%20terminal%20wins%20approval.pdf。最后访问时间:2013 年 10 月 1 日。

（3）保护自由港经济活动各参与方的合法权益。通过明确海洋经济活动各方的权利义务，更好地维护各方权益，并及时化解自由港开发和建设过程中产生的纠纷。

（4）推进泛上海港务区的发展。舟山本就是宁波—上海港口线上的重要操作港口之一，舟山作为泛上海港务区域内的重要成员，建立舟山自由港具有以下两点利处：①倚靠上海保税（港）区的高速增长和庞大的容纳量，为建设自由港所需的货物吞吐量打下基础。2012年，上海保税（港）区在9个月内进出口业务同比增长14.4％，共计84.5亿美元，占全上海进出口总量的25.7％。[①] 通过如此庞大的总量和高速的增长比，可以预见上海将会成为舟山货物吞吐量的强大保证。②在依靠上海的同时，舟山自由港的建设亦可帮助开拓上海的港区业务，增强泛上海港务区的综合实力。若在舟山建立自由港区，浙江的港运业务将快速提升，对实现上海世界船运中心的目标必将如虎添翼，助力不少。

第三节　建设舟山自由港对中国当前的战略意义

尽管建设舟山自由港存在一定的挑战，但是挑战往往与机遇并存。如果成功建设舟山自由港，将对我国具有以下重大意义：

（1）有利于提升我国全球资源配置能力，保障国家经济、战略安全。探索创建舟山自由港，有利于充分发挥舟山的综合优势，建设战略物资储备、转运交易加工基地，提升我国在全球大宗商品配置格局中的话语权，保障国家经济、战略安全。[②]

（2）有利于拓展我国海洋战略空间，维护国家海洋权益。探索创建舟山自由港，有利于我国构建南北联通、江海直达、东出太平洋、南下台

---

① 参见 http://group. apmoller. net/bu/mcc/IntraAsia％20News％20Highlights/121114％20-％20Shanghai％20Free％20Trade％20Zone％20reports％20growth. pdf。最后访问时间：2013年10月1日。

② Anyuan Yuan. *China's Entry into the WTO: Impact on China's Regulating Regime of Foreign Direct Investment*, 35 Int'l Law. 195(2001).

湾海峡的重要通道,更好汇集与配置国际航运、金融、保险、信息、货物等资源,更好拓展海洋空间,维护国家海洋权益。

(3)有利于创新海岛开发开放模式,提升中国海洋经济发展水平。探索建设舟山自由港,有利于海岛开发开放的先行先试,科学合理开发和保护海洋海岛资源,形成区域发展的新增长极,提高海洋经济的现代化、国际化水平。[①]

第四节　中国建设舟山自由港可能遇到的挑战

在宏伟的自由港蓝图面前,舟山群岛新区到底该如何发展,仍是困扰舟山的一个现实问题。尽管浙江省已给舟山勾画了粗线条的"路线图"("3年行动计划"),也下放了400余项省级审批权,还出台了激励其发展的数十项优惠政策和措施,但舟山在发展思路上仍面临着诸多困境。

一、舟山自身经济发展的约束

一个最为现实的问题是,舟山相对较小的经济体量和相对较弱的财政状况,制约了舟山下一步"干大事"的雄心。而在人才引领、科技支撑、城市治理、制度环境完善等方面,舟山需要继续提升的空间仍很大。比如按照计划,2014—2017年,舟山群岛新区要完成3000亿元的固定资产投资,这其中有近1000亿元的投资是政府性投资。以2014年的750亿元投资为例,其中政府性投资为263亿元,除了本地财政能够负担以及向上争取的资金之外,仍有145亿元的资金缺口。单单2014年一年的投资资金"缺口"就比舟山的年财政总收入(130亿元)还要大。

因此,新区要发展,仅仅靠自我积累、自我发展,是肯定跟不上的,因此不仅要在存量上提升,更要在增量上拓展,用更多的新的增量来支撑

---

① James A. R. Nafziger, Ruan Jiafang. *Chinese Methods of Resoliving International Trades, Investment, and Maritime Disputes*, 23 Willamette L. Rev. 619(1987).

新区的建设,需要依靠招商引资。

舟山的"隐痛"还在于其产业层面。在对外宣传材料以及向来访客人的介绍中,舟山都会自豪地宣布,其海洋经济增加值占 GDP 的比重已超过 68%,是所有地级市中海洋经济比重最高的城市,也是最具海洋产业特色的城市。该因素也是支撑舟山群岛新区成为"浙江海洋经济发展先行区"的有力砝码。然而,舟山"光鲜"的海洋经济"成绩单"背后,也隐藏着难以向外人启齿的"隐痛"。船舶制造是舟山经济中第一大支柱产业,占据舟山工业的"半壁江山"。在过去几年间,舟山的 3 项造船指标(完工量、手持订单、新增订单)占全国比重均超出 10%,是浙江省最大、全国重要的修造船基地。然而,受国际金融危机等大环境影响,舟山的船舶制造业正面临着巨大阵痛,不少船企订单锐减,有些企业陷入了极为艰难的境地。国内劳动力及原材料成本上升,再加上船东压价,船企利润异常微薄,只得压低工人工资,这也导致员工外流,加剧了恶性循环。从国际趋向上看,更多的船企纷纷开始向越南等东南亚国家转移。不仅船舶制造,舟山其他几大传统产业也面临着类似的窘境。传统优势产业的辉煌不再,而海洋工程装备、海洋新能源、海洋生物产业等新兴产业还处于起步阶段,尚未形成规模和产值。舟山正面临着新旧产业"青黄不接"的现状。

同时,舟山建立自由港,还面临着外界的挑战。首先,就华北地区而言,天津、大连都拥有自然条件优越的深水良港,而且港口容量在不断扩张当中。不仅如此,釜山—大连新航线的发现,使得由北边海域直接到达俄罗斯和欧洲成为可能。同时,该航线的成本将比从上海出发低廉得多。尽管该航线还存在如何应对冬季海域结冰期的问题,但相信解决该问题也只是时间问题。其次,华西地区虽然深处我国腹地,远离沿海港口,但是,其也开始采用我国发达的铁路运输,大规模地向泛深圳港口运输。与向泛上海港口运输相比,华西地区向泛深圳港口运输具有运输时间和成本上的优势。在外围竞争如此激烈的情况下,上海的优势在于其靠近东盟,同时今后将很有可能成为中国加入跨太平洋伙伴关系协议(Trans-Pacific Partnership Agreement,TPP)的窗口。这两项优势,将导致上海注定成为中国金融实践的先锋,是中国开放的窗口。而舟山保税港区的建立,将充分利用上海的开放性和国际性,同时更进一步拓宽上海的灵活性,让泛上海港区在众多激烈的港区竞争中占得先机。

二、管理体制的冲突

中国的保税港区若要向自由港转型,从管理体制来看目前至少存在以下弊端。

(一)运作效率低下

保税港区的政企混合管理模式,在改革开放初期曾发挥过积极作用,目前也还有其存在的合理性,但其弊端已不容忽视。目前保税区政府方面的机构设置与运作模式,难以摆脱条块分割的相互纠缠,致使办事环节复杂,各部门之间互相推诿。从开发公司这方面来看,必须不断扩大经营,使国有资产得以保值;然其作为区内的管理机构,对区内各项工作负有综合协调与管理的职能,并且必须提供社会服务;这种政企不分的特征,在未能得到完善的配套法律与政策支持的情形下,有的开发公司负担极重,甚至到了难以为继的地步。[①] 此外,其他派驻单位的不断进入,向地级或县级政府转变的趋势,使得保税区不同程度地出现了机构组成庞大、行政管理层次较多、办事手续未能充分简化、工作效率不够高以及政企不分等问题。[②] 实际上,早有学者指出,从管理效率来看,我国的保税(港)区,应以建设自由港为服务宗旨,改革行政管理体制,撤并计划经济模式下设立的那些妨碍市场经济发展的机构,以建立高水平、高技术、高效率、廉洁的政府管理系统。[③]

(二)立法情况混乱

中国保税(港)区的立法模式呈现出全国性立法不足,地方自行制定规章为主的局面。这种现实状况或许能够充分调动地方的积极性和创

---

① 舒榕怀.从保税区走向自由贸易区——略论我国保税区发展的趋向.世界经济文汇,2000(3).
② 郭信昌.关于我国保税区建设与发展的若干思考.南开经济研究,2000(1).
③ 左正.建设南中国的自由港——广州进一步扩大对外开放的一个思路.暨南学报(哲学社会科学),1994(10).

造性,但在实践中却存在许多亟待解决的问题。比较突出的问题有以下两点:(1)各地保税(港)区立法过多地考虑自身利益,在利益机制的驱动下,无不运用立法权无原则地制定各种优惠政策和投资保护措施,以在各个保税(港)区吸引外资的激烈竞争中取得优势地位。(2)各地保税(港)区的立法,既不受中央节制,也不考虑《立法法》的规定,其立法内容广泛涉及税收、海关、金融、环保、劳动保护等中央层级领域,以分享中央资源。毫无疑问,当前这种混乱的立法模式,显然有碍中央的宏观调控与保税(港)区的正常发展。①

(三)监管分散

目前中国保税(港)区属于由海关总署领导、地方政府协作的管理模式。由于缺乏统一的监管机构,容易出现各自为政、政出多门的弊端。显然,此种模式是立足于目前的我国立法现状,不得已而为之的举措。在资金调度等重大事项的决策中,扮演重要角色的仍然是保税(港)区主管部门——管理委员会。作为港区建设与运营的直接指挥者,管委会负责建设规划、工程执行、资金预算、效益评估、招商引资等各项事宜,但其法律地位及监管职责却无法可依,不能不说是一个较大的遗憾,②同时也影响了港口运作的效率。③ 也就是说,保税(港)区更多地体现为地方政府的管理,主要是由政府投资、政府管理,政企不分,到目前为止也没有设立特殊功能区的管理机构。而自由港的设立一般都设立专门机构,负责宏观管理与协调,具有权威性。总之,中国保税(港)区与自由港的主要差距表现在经济的对外开放度、自由度和便利化方面的不足。而这些恰恰是自由港能极大促进对外贸易和经济发展的优势所在。④

---

① 金慧华.论我国保税区立法之完善.法学,1995(4).
② 魏德才.保税港区的法律性质与法制完善.西部法学评论,2009(1).
③ 李建丽,真虹,徐凯.自由港模式在我国的适用性分析.港口经济,2010(7).
④ 李九领.建设自由港:我们的差距及改革设想.浦东开发,2011(4).

第二章
中国建立自由港之基础

第一节 自由港转型之基础——保税港区

2013年3月,国务院总理李克强在上海、江苏视察时指出,鼓励上海洋山保税(港)区、外高桥保税区和浦东机场综合保税区在现有基础上研究试点先行,从现有的保税区扩大开放,建立自由贸易试验区,推动完善开放型经济体制。由此可见,由保税区向自由贸易区之转型已成为我国对外开放经济新的立足点与增长点。2013年1月17日,国务院以国函〔2013〕15号文件正式批复《浙江舟山群岛新区发展规划》。根据该文件精神,舟山港作为国家开放金融、贸易、投资、服务、运输等领域的先行区域,在未来将逐步发展成为高度贸易自由化、更加开放的自由贸易园区及自由港区。基于舟山港目前之"3+5"战略定位和发展目标,其对外开放战略将分"三步走",即舟山港综合保税区—舟山自由贸易区—舟山自由贸易港城。所有这些工作的开展,无疑都必须纳入目前的法治政府建设体系中,最终也都需要相关法律进行保障,并在法治的基础上逐步推进。

第二节　自由港概述

当前,在世界范围内已有 130 个以上的国家或地区运营着自由港。[①] 有的自由港发展迅速,并对所在国家或地区的经济起到了重要的推动作用。但是也有自由港遭到了该国或地区居民的抵制,未能发挥出应有的作用。[②] 2008 年全球金融危机后,也有国家或地区通过加快开设自由港的方式促进本国或地区经济发展。[③] 一国或地区自由港在地理范围上的扩大往往被视为该国或地区贸易自由化的象征。[④]

根据自由港的类型不同,自由港建设的条件相应地也不同。世界各地自由港的类型及其建设基本条件主要有以下六种。

一、商业型自由港

商业型自由港以发展贸易和转口贸易为主,其基本特征为:(1)功能单一,即以贸易和转口贸易为主;(2)有限自由,即在自由港区内货物主要进行一些简单加工,除了给予货主进出口免关税的优惠外,没有港区内的其他经营活动优惠;(3)有限作用,商业型自由港是早期自由港的发展形式,其主要作用在于利用港口运输功能促进贸易和转口贸易,改善国际收支平衡,拉动地区经济的作用有限。

二、工业型自由港

工业型自由港以发展工业为主要目的,主要集中于发展中国家。其

---

①　Susan Tiefenbrun. *U. S. Foreign Trade Zones*, *Tax-Free Trade Zones of the World*, *and Their Impact on the U. S. Economy*, 12 J. Int'l Bus. &. L. 149(2013).

②　Sumeet Jain. *"You Say Nano, We Say No-No": Getting A "Yes" Instead for Special Economic Zones in India*, 32 Nw. J. Int'l L. &. Bus. 1(2011).

③　Marcos Valadao, Nara Galeb Porto. *Brazilian Response to International Financial Crisis, the Pre-Salt Discoveries by Petrobras and the New Free Trade Areas in the Cities of Brazil*, 15 L. &. Bus. Rev. Am. 673(2009).

④　Chi-Yung Ng, John Whalley. *Geographical Extension of Free Trade Zones as Trade Liberalization: A Numerical Simulation Approach*, Cesifo Working Paper No. 1147, http://ssrn. com/abstract＝524863.

主要特征为：(1)主要从事出口加工，并带动贸易和转口贸易；(2)多样化的优惠政策，除了给予进出口货物免除关税优惠外，还常向投资者提供所得税、财产税、土地使用费、税费等相关优惠政策；(3)综合性工业型自由港的出口加工业的发展，不仅解决了发展中国家的就业问题，而且为国家赚取了大量的外汇，具有多方面的作用。

三、旅游购物型自由港

旅游购物型自由港主要分布在加勒比海地区，以委内瑞拉的马格利塔和哥伦比亚的圣安德烈斯自由港为代表。这类自由港的特征为：(1)设在环海或临海的岛国或岛屿地区，自然风光优美，有着发展旅游业得天独厚的环境；(2)经济不发达，产业结构单一；(3)对外经济贸易活动呈现单向性，即单向的进口贸易，以弥补国内商品短缺和旅游创汇活动为主要目的，一般不允许加工制造活动，并禁止外商涉足进口贸易业务。

四、综合型自由港

综合型自由港是指同时具备运输、贸易及转口贸易、工业和出口加工等现代港口功能的自由港。综合型自由港的特征为：(1)功能的完备性，自由港区内，通过自身的服务，可形成自我封闭运转；(2)功能的伴生性，即自由港的各种功能相互依托、相互影响，形成航工贸结合的港口经济区；(3)功能的辐射性，综合型自由港的功能具有巨大的影响力，对周边地区的辐射影响力较大。

五、保税型自由港

保税型自由港是指自由港与周边的保税仓库、保税工厂伴生的形式。保税型自由港的基本特征为：(1)广域性，港口通过保税运输线与周边的保税仓库、保税工厂相连，使自由港的政策延伸到其他地方，实际上拓展了自由港的地域；(2)灵活性，保税仓库内货物可自由移动、处理、加工等，成为"微型自由港"。

六、港城型自由港

港城型自由港是指自由港由港口与城市共同组成,形成"前港后城"的格局。港城型自由港的基本特征为:(1)区位优势,即通常位于国际航运主干航线的要冲上;(2)经济自由化,即利用"前港后城"的优势,在自由港城内实行高度的经济自由化政策,推动城市经济的发展,带动城市功能的开发;(3)自由港功能的辐射力大。港城型自由港通常使城市功能辐射覆盖面扩大,使城市成为世界著名城市,如新加坡和中国香港。

第三章
保税(港)区概述

第一节 中国保税(港)区建立背景

改革开放以来,我国经济逐步实现国际化,但以往的保守经济发展方式,仍在某种程度上束缚着我国经济的发展,越来越受到挑战。自1990年,我国顺应经济发展的召唤,建立第一个保税区——上海外高桥保税区开始,我国保税区如雨后春笋般纷纷涌现出来,至今得到国务院批复建立的保税区已有20多个。[①] 我国保税区的概念是从自由贸易区的概念演化而来的,大多临港而建,被誉为具有"中国特色的自由贸易区或自由港"。尽管我国各个地方政府对保税区的地位和功能界定各不相同,但综合来看,在保税区内,境外的设备、资金和原料的进口不必办理海关手续;进口产品在保税区内经过加工后,若出口到其他关税区,设区海关不加以干涉;若要进入设区国关税区内,则视同进口。

我国《保税区海关监管办法》[②]也对保税区做出界定,其第三条规

[①] Rien Van Oeveren. *China's Accession to the WTO New Opportunities for European Exporters and Investors*, 4(2), Int. T. L. R. , 40-46(1998).

[②] 详见附录《保税区海关监管办法》。

定:"保税区是海关监管的特定区域。海关依照本办法对进出保税区的货物、运输工具、个人携带物品实施监管。保税区与中华人民共和国境内的其他地区(以下简称非保税区)之间,应当设置符合海关监管要求的隔离设施。"由以上定义可以看出,虽然保税区与一般经济特区相比,其自由度和开放度都已经提升,但是与国外的自由贸易区或自由港相比还存在差距。特别是在我国加入世界贸易组织后,随着外贸经营权的放开及关税壁垒的减少,保税区的政策优势和"保税"功能正在逐步弱化。①不仅如此,我国大部分保税区虽临港而建,但并未直接与港口相连,一般均与港口有段距离。这样就削弱了港口与保税区之间的互动作用。换言之,与国外真正实现"境内关外"的"U"形自由贸易区相比,我国保税区大多为相对封闭的"O"形设计,即货物不能直接从境外进入保税区,而必须经过其他非保税区。② 保税区的货物进出口都要经过两道海关检验手续,并未实现真正的"一线放开"和"境内关外"。意识到保税区存在的弊端后,我国于 2003 年提出了"区港联动"的政策,即充分利用保税区的政策优势和港口的区位优势,以区带港,以港兴区③,为保税(港)区的建立打下了坚实的基础。

第二节　中国保税(港)区的概念

2005 年,我国第一个保税(港)区——上海洋山保税(港)区经国务院批准设立,其后接续通过国务院批准设立④的保税(港)区有大连大窑湾、天津东疆、海南洋浦、宁波梅山、广西钦州、厦门海沧、青岛前湾、广州南沙、深圳前海湾、重庆两路寸滩、江苏张家港、山东烟台和福建福州等。《中华人民共和国海关保税(港)区管理暂行办法》(2010 年修正)⑤(以下

---

① 张凤清.加入世界贸易组织对我国保税区的影响及其对策.外国经济与管理,2000(5).
② 田开谷.我国保税(港)区法律制度研究.2010 年西南政法大学硕士学位论文.
③ 田开谷.我国保税(港)区法律制度研究.2010 年西南政法大学硕士学位论文.
④ 祈欣.回顾首批沿海地区 30 年外贸发展成就.中国经贸,2008(8).
⑤ 详见附录《中华人民共和国海关保税港区管理暂行办法》。

简称《保税(港)区暂行办法》)第二条规定:"本办法所称的保税(港)区是指经国务院批准,设立在国家对外开放的口岸港区和与之相连的特定区域内,具有口岸、物流、加工等功能的海关特殊监管区域。"从以上保税(港)区的概念可以看出,保税(港)区被界定为海关特殊监管区,具有以下四个特征:(1)保税(港)区的设立须经国务院批准,但其享受的优惠政策由所在区的政府赋予;(2)保税(港)区采取封闭的管理模式,海关严格执行监管和收费[1];(3)保税(港)区适度采用国际自由港的"一线放开、二线管住、区内自由"的监管原则;(4)全港虽然贯穿保税理念,但海关仍保留对港区内货物征税的权力[2]。

第三节　中国保税(港)区的立法现状

一、立法模式

我国目前已设立 20 余个保税区。据不完全统计,其中现行有效的相关法规规章有十余件;从制定的层级来看,可以划分为以下三大类。

(一)中央部委

《中华人民共和国海关保税(港)区管理暂行办法》(海关总署)、《保税监管区域外汇管理办法》(国家外汇管理局)、《关于洋山保税(港)区等海关监管特殊区域有关税收问题的通知》(国家税务总局)。

(二)地方人民代表大会

《天津港保税区管理条例》(天津市人民代表大会常务委员会)、《珠

---

[1] 《中华人民共和国海关法》第三十四条规定:"经国务院批准在中华人民共和国境内设立的保税区等海关特殊监管区域,由海关按照国家有关规定实施监管。"

[2] 此处根据《保税(港)区管理办法》第十七、十九条推出,保税(港)区内并不是当然保税,只有《保税(港)区管理办法》规定免征关税的事项才可免。《保税(港)区管理办法》第十七条:"除法律、行政法规另有规定外,下列货物从境外进入保税(港)区,海关免征进口关税和进口环节海关代征税:(一)区内生产性的基础设施建设项目所需的机器、设备和建设生产厂房、仓储设施所需的基建物资;(二)区内企业生产所需的机器、设备、模具及其维修用零配件;(三)区内企业和行政管理机构自用合理数量的办公用品。"《保税(港)区管理办法》第十九条:"从保税(港)区运往境外的货物免征出口关税,但法律、行政法规另有规定的除外。"

海市珠海保税区条例》(珠海市人民代表大会常务委员会)、《山东省青岛前湾保税港区条例》(山东省人民代表大会常务委员会)、《上海外高桥保税区条例》(上海市人民代表大会常务委员会)。

(三)地方人民政府

《海南省海口保税区管理办法》(海南省人民政府)、《洋山保税港区管理办法》(上海市人民政府)、《广西钦州保税港区管理办法》(广西壮族自治区人民政府)等。

除以上法律法规之外,有些地方还制定了配套性规定以配合港区的管理。例如,上海市口岸管理委员会办公室制定了《洋山保税港区通关模式操作须知》,其中汇编了上海海关、检验检疫局、边检总站、海事局及港务集团有关便捷通关的政策和操作规则。广西钦州保税港区管理委员会制定了《广西钦州保税港区人员及车辆进出管理办法(试行)》等。相关立法文件名称、制定主体和颁布时间,详见表 3.1。

表 3.1 保税(港)区地方立法

保税港区	相关立法文件	制定主体	颁布时间
洋山保税港区	《洋山保税港区管理办法》	上海市人民政府	2006 年 10 月 24 日
天津东疆保税港区	《天津东疆保税港区管理规定》	天津市人民政府	2007 年 9 月 30 日
海沧保税港区	《厦门海沧保税港区管理暂行规定》	厦门市人民政府	2009 年 8 月 7 日
梅山保税港区	《宁波梅山保税港区管理办法》	宁波市人民政府	2010 年 6 月 7 日
钦州保税港区	《广西钦州保税港区管理办法》	广西壮族自治区人民政府	2010 年 10 月 27 日
前湾保税港区	《山东省青岛前湾保税港区条例》	山东省人大常委会	2011 年 7 月 29 日
前海湾保税港区	《深圳前海湾保税港区管理暂行办法》	深圳市人民政府	2011 年 9 月 5 日

在内容方面,以上文件一般包括保税区建立的定位、功能及原则,管理机构与职责、投资经营要求、监管制度、税收与金融规定、服务保障制度、法律责任等内容。同时在立法管理上均采用"先设区、后立法"之模

式。有关情况如表 3.2 所示。

表 3.2　部分保税(港)区相关立法文件主要内容现况

保税港区	相关立法文件	主要内容
青岛前湾保税港区	《山东省青岛前湾保税港区条例》	总则、机构与职责、投资与经营、口岸监管、税收与金融、服务与保障、附则
上海外高桥保税区	《上海外高桥保税区条例》	总则、管理与服务机构、企业设立、经营规则、出入管理、金融管理、建设与房地产管理、税收规定、劳动管理、法律责任、附则
珠海保税区	《珠海市珠海保税区条例》	总则、管理与服务机构、企业设立及管理、经营规则、出入管理、金融管理、建设与房地产管理、税收规定、法律责任、附则
海口保税区	《海南省海口保税区管理办法》	区域设立与功能、机构与职责、企业经营管理、外汇金融管理、税收规定、出入管理
洋山保税港区	《洋山保税港区管理办法》	区域设立与功能、管理与服务机构与职责、企业设立、行政执法、出入管理、基础设施管理、税收规定
钦州保税港区	《广西钦州保税港区管理办法》	区域设立与政策、管理与服务机构与职责、企业设立、出入管理、基础设施与土地管理、互动机制、信息建设
天津港保税区	《天津港保税区管理条例》	总则、管理机构、企业权利与义务、贸易和出入管理、金融和保险、税收优惠、附则
梅山保税港区	《宁波梅山保税港区管理办法》	区域设立与功能、管理与服务机构与职责、企业经营、信息建设、其他部门协调工作机制、出入管理、税收规定、生产生活设施管理、行政执法
宁波保税区	《宁波保税区条例》	区域设立与功能、管理机构与职责、信息建设、企业设立、金融与税收管理、建筑设施管理、行政执法、法律责任

二、管理体制

目前我国保税(港)区在运作机制上已有一定的经验积累,对今后设立自由港有可贵的借鉴意义,并且从管理模式上来说,两者具备相当的互通性。

目前中国保税(港)区的管理模式是一个分工负责、协调配合的管理体系,主要是海关牵头、其他机关配合、地方政府协助的管理模式,是基于我国国情的管理模式。[①] 具体而言,是政府部门(一般为管委会)与经济实体(一般为开发公司)相结合的管理模式:凡涉及政策制定、规划等的审批、区内协调等事项,采用行政管理程序;而涉及业务性、经营性等活动,则采用企业运作方式。[②] 在具体职能上,中国现有的保税区管理委员会或管理局作为所在地政府的派出机构,一般都拥有对区内事务的行政职能和权限。例如,为保证管委会或管理局有效地履行决策、执行、咨询、监督、协调等基本职能,所在地政府都赋予其行政规章制定、规划制定和修改、基本建设管理、投资项目审批、劳动人事管理、房地产管理等权限。同时,管委会或管理局还设有附属的服务公司型经营实体,主要从事土地使用权转让、办公用房和厂房开发、基础设施建设等工作。

第四节 中国保税(港)区与自由港之差异

保税是保税(港)区的核心要件。因此,保税(港)区的税收制度极其重要。"保税"一词原为海关用语,意指进口货物暂不缴纳进口税,而是先将其存入特定区域,并可在该区域内进行加工、装配、制造等工作,如果货物转区出口或加工后再出口,则免交关税。与保税(港)区相比,自由港的范畴要宽广得多。在自由港区内,不仅所有货物免除关税,而且还可能允许港区内进行自由交易,对于货币流通和人员流动的自由也不加以限制。自由港和保税(港)区相比,自由度更高、容纳层次更丰富、内容也更为复杂,具体可体现为以下三点:

(1)设区目的不同。自由港或自由贸易区设立的目的,是在不影响对国内市场保护的前提下,最大限度地获取国际自由贸易给国家经济带来的好处。而中国保税(港)区大多是国家或各地方政府为了发展区域

---

① 魏德才.保税港区的法律性质与法制完善.西部法学评论,2009(1).
② 舒榕怀.从保税区走向自由贸易区——略论我国保税区发展的趋向.世界经济文汇,2000(3).

或地方经济,制造新的经济增长点,带动周边区域经济发展而设立的,侧重于保税(港)区所在地区经济的发展。

(2)区域性质不同。自由港或自由贸易区实现了真正的"境内关外",是属于海关管辖区之外的特殊区域,海关监管力度非常薄弱。而中国保税(港)区只是在关税上实行一定的优惠政策,在海关监管等许多方面仍未实现"境内关外",而只是接近于"境内关外"的海关特殊监管区域。

(3)信任度与自由度不同。自由港或自由贸易区海关对区内企业以充分信任为前提,一般实行单证管理。而中国海关对保税(港)区内货物实行单证与货物监管同步,仍然追求事前监管。在自由度上,自由港或自由贸易区的"自由"贯穿于从货物卸船到运输再到转运的整个过程中。而中国保税(港)区所提供的自由度要小得多。中国海关对保税(港)区内的"一线货物"虽然不征收进出口关税,但仍然实行备案管理,在整个保税(港)区内,实际上还是存在着"一线""二线"和"区内"三重管理体制。

第四章
中国建立自由港所面临的法律问题

第一节 自由港定义的不确定性

一、对自由港的曲解

所谓对自由港的曲解是指在法律法规、政策文件中用"保税"的中文表达代替自由港(free port)中的"自由"。自由港有很多特征,"海关监管特殊区域"是其中之一。我国围绕"海关监管特殊区域"创造了许多具有中国特色的相关概念,"自由港"这个完全的外国舶来品的"中国化"是个复杂的过程,在研究中国自由港问题的时候无法绕开这些"中国式"的概念,以下试举例说明。

(一)保税区(bonded zone)

"保税"是"保留关税"的简称,即进口货物暂时不缴纳进口税,先将其存入特定区域,海关视未来出口情形决定是否补征,如果依约出口,则不再纳税;否则,一旦进入关境地区,则照章补缴。① 国外没有保税区

---

① 王淑敏.保税港区的法律制度研究.北京:知识产权出版社,2010:26.

(bonded zone)概念,只有保税仓库(bonded warehose)和保税工厂(bonded factory)。"保税区"是我国独创的概念,从文义上理解是指面积扩大了的保税仓库或保税工厂。然而,从我国各保税区的设区意图及功能定位来看,我国的保税区不是简单地将保税仓库和保税工厂的功能融合,而是以国际自由贸易园区为功能取向。中央对外文件及中国保税区的对外宣传,都将保税区通译为"free trade zone"(自由贸易园区),而不是"bonded zone"(保税区)。[①] 1990年国务院批准在上海设立外高桥保税区,此后至1993年又先后批准设立了天津港、深圳沙头角和福田、大连、广州、厦门象屿、张家港、海口、青岛、宁波、福州、汕头等共计13个保税区,1996年还批准设立了深圳盐田港和珠海两个保税区。[②]

(二)保税物流园区(bonded logistic park)

根据2005年海关总署发布的《中华人民共和国海关对保税物流园区的管理办法》第二条规定:"保税物流园区是指经国务院批准,在保税区规划面积或者毗邻保税区的特定港区内设立的、专门发展现代国际物流业的海关特殊监管区域。"保税物流园区实行保税区的政策,以发展仓储和物流产业为主,按"境内关外"定位,海关实行封闭管理的特殊监管区域。在该区域内,海关通过区域化、网络化、电子化的通关模式,在全封闭的监管条件下,最大限度地简化通关手续。通过保税区与港口之间的"无缝对接",实现货物在境内外的快速集拼和快速流动。2003年12月,国务院批准设立中国第一个区港联动保税物流园区试点——上海外高桥保税物流园区,目前全国已有上海、青岛、宁波等9个保税物流园区。

(三)保税物流中心(bonded logistic center)

2004年5月,海关总署批准设立苏州工业园区海关保税物流中心(B型),并于当年开始运作。2005年8月,海关总署又批准了两家海关保税物流中心(B型)参与试点。A型保税物流中心,是指经海关批准,

---

① 李泊溪,周飞跃,孙兵.中国自由贸易园区的构建.北京:机械工业出版社,2013:8—9.
② 成思危.从保税区到自由贸易区:中国保税区的改革与发展.北京:经济科学出版社,2003:9—10.

由中国境内企业法人经营、专门从事保税仓储物流业务的海关监管场所;B型保税物流中心,是指经海关批准,由中国境内一家企业法人经营,多家企业进入并从事保税仓储物流业务的海关集中监管场所。截至2013年10月,国家共批准设立苏州工业园区、南京龙潭、北京空港、江阴、杭州等31家保税物流中心。

（四）保税港区（bonded port area）

根据2007年海关总署颁布的《中华人民共和国海关保税港区管理暂行办法》第二条规定,保税港区是指经国务院批准,设立在国家对外开放的口岸港区和与之相连的特定区域内,具有口岸、物流、加工等功能的海关特殊监管区域。自2005年6月22日国务院批准设立我国第一个保税港区——上海洋山保税港区以来,国务院先后批准设立大连大窑湾、天津东疆、海南洋浦、宁波梅山、广西钦州、厦门海沧、青岛前湾、广州南沙、深圳前海湾、重庆两路寸滩、江苏张家港、山东烟台和福建福州共14个保税港区。[①]

（五）综合保税区（comprehensive bonded zone）

综合保税区是经国务院批准,以虚拟港口（内陆地区）为依托,设立在特定区域内的具有保税港区功能的海关特殊监管区域,由海关参照《中华人民共和国海关保税港区管理暂行办法》进行管理,执行保税港区的税收和外汇政策。[②] 自2006年12月我国设立第一个综合保税区——苏州工业园综合保税区以来,截至2013年9月25日,国务院已批准设立唐山曹妃甸、淮安、衡阳、湘潭、盐城、无锡高新区、济南、沈阳、南京、长春兴隆、潍坊、成都、苏州工业园、天津滨海新区、北京天竺、海南海口、广西凭祥、黑龙江绥芬河、上海浦东机场、江苏昆山、重庆西永、广州白云机场、苏州高新技术产业开发区、西安、西安高新、银川、郑州新郑、新疆阿拉山口、新疆喀什、武汉东湖、太原武宿、舟山港、贵阳共33家综合保税区。

---

① 程蕊,王新新.海峡两岸保税港区与自由贸易港区立法比较研究.海峡法学,2012(1).
② 李泊溪,周飞跃,孙兵.中国自由贸易园区的构建.北京:机械工业出版社,2013:120.

对自由港的曲解造成很多不良影响。首先,这造成了自由港建设上逻辑与体系的混乱。经初步统计,在中国有保税区、保税物流园区、保税物流中心、保税港区、综合保税区名称的城市和地区就超过 100 家,这些保税港、中心、园区之间的关系和界限不明确,但是彼此间又因为法规的规定而呈现出错综复杂的关系。其次,频繁设区的短期政策也带来了弊端。关于保税港、中心、园区一般都是使用管理办法、暂行管理办法等加以规定,造成了自由港没有长期的规划,影响了自由港制度实施的权威。再次,这导致自由贸易区(自由港)设立成本过高。每隔几年就要出台相关制度,各个地方须准备申请材料,导致设立自由贸易区的成本过高。最后,这导致各个部门制定政策时产生权力寻租现象。《中华人民共和国海关对保税物流园区的管理办法》《中华人民共和国海关保税港区管理暂行办法》主要是海关总署制定的,部门利益的约束导致自由贸易区的监管比例过高,也可能造成部门制定政策的权力寻租。

二、自由港在中国的正名

通过对世界上自由贸易较为发达的国家和地区进行考察,可以发现对于自由港相关的称谓一般都使用"自由"(free)的称谓,例如欧共体的自由区或自由仓库(free zone or free warehouse)、英国的自由区(free zones)、新加坡的自由贸易区(free trade zone)、中国香港地区的自由港(free port)。虽然拥有全球数量最多自由贸易区的美国使用的是对外贸易区(foreign trade zone),但是这里的"对外贸易区"就是通常所说的"自由贸易区",美国用"对外贸易区"(foreign trade zone)代替"自由贸易区"(free trade zone)主要是为了使法案得以顺利通过。[①]

(一)《京都公约》对于自由港的界定

对世界国际贸易和各国海关监管有深远影响的《京都公约》在附约中对"自由港"有所提及。《京都公约》把自由港归为自由区的一种。"自

---

① 杨建文,陆军荣. 中国保税港区:创新与发展. 上海:上海社会科学院出版社,2008:19;另见:John J.,Da Ponte. *United States Foreign Trade Zones:Adapting to Times and Space*. Law. 197(1980).

由区"是指一国的部分领土,在这部分领土内运入的任何货物就进口税及其他各税而言,被认为在关境以外,并免于实施惯常的海关监管制度。①《京都公约》中关于自由区的附约载明:"有许多国家一向认为,对运入某一通常作为不在关境内的部分领土的货物,有必要适当减免其进口关税,以鼓励对外贸易和促进国际贸易的普遍发展。按上述规定运入的货物不受海关监管。在本附约中,这部分领土称为自由区,而某些国家,则采用了'自由港''自由货栈'等其他名称。自由区可以分为工业区和商业区两种。商业自由区内准许进行的作业一般只限于为保存货物,改进包装或销售质量,准备装运等惯常作业。工业自由区内准许进行加工作业。虽然运入自由区的货物,就有关进口关税而言,一般都认为处在关境以外,然而,有关国家所订立的某些规定,如国内法令所规定的禁止和限制仍属有效。海关也可以在自由区内实行某种监管,以保证自由区内的各项作业均能按照既定的规章进行。从关境运往自由区的货物,通常可在出口时,免除或退还其进口关税或国内各税。未在自由区加过工的货物,准许作为内销货运入关境,此项货物像从国外直接进口的那样,应该照样缴纳进口税及其他各种税赋。对于已在区内加工的外国货,或加工用的货物系来自国内,或虽已经照缴进口税及其他各税,但所纳各税已在货物运往自由区时免除或退还时,应按国内法令制订的特别计征办法处理。"②从《京都公约》的上述文件可以发现,自由港的特征在于它是为自由贸易服务的,是一国海关进口货物税收惯常监管的例外,可以用"国境内海关外"来描述自由港的特征。

(二)《欧共体海关法》对于自由港的界定

《欧共体海关法》③使用了"自由区"概念,根据该法总则第一百六十六条规定,自由区是共同体关境的一部分或者是位于关境内,但与其他

①　根据《京都公约》附约,"关境"指一国海关法可以全面实施的领域。"进口税及其他各税"指在货物进口时或因与进口有关所征的关税及其他各税、国内税、规费或其他费用,但不包括数额与所供劳务成本相当的其他费用。"海关监管"指为保证海关负责执行的法规得以有效实施所采取的措施。

②　参见《京都公约——关于自由区的附约》,中国港口网(http://www.chinaports.org),访问日期:2014年4月21日。

③　《欧共体海关法》系欧盟27个成员方制定并于1993年统一实施,2009年修订。该法冲破了欧盟国家间的海关关境封锁,是关税同盟的典范。

关境内其他地方相隔离的地域。第一百七十三条规定,运入自由区或自由仓库的非共同体货物,在自由区或自由仓库内继续存放的同时,可:(a)按《自由流动制度》和本法第一百七十八条规定条件办理自由流动结关;(b)按本法第一百零九第一款规定指各种形式进行简单处理,无需经过批准;(c)按规定条件办理进口加工制度。但是,在汉堡老自由港、加那利群岛、亚速尔群岛、马德拉群岛和各海外省自由区内进行加工不受经济条件限制。同时,对于汉堡老自由港,如果共同体内某个经济行业的竞争条件由于上段规定例外受到损害,共同体理事会可以规定多数制批准共同体委员会某项立法议案,规定经济条件应当适用于汉堡老自由港内有关经济活动。① 根据《欧共体海关法》,自由港属于自由区的一种形式,而且根据该法第一百七十三条,自由港的自由度还要高于一般的自由贸易区。

(三)中国(上海)自由贸易试验区对自由港的正名

我国对于建设自由港的初步探索应该说是从保税区开始的,1987年深圳经济特区利用其特殊的开放地位,在毗邻香港的沙头角自建沙头角保税工业区,从而在中国开创了效仿境外自由贸易区、创建海关特别监管区的先河。② 在当时的环境条件下,为避免因经济自由化被误解,深圳把本来要建立的自由贸易园区改叫为保税区,考虑到为以后正名为自由贸易园区作准备,保税区的英文名称仍然沿用自由贸易园区的英文名,即"free trade zone"。但中国加入世界贸易组织之前难以在经济自由化认识上有所突破,自此,中国保税区走的是不同于自由贸易园区的另一条以保税为主的道路。根据各保税区的不同情况,在功能上出现了向各类园区性能延伸、交叉的情况。可以说,有些保税区实质上成了经济技术开发区或出口加工区等。另外,保税区被认为是"境内关外"的海关"特殊监管区",其本来的内涵应是监管的高效与宽松,但在有的保税

---

① 参见《欧共体海关法:自由区及自由仓库》,中国港口网(http://www.chinaports.org),最后访问日期:2014年4月21日。

② 成思危.从保税区到自由贸易区:中国保税区的改革与发展.北京:经济科学出版社,2003:78.

区实际上是"特殊监管",比其他区监管得更严,以至出现即便有些保税区的厂房、办公区租金下降,也无人租用的情况。而且一般的保税区地域较小,空间已被占满,有些保税区还出现了外商看了英文名称乘兴而来、败兴而归的情况。从实践上看,现有的保税区难以向综合性自由贸易区过渡,只有在新区构建自由贸易园区才是最适宜的。①

中国(上海)自由贸易试验区的英文翻译为"China (Shanghai) Pilot Free Trade Zone"②,上海自由贸易试验区的提法和国际通常提法相比,在"Free Trade Zone"多了个"Pilot"(试验),这是中国立法的特色,先逐步试点,再总结,等条件成熟之后再正式推出。不过本书认为上海自由贸易试验区很重要的意义在于突破了以前关于自由贸易区或自由港的相关提法。以前的中文提法都有一个共同特征——"保税"(保税区、保税物流园区、保税物流中心、保税港区、综合保税区),而这次首次使用了"自由贸易"的提法,具有里程碑式的意义。由于自由贸易区和自由港都属于广义上的自由区,"自由贸易"的中文表达方式在某种程度上也为"自由港"正名了。"自由"的提法不仅在于与国际惯例相一致,做到了自由港的"名正言顺",而且传达出了一种理念的变化,即自由贸易区或者自由港的功能不仅是与海关监管有特殊关系的"保税"区域,上海自由贸易试验区的目的还在于实现贸易、金融、投资等方面的自由,这种自由正是自由贸易区或自由港的实质特征。

上海自由贸易试验区追求"自由"的理念在《中国(上海)自由贸易试验区总体方案》的指导思想、总体目标和具体制度中都有所体现。例如试验区的指导思想之一是"以开放促改革、促发展,率先建立符合国际化和法治化要求的跨境投资和贸易规则体系",即上海自贸区需要融入世界贸易全球化和自由化的趋势中。例如自贸区的总体目标是"经过两至三年的改革试验,加快转变政府职能,积极推进服务业扩大开放和外商

---

① 李泊溪,周飞跃,孙兵.中国自由贸易园区的构建.北京:机械工业出版社,2013:200.
② 参见《全国人大常委会关于授权国务院在中国(上海)自由贸易试验区暂时调整有关法律规定的行政审批的决定》(*Decision of the Standing Committee of the National People's Congress on Authorizing the State Council to Temporarily Adjust the Relevant Administrative Approval Items Prescribed in Laws in China (Shanghai) Pilot Free Trade Zone*)。

投资管理体制改革,大力发展总部经济和新型贸易业态,加快探索资本项目可兑换和金融服务业全面开放,探索建立货物状态分类监管模式,努力形成促进投资和创新的政策支持体系,着力培育国际化和法治化的营商环境,力争建设成为具有国际水准的投资贸易便利、货币兑换自由、监管高效便捷、法制环境规范的自由贸易试验区"[①]。

第二节　现有立法条件的欠缺

通过对上述现行立法状况的分析,可以看出目前中国保税(港)区的立法条件与自由港设立要求之间尚存差距,具体而言,可归纳出如下问题。

一、立法层级较低,法律法规效力不足

目前,虽然在立法形式上呈现了法律(没有专门针对保税区的法律,但有相关联的《海关法》)、部门规章、地方性法规、政府规章等多层次的法律形式,但没有较权威的法律依据,也没有专门针对保税区的法律。保税(港)区作为我国目前对外开放层次最高、政策最优惠、功能最齐全、区位优势最明显的特定区域,其管理需要由海关、地方政府等多方配合。但目前我国大多数保税区的法规是由地方人民政府制定的地方政府规章,在法律的层级中位阶较低、效力不足,无法与部门规章之间相互约束。这使得保税区监管机关不明,无法建立起权责分明、架构完善的综合管理体系。这不利于保税区具体立法有序推进和基本政策的贯彻实施,也不利于各个部门对保税区监管的协调统一。

二、立法定位不明显,不能体现地区特色

一般而言,保税(港)区的主要功能为保税功能及口岸功能,立法定

---

① 参见《国务院关于印发中国(上海)自由贸易试验区总体方案的通知》(国发〔2013〕38 号)。

位为兼具国际配送、国际采购、国际中转职能的货物自由高效流通的区域。从设区目的来看,保税区的目的在于构成新的开放型经济增长点,成为带动区域经济发展的核心,因此具体定位要配合所在地方经济发展战略的全局性规划,依托地区特色发挥保税区功能。但目前我国保税(港)区立法定位较为笼统,各个地区的区别不明显。

三、立法管理滞后,不利于港区规范运行

我国保税(港)区目前的立法管理均采用"先设区、后立法"的模式,即在保税区建立之后方有法律法规对其进行确认。这样将导致保税区的立法具有被动性,加之我国并未在中央层面有专门针对保税(港)区之法律,各地立法并不统一,没有一套健全的配套法律法规体系,无法保证保税区规范高效地运行。而现今保税区已经步入全新的变革时代,在未来逐步向新型自由贸易港区转型已成为各个保税(港)区的必然之路,在国际上,建立自由贸易区时普遍采用"先立法、后设区"的模式,该模式的优势在于使自由贸易区域在设定好的法制轨道上运行,规范化强、效率较高,各项政策具有稳定性,投资者的权益能得到较好的保障。

四、立法内容模糊,不利于港区开发运作

目前保税(港)区立法内容的模糊性体现在:(1)并未明确规定保税区的主管机关,海关总署与地方政府均可视作主管机关,而保税(港)区管理委员会作为地方政府的派出机构,仅与地方政府存在明确的隶属关系。(2)保税区管理委员会与区内其他部门之间的关系不明晰,如《山东省青岛前湾保税(港)区条例》第七条第六款规定"保税(港)区管委会履行下列职责:……协调配合海关、检验检疫、边防检查、海事、外汇管理以及工商行政管理、税务、质量技术监督等有关部门的工作",其中仅规定管委会有牵头协调之责,而对上述部门具体开展工作时影响不大,这意味着管委会没有对保税区的自治权,这极不利于保税(港)区的开发运作。(3)保税(港)区在运营阶段的经营权主体问题缺少明确规定。是否应将经营权交给企业需要更完善的法律制度,尤其是对于保税(港)区后

期向企业完全的自主及"完全的自由投资、经营、决策和发展"的自由贸易港区转型时，该问题将日益凸显。

五、立法体系不全，不利于港区功能实现

目前我国已建立的 20 余个保税（港）区中，超过半数未制定专门的法律规范，已制定相应规范的保税区之间联系并不紧密，尚未形成一个全国统一的保税区法律体系。这导致各个保税区之间法律法规内容零散且差别较大，功能及性质定位不一。在配套规定方面更是仅有极个别地区制定了相应的操作规范及管理办法，立法体系极不健全，这极大地阻碍了保税区保税及口岸功能的实现。

第五章
其他自由港或自由贸易区
法律制度的借鉴和启示

第一节　美国自由贸易区

一、立法模式

美国采取自由贸易区制度。美国最初设立对外贸易区,是建立在国会旨在"促进和鼓励对外贸易"而通过的《对外贸易区法》①的基础之上,为解决就业和促进贸易、生产、金融而提出的一揽子解决方案。美国的自由贸易区政策优惠较多。这是因为美国希望通过自由贸易区提升其港口的竞争力。美国作为一个世界强国,又具有广阔的海岸线,可是不论是其港口的吞吐量还是船运公司的运量排名,均不在世界排名的前列。由此可见,美国的港口还具有发展的空间。而美国正是希望借助自由贸易区刺激美国的港口发展。而要充分发挥自由贸易区对港口的辅助作用,自由贸易区的软条件——金融和管理法规的制定就显得非常重要。美国对外贸易区的法律制度建立在 1934 年《对外贸易区法》的基础

---

① 详见附录《美国对外贸易区法》。

之上,并分别在《联邦政府法规汇编》第 5 卷第 400 部分和第 19 卷第 146 部分中规定了详细的具体操作程序,从而形成一个较为完整的对外贸易区法律法规体系,奠定了对外贸易区稳定发展的法律基础。[①] 1950— 1999 年近 50 年间,美国国会对《1934 年对外贸易区法》总共进行了 8 次修订,每次修订都推动了对外贸易区的发展。同时,海关法中有专门针对对外贸易区的法律规定,包括美国财政部授权海关部门制定的法规,也是管理对外贸易区运作的主要法律。[②]

二、管理体制

美国是世界上对外贸易区(自由贸易区)数量最多的国家,也是对外贸易区法制最完备的国家,实行政府管理和市场管理相结合的双层管理体制。美国的对外贸易区管理体制分为两级:一级是对外贸易区全国性的管理体系;二级是对外贸易区内部经济管理体系。

全国性管理体系,主要是指联邦政府与全国性宏观决策、调控、监督和协调机构,即美国对外贸易区委员会、美国海关总署和全国对外贸易区协会。区内管理体系,主要是指由对外贸易委员会授权的法人团体和私人公司按照公用事业原则进行经营。根据法案规定,任何公共机构和私人公司(包括外国公司)均有权申请建立、经营和管理一个对外贸易区,也可以用出租的方式给私人公司使用。承办者,即对外贸易区的承让和主管者,是指经批准授权组建、开业和维护对外贸易区特权的公共或私人法人团体或公司。有的对外贸易区的承让人选择一些非盈利的公共法人团体或私人公司作为业务的经营管理者。无论是承让人、经营者还是管理者,都必须共同承担起对外贸易区的经营管理职责。尽管对外贸易区可以按市场化原则来开展业务,但仍要受到政府有关法律和政策的制约,并行使类似政府部门的某些功能。[③]

---

① 周阳. 美国对外贸易区制度及对我国保税港区的启示. 水运管理,2009(2).

② Robert J. Heiferty. *The Conoco Decision：Exclusive Review of Foreign-Trade Zones Board Determinations by the U. S. Court of International Trade*, 20 Brook. J. Int'l L. 563 (1995).

③ Michael Andrusk. *The Public Interest of the US Foreign Trade Zone*, 18, Int. T. L. R., 86-97(2012).

根据美国《对外贸易区法》的规定,对外贸易区采用中央与地方分级管理的两级管理模式。一级机构是联邦政府对全国性的对外贸易区实行宏观决策、监控和协调的机构;二级机构是州和地方对所辖外贸区经营活动进行管理的机构。[①]

(一)一级机构

包括美国对外贸易区委员会、美国海关总署和美国对外贸易区协会,现分述如下:

(1)美国对外贸易区委员会。美国的外贸区委员会是根据1934年国会通过的法案设置的,也是美国联邦政府授权直接管辖全国所有外贸区的最高行政管理机构。它的总部设在首都华盛顿的商务部内,成员由商务部、财政部和陆军部三个部的部长组成。其中商务部部长任主席和执行长官,财政部部长和陆军部部长为成员。为了及时处理和准备需提交部长委员会决定的各种事务,由三位部长委员各自任命一名代理人,组成委员会下设的代理委员会。同时,部长委员会下设有商务部长委派的作为日常工作主管的一名执行秘书,并由其任命的几名检查员,连同地方海关专员和工程技术人员参加组成的检查人员委员会,负责对各地提交的外贸区建立申请进行实际的检查和调研,并向部长委员会提交调查结果报告。

(2)美国海关总署。"9·11"以后,美国组建了新的国土安全部。美国海关总署成为国土安全部下设的"海关和边境保卫局",它的主要职责是:规范执行货物在对外贸易区的进出监控,依法征收关税,确保进出货物的安全,负责海关规范的解释等。[②] 保障进口物品不危害美国国家安全,是"9·11"以后新构架下美国海关的首要职责。在外贸区管理体制中,美国海关总署配合外贸区委员会的工作,行使必需的海关管辖权,就外贸区进出货物和人员活动进行监督管理。

(3)美国对外贸易区协会。美国对外贸易区协会是美国所有外贸区

① 王庆.保税区监管法律制度研究.2009年西南政法大学硕士学位论文.
② Susan Tiefenbrun. *U. S. Foreign Trade Zones , Tax-Free Trade Zones of the World , and Their Impact on the U. S. Economy*,12 J. Int'l Bus. & L. 149(2013).

普遍参加的一个协调与合作的民间性组织。该组织定期在各地召集协会成员开会,主要就外贸区遇到的共同性问题和困难进行讨论与协商,并同有关政府部门商议寻求解决办法。该组织还从事一些有助于外贸区经营与发展的具体辅助性工作,如各外贸区经营交流等。

（二）二级机构

二级机构是州和地方经营管理对外贸易区的具体活动,主要是指承办和主管经过批准或授权组建、维护对外贸易区特权的公共或私人的法人团体或者公司,主要可分为以下几种类型:

（1）外贸区承办者。承办者即外贸区的主管者或承让人,指经全国外贸区委员会批准并授权筹建、开业和维护外贸区特权的公共或私人法人团体或公司。其职责是行使政府职权和功能,例如执行法规、政策以及全面的政策方向指导。承办者虽然在名义上是外贸区的经营者和管理者,但在实际执行中,又往往通过签约的方式,将一些专门性的业务活动交由与仓储、房地产、供销等业务有关的公司承办。因此,在美国外贸区的经营管理工作中,不只是有承办者,有些还另设有管理者和经营者。

（2）外贸区经营者。外贸区经营者即在承办者监督下的机构实体,一般是指通过招标和招聘的方式签订合同、履行外贸区日常业务经营活动职责的区内私人公司和个人,如房地产开发公司、船舶运输公司及承办者聘请和雇用的仓库管理员、律师、咨询顾问、退伍军人和政府官员等有经验的经营管理者。

（3）口岸关长。美国对外贸易区政府管理体制中最具特色的是口岸关长（port director）制度。目前在美国有 317 个口岸,每一个口岸由海关任命一位口岸关长,口岸关长既负责管理整个口岸海关事务（所有对外贸易区都设在某一口岸地区或附近地区）,同时也兼任联邦政府对外贸易区委员会的驻地代表,指导对外贸易区的管理。口岸关长的主要任务是,对区域活动（货物进出）实施监督,就所在区域政策评估、区域变更、违规处罚等事项向对外贸易区委员会提出报告和建议。口岸关长在对外贸易区管理事务中主要是发挥对区域监管的"耳目"功能。口岸关长制度较好地体现了对外贸易区管理的国家主导地位。

(4)使用人。使用人是指与对外贸易区承办者或经营者达成协议，利用对外贸易区储存、处理或加工外国或国内货物的公司、合伙企业或个人。通常情况下，对外贸易区使用人是向海关申请准许其货物运入、加工或运出对外贸易区的实体。在分区内，经营人与使用人往往是同一个实体。根据规定，承办者可以许可其建造建筑物，并在其中开展业务。

美国的这种中央—地方双层管理体制保证了对外贸易区经济的有效运行。同时，联邦政府采用协会管理和政府管理相结合的方式，使自治和管制相互渗透，让企业成为保税区发展的主体。[①]

第二节　荷兰鹿特丹港

一、立法模式

荷兰鹿特丹港并非一个严格意义上的自由港，从更为准确的功能定位而言，鹿特丹港应当是一个典型的保税仓库区（物流型自由贸易区）。鹿特丹港保税区仓库早在 1815 年就开展了自由贸易，该保税仓库集中在港口内，公共保税仓库面积达 4.3 万平方米，再加上私营、商行、工厂的保税仓库，形成了一个很大的保税网。荷兰海关设计出了具有相当弹性的保税仓储与运输制度，在全国范围内，将保税仓库与保税运输系统连成一个整体性的保税网络，以增加全国各地物流企业的营运活动机会，提升国家总体经济实力。其特点是以保税为主，免除外国货物进出口手续，使有关货物较长时间处于保税状态。同时，通过自由港区的运作并以保税运输线带动周边的保税仓库、保税工厂运作，形成了"自由港区＋保税运输线＋保税仓库＋保税工厂"的模式[②]，将其政策优势辐射出去，继而带动口岸地区的经济发展。尽管鹿特丹港保税区的模式已相

---

① Bashar H. Malkawi. *Lessons from the United Stated-Jordan Free Trade Agreement*, 14, Int. T. L. R., 26-28(2008).

② 庄倩玮，王健.国外港口物流的发展与启示.物流技术，2005(6).

当成熟,趋于完美,但是鹿特丹市 1998 年的研究报告认为,自由港在简化手续和提高效率方面的优势是十分明显的,在条件不适合建立自由港的地区,也应当借鉴其自由便利的精神,以先进的自动化技术和信息技术手段来提高效率。因此鹿特丹港虽然不是自由港,但在海关政策方面借鉴了很多国家和地区自由港的措施,同样具有特色和吸引力,富有灵活性。

规范鹿特丹港的法律分为国际和国内两个层面。在国际法层面上,国际海事组织(IMO)的《国际规则和欧共体海关法》是规范鹿特丹港的主要的相关法律;在国内法层面上,《荷兰民法》《荷兰公司法》《荷兰海关法》《关于驳船运输危险货物的规定》(ADNR)《内河治安法规航运交通法》(BPR)《内河航运监管条例》(STZ)《领海运输条例强制引航法令》(1995)《引航豁免证书持有者货运交通法令》《执业(海事)引航员条例》《船舶污染防治条例》《监管运输危险物质条例》《有通信和引航要求的远洋航行条例和港口安全法》(ISPS)共同构成了荷兰鹿特丹港的法律规范体系。

二、管理体制

在管理体制方面,鹿特丹港采用公司制。2004 年,鹿特丹港口管理局实行公司化改革,成为一个独立的由政府持股的股份有限公司,公司名称为“鹿特丹港口控股公司”。该公司遵守《荷兰民法》和《荷兰公司法》,是一个由非执行董事会和执行董事会组成的法人,其股东是政府机构,主要股东为鹿特丹市政府,股东还包括荷兰国家政府以及地方性政府机构。此次公司化改革使鹿特丹港更好地行使它作为“港口当局及港口和工业综合区的管理人”的职能。同时,将决策权从鹿特丹市政府转移至该公司,减少了行政干预,提高了公司的商事权,从而为其提供了一个更快、更高效的决策机制以提高其综合竞争力。鹿特丹港控股公司的具体行政管理机构设置为:设总裁和副总裁,下设秘书长,主要部门有港务监督、公司战略、商务、基础设施和环境、通信联络、法律事务、航运和码头发展以及物流开发。2005 年 1 月 1 日鹿特丹港对其组织机构又作了如下改进。

（一）执行委员会

成员包括总裁、副总裁、商务事务主任、港口基础设施和码头事务主任、财务和信息主任。

（二）监事会

公司同时设有以副市长为首的监事会，监事会负责公司的重大方针政策的制定和重大预算支出决策。监事会成员都是从公司以外聘请，他们都在国有公司、交通、能源工业和股东管理方面有丰富的经验。股东在年度股东大会上有很大的影响力，并且由股东任命监事会的新成员。

西欧港口的竞争激烈，鹿特丹港能在群雄逐鹿的情况下脱颖而出，保持其地位不倒，其优越的管理制度功不可没。鹿特丹港的管理制度是半政府式的，即"鹿特丹市政府＋鹿特丹港公司"的管理模式。这种半政府式的管理模式，在决策时，既有政府的公权力也有私营公司的竞争力，使得鹿特丹港口的管理更为灵活，效率更高，成为鹿特丹港的重要优势之一。

第三节　中国香港地区自由港

一、立法模式

中国香港地区在 20 世纪初已经成为自由贸易港，在不断的发展中成为一个集商贸、金融、投资等领域为一体的全方位自由港区。香港自由港的特点为"自由"，同目前世界上仍然存在的传统自由港相比，香港自由港的自由程度是最高的。香港自由港的范围包括整个香港地区，可谓是自由港城。① 在这里，一般商品不仅可以免税自由进出，而且可以再加工、制造；香港市民可以在自由港内居住，本地居民和外来旅客可以

---

① 陈永山，汪慕恒，郭哲民，等.世界各地的自由港和自由贸易区.厦门：厦门大学出版社，1988：69.

自由买卖港内的外来商品。另外,在中国香港,资本进出完全自由,境外资本可以在各行各业自由投资,这在世界上也是罕见的。在立法模式上,《香港法例》第六十章"进出口条例"、第一百一十五章"入境条例"和《买卖货物条例》对香港自由港的相关制度进行了规定。关于自由港的具体法律规定主要集中在如下几个方面。

（一）贸易方面

香港没有专门调整国际货物买卖的"成文法"。现行最重要的贸易法规是1977年修订的《买卖货物条例》。《买卖货物条例》共六节六十二条,详细规定了国际货物买卖合同当事人的权利义务关系。具体来说:第一部分规定了合同的成立;第二部分规定了合同的效力;第三部分规定了合同的履行;第四部分规定了卖方在买方未支付货款时的救济措施;第五部分规定了违约责任及买方和卖方的救济措施;第六部分是一些补充规定,其中包括对《买卖货物条例》中一些关键词的定义。

（二）进出口方面

《香港法例》第六十章"进出口条例"共分为八个部分:第一部分为综述,主要包括导言、条例所涉专业名词的释义和条例的一些特殊适用等方面的内容;第二部分包括行政决定及上诉的程序;第三部分包括禁运物品的规定;第四部分是关于未列舱单货物及走私的规定;第五部分是关于海关人员调查权的规定;第六部分是关于没收的规定;第七部分是关于订立相关规例的权力和程序的规定;第八部分为杂项。

（三）入境条例方面

《香港法例》第一百一十五章"入境条例"共分为八个部分:第一部分为综述,主要包括导言和条例所涉专业名词的释义等内容;第二部分为入境的程序;第三部分为入境的管制;第四部分为外国人及暂住酒店或其他住宿地方的人提交相关信息的规定;第五部分为遣送或递解离境的权力;第六部分是关于遣送离境及递解离境的补充条文;第七部分是关于羁留的规定;第八部分为杂项。

二、管理体制

中国香港拥有世界前三大吞吐量的港区,其自由港的操作与其他港口相比,更类似于金融操作。香港自由港主要是利用海运提单(有价证券),在自由港内做借贷与转让,避免课税与贸易壁垒限制的问题。此类操作的前提是该港口必须具有相当开放且成熟的金融基础,这是因为其中对风险与法规的开放度,都是一种相当大的挑战。而"一国两制"的特殊性[①],使香港正好具备如此开放的金融体制,造就了闻名世界的香港自由港。香港一直以来具有奉行经济自由主义理念的传统。[②] 香港作为一个单独关税区,奉行的是"不干预主义",其政策包括贸易自由、企业经营自由、金融监管自由、人员进出自由、信息开发自由[③],特区政府只实行最低限度的干预。完全不干预政策是香港自由港经济政策体系最为重要的组成部分。具体来讲,特区政府的职责主要包括以下两个方面:(1)创设基本条件,保证此区域内市场的正常运作;(2)针对市场的弊端进行宏观调控和直接干预,即政府对经济的宏观调控和干预,又可分为三种情况:一是完全不干预。特区政府对有形贸易、无形贸易、航运、旅游、外汇资金及货币的进出交换、居民出入境等实行非管制政策,在这些方面,"政府容许私营机构经营自身的业务,既不加以干预,亦不给予津贴"。二是实行完全干预。例如,对土地实行完全控制,地下铁路和工业村公司实行官办,直接经营港口、机场、道路、九广铁路和邮政。三是干预与不干预相互结合。例如,对私人经营的公用事业公司,特区政府通过合约,在价格、服务质量上进行监督、干预;对渔农业、住宅建筑及一些半官方机构、服务机构实行无息、低息贷款或一般性扶助。

在上述一般性原则指导下,特区政府及其工作部门在关于自由港的法律框架内分工明确、职责分明。具体来说:(1)在贸易管理方面,起重

---

① Martin S. Flaherty. *Hong Kong Fifteen Years After the Handover : One country , Which Direction?* 51 Colum. J. Transnat'l L. 275(2013).

② Miron Mushkat. Roda Mushkat, *The Political Economy of Hong Kong's "Open Skies" Legal Regime : An Empirical and Theoretical Exploration ,* 10 San Diego Int'l L. J. 381(2009).

③ 高培新. 论厦门特区实行某些自由港政策问题——香港、汉堡、利物浦自由港发展的启示. 厦门大学学报,1989(1).

要作用的管理机构主要有两个：一个是香港工业贸易署，其主要职责是执行香港贸易政策，负责颁发绝大部分的进出口许可证和原产地证明，并定期发行有关贸易信息和贸易政策法规的出版物。另一个是香港海关，主要负责对课税商品的课税，制定和执行有关进出口管制的政策。香港海关拥有搜查、没收和逮捕的广泛权力。此外，香港贸易发展局在发展自由贸易港中也有不可替代的作用，它是 1966 年成立的非营利半官方机构，专门从事有关香港产品贸易和服务贸易的推广工作，先后在全球设立了 40 多个办事处，其中在中国内地就有 11 个。香港贸易发展局目前在拓展香港自由贸易方面所做的工作是在产品贸易的基础上，大力推广服务贸易。（2）在金融管理方面，香港金融管理局监管香港的银行体系，确保以高度专业的水平发挥货币发行银行的功能并维持货币及银行的稳定，令香港业界及国际金融界对香港银行体系保持信心。（3）在物流管理方面，如前所述，由于外包经营模式的成功，使特区政府只站在监督的立场，而不用投入巨额资金改进港区的建设，并且可向承包经营者收取租金。这对特区政府来说除增加财源外，也可解决一部分就业问题，一举多得。

第四节　韩国、澳大利亚、日本、马来西亚的自由贸易区或自由港简介

一、韩国自由贸易地域

目前，韩国共设立了 10 个自由贸易地域，分别为：群山自由贸易地域、大佛自由贸易地域、蔚山自由贸易地域、益山自由贸易地域、金堤自由贸易地域、栗村自由贸易地域、平泽—唐津港自由贸易地域、东海自由贸易地域、马山自由贸易地域、新港自由贸易地域。①

---

① Sherzod Shadikhodjaev. *International Regulation of Free Zones：An Analysis of Multilateral Customs and Trade Rules*，10，World T. R.，189-216(2011).

　　韩国关于自由贸易区最为主要的法律为《关于自由贸易地域的指定及运营的法律》，此外与自由贸易地域有关的法规还有：《关于自由贸易地域运营的指针》《自由贸易地域国有土地及建筑物租赁价格的规定》《关于自由贸易地域进出物品管理的告示》《群山自由贸易地域管理院委任专决规定》《大佛自由贸易地域管理院委任专决规定》《蔚山自由贸易地域管理院委任专决规定》《益山自由贸易地域管理院委任专决规定》《金堤自由贸易地域管理院委任专决规定》《栗村自由贸易地域管理院委任专决规定》等。综合上述法律法规，主要内容为以下几点：

　　（1）《关于自由贸易地域的指定及运营的法律》力求将制造业与物流业有机联系起来，将以物流业为中心的关税自由地域和以制造业为中心的自由贸易地域合并成为一元化的自由贸易地域。

　　（2）为形成专业化及特性化管理，产业资源通商部长官、国土交通部长官、海洋水产部长官分别成为自由贸易地域中产业园区、机场/流通园区及货物码头、港湾及背后地的管理人。

　　（3）主要以出口为目的或经营制造业的外商投资企业、主要以进出口贸易为目的的经营批发业者、经营物品的装卸/运输/保管/展览等企业、经营支援自由贸易地域入驻企业事业的行业者等可以入驻自由贸易地域，管理人应优先许可外资企业、含有高新技术的项目的经营者及出口为主要目的的事业经营者入驻。

　　（4）允许自由贸易地域内的地方自治团体所有的土地或工厂等出租或出售于入驻企业或支援企业，其租赁费或出售价格不适用地方财政法的规定，适用自由贸易地域内有关条例的规定，其租赁期间属入驻企业的租赁期限最长为50年，支援企业的租赁期限最长为10年。

　　（5）自由贸易地域内入驻的外国人投资企业，根据《外国人投资促进法》予以视为在外国人投资地域入驻的外国人投资企业，并对其土地/工厂等可以减免租赁费。

　　（6）对入驻企业为搬入自由贸易地域内而申报的机器/器具/设备及装备及其零部件等国内物品可以免除或退还关税并适用增值税的零税

率,对自由贸易地域内的入驻企业之间的供给或提供的国外物品及服务也适用增值税的零税率。

二、澳大利亚自由港

早在 1985 年,澳大利亚政府就在达尔文建立了首个也是该国至今唯一的自由贸易区——达尔文贸易发展区(Darwin Trade Development Zone)。其建立的主要目标则是加大和开拓澳洲在亚洲国家的投资与出口量。然而,这样一个完全由国家主导、建设、投资和运营的自由贸易区并非真正意义上的自由港。之后出现的一连串问题使得该项目最终于 2003 年彻底破产,其破产原因如下:(1)政府介入力度太大,没有引入市场竞争机制,缺乏积极参与的商业主体;(2)北领地地区本身基础设施薄弱,交通不便利,人口稀少,城市化规模不够,配套服务差;(3)过分发展低技术劳工和低附加值产业;(4)自由贸易政策并没有优惠而宽松的投资政策相配合,澳大利亚外国投资审批委员会(Foreign Investment Review Board)过严地审核外国企业在该地区的投资性质和合同内容,变相抑制了本地区吸引外资和外国先进技术的发展潜力。2008 年的一份会计报告显示,因外商投资审查制度的拖延,澳大利亚每年要损失 40 亿澳元的投资,此外还有约 15 亿澳元的投资中途选择退出。至此,所谓的达尔文贸易发展区仅仅停留在一个简单的工商业园区,其贸易进出口量远远低于澳洲其他主要港口。

尽管自由贸易区的实践走向了失败,但是自由贸易区的建设初衷仍然不时被相关政党和领袖重提,如前外交部部长陆克文支持保税政策,1998 年参与总理竞选的前反对党领袖 Kim Beazley 提出在新南威尔士州港口城市纽卡斯尔建立一个特殊经济区,现任反对党副党魁 Julie Bishop 提出有必要在西澳建立一片特殊的经济发展区域。但是种种言论和口号都未能实现在行动中,也许澳大利亚政府在失败之后态度更为谨慎,即使对自由贸易区的经济效益有所预见,但当前仍持观望态度并缺乏信心。

虽然政府对于目前建设自由港持保守态度,澳大利亚学者仍然积极提出建设自由港的对策。澳大利亚智库公共事务研究所(Institute of

Public Affairs)贸易政策部主管 Tim Wilson 及其团队在 2010 年明确提出了重建澳洲北部自由贸易区的必要性和可行性。具体而言,该团队提出的可行性措施包括:

(1)为了发展北部经济,一个新的自由贸易区的面积应该足够大到囊括所有未开发或开发力度不够的地区。(2)该地区应该私有化或至少由私人企业负责运营,以产生更好的社会效益和环境效益。(3)政府用立法的方式保证投资的可预见性,通过适度的时间表安排向投资者传达收益回报的取得可能和时间。(4)各级政府应紧密合作并协调各项职能,便利通关手续,减少重复的行政立法、规范、税收和企业管理要求。(5)鼓励国内和海外移民进入北领地,放宽移民政策。尤其是对具有专业水平的贸易从业人员和其他高技术人员,可采用新的、快捷的签证制度。(6)减免个人和企业的所得税和诸如印花税等各种交易税。(7)修建和拓宽基础设施和道路铁路,连通北领地和澳大利亚其他州主要城市和产矿区。(8)放宽外商投资审查,减少或简化诸如建设许可证、固定资产登记以及税收登记等方面的手续和要求。(9)协调当地土著居民和外来居民之间的关系,为当地民众提供充足的教育、培训、就业和创立中小企业的机会,改善他们的生活条件和公共福利。

三、日本自由贸易区

日本设有冲绳自由贸易区,包括那霸市自由贸易区和中城湾特别自由贸易区。但与世界上一般意义的自由贸易区不同,冲绳自由贸易区并非对来自外国的所有类型产品免税,而是仅对原材料和半成品免税。与"保税区→自由贸易区→自由港"这一主线不同,2000 年以来日本的港口发展改革重点关注的是建立"港口国际流通基点"。港口国际流通基点主要具有两方面的功能:(1)物流效率化功能。在亚洲地区一体化结构中,提高日本作为亚洲各国进出口货物中心的货物运输效率性。(2)价值附加功能。活用港口的位置特点,提高价值附加功能。例如活用保税制度进口原材料,进行流通加工和制造,进而向国内和国外输出。

日本建立港口国际流通基点的进程如图 5.1 所示。

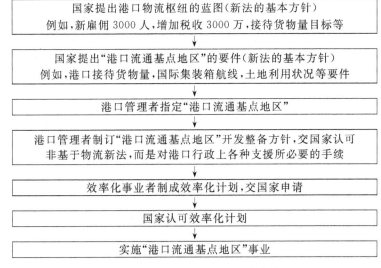

图 5.1　日本建立港口国际流通基点的进程

四、马来西亚丹戎帕拉帕斯港

Tanjung Pelepas 是马来西亚的港口，中文为丹戎帕拉帕斯港，简称 PTP，位于马来西亚半岛南端，与新加坡相邻，是世界航运的咽喉。丹戎帕拉帕斯港是现任航运巨头马士基在东南亚的集装箱运输和转运业务的基地，主营马士基航运西行欧洲、非洲、中东等地区的路线，地位十分重要。除了马士基，法国达飞航运和中国的中海航运等，也使用丹戎帕拉帕斯港口的集装箱转运服务。丹戎帕拉帕斯港仅仅用了 4 年时间，该港集装箱吞吐量就由 0 发展到 400 万标准集装箱。现在的 PTP，不仅仅是马来西亚最大的集装箱港口，在不久的将来，还会发展成为东南亚地区规模最大、集装箱运量最高的集装箱运输和中转枢纽港口。PTP 的经营方式灵活多变，一切顺应客户的需求，仓库可出售或租赁，价格和期限都可协商。PTP 还有土地批租，供海内外客户自己投资设计建造办公大楼和仓库。PTP 当局把确保一流服务质量作为每日工作的首要原则，该港口的优良管理和热诚服务，得到广大客户的一致好评。PTP 荣获世界著名的《劳埃德航运报》评定和颁发的"最佳新兴集装箱码头奖"。①

① 参见 http://group. apmoller. net/bu/dam/regions/logistics/commercial/General Value Proposition Library/TPP-The World Hub Aug-13. pptx。最后访问时间：2013 年 10 月 1 日.

第六章
当前中国制定自由港管理法存在的问题及
基本解决办法

第一节　管理体制

我国保税(港)区的管理体制存在运作效率低下与立法情况混乱等弊端,同时还有立法条件方面的种种欠缺。在制定"自由港管理法"草案过程中,本书将针对上述问题提出改进建议。本书认为,我国建设自由港应当采用的基本模式是:地方层面为管委会与公司相结合的管理体制;而在中央层面,则设立统一的协调机构,力求实现统一监管与高效运作的有机结合。具体管理体制分述如下。

一、地方层面:管委会与公司辅助运作

由当地政府牵头,海关、检验检疫、海事局和相关研究机构共同参与,成立由当地政府相关部门和港口集团公司组成的管理委员会,负责对自由港的管理。管委会下设运作经营公司,具体负责自由港的经营。① 按照政企分开的原则,公司相对独立于行政管理机构,在人员配备上互不兼任。而管委会作为地方政府的派出机构行使政府管理职权,

① 罗培根,乐美龙.关于建立宁波液化品自由港的探讨.中国航海,2006(2).

一般不直接运用行政权力干预公司的经营活动,只起监督协调作用。这样不仅可以改变我国保税(港)区宏观层面的低效监管局面,也可以解决保税(港)区运营收益过低的问题,兼顾各方面的利益,带动港区运营者的积极性,使其真正成为促进外贸发展的平台。① 在公司实践运营方面,应以机构精简、层次减少、手续简化为调整原则,使之具有必要的政府权力和责任,同时具有商业机构的灵活性。为此,需要探索保税区的公司型管理模式,可以采取招标形式,选择一家国有或私营公司承担保税区的经营管理,并签订合同。在该种模式下,公司既要贯彻执行相关政策与法规,接受国家和保税区所在地领导机构的检查、监督和管理,又要在管委会的授权下负责区内土地的开发、使用和出让,招商引资、开拓区域市场,完善服务部门的配套和经营。区内企业的申领营业执照和缴纳税收等社会服务功能,主要由保税区所在地政府的工商行政管理和税务机关负责受理;而进区货物的商检、动植物检验检疫和监管,则仍由"二检"和海关部门分别负责进行。可以说,对自由贸易区实施经营、管理的主体应是国有公司。② 管委会作为辖区政府派出机构,代表政府行使行政管理权,有权根据省市人大授权和有关条例的原则规定,代表政府制订和颁布适用于开发区的各项经济、民事和行政管理规章、办法,并报人大和政府备案。此外,管委会的设置应减少手续的复杂程度,统一集中办理各种事项。③ 管委会作为自由港的管理机关,最重要的工作是对入区企业的审查、核准、监管以及人员和货物进出保税(港)区的核准和检查。自由港的管理机关如果对区内的主要管理工作没有决策权的话,将很难实现真正的高效运行。④

二、中央层面:综合统一协调机构

借鉴国际经验,我国在中央政府层面应该建立一个全国性的自由港管理机构,这个机构必须协调相关部门,共同制定自由港政策和制度,同时还要具备与地方政府共同协调和组织实施自由港政策的能力。我国

① 祁欣.我国保税港区的战略布局及未来方向.港口经济,2008(10).
② 刘恩专.论天津建立自由港的方案与政策.南开经济研究,1994(6).
③ 宋福铁,金波.厦门象屿保税区向自由贸易区(自由港)转换的策略.国际贸易问题,2004(5).
④ 陈昉.关于创建渤海金融贸易自由港的建议与设想.港口经济,2009(4).

现行以海关总署为主的管理模式,限于海关总署仅有海关监管和征收关税职能,所以在具体执行工作时力不从心。故此,本书建议成立一个由国家发展和改革委员会牵头,统合各相关部门,成立直接隶属于国家发展和改革委员会的自由港管理委员会,具体负责自由港的发展战略、规划、政策、制度的制定,以及自由港建设、发展、运营、管理的指导工作。[①]

第二节　立法模式

一、提高立法层次

从立法层次来说,当前我国尚未出台全国统一的保税(港)区法律法规,而是由相关的条例或办法占据保税(港)区法律法规的主体。这些条例或办法作为行政法规或部门规章,大多数在司法审判中只具有参照作用,而在实践中难以产生有效的约束力。由于全国统一的立法缺位,当处于同一层级的不同条例或办法规定发生冲突时,法院应如何适用或解释,均会产生困难。此外,不同政府部门在制定相关规则时也缺乏统一的原则指引,例如,《保税(港)区暂行办法》规定"保税(港)区是海关特殊监管区域",但是商务部认为保税(港)区是"境内关外",不应存在配额、许可证等问题。而财政部、税务局等部门则认为保税(港)区是"境内关内",因此在某些方面应采取和国内区外的企业同样的管理制度。正因为各部门的认识不统一,给国内外投资者带来了严重的困扰。有鉴于我国保税(港)区的现状和未来发展成为自由港区的趋势,本书建议应由最高立法机关制定一部基本法律——"自由港管理法",以彻底解决上述问题。

二、完善配套立法

我国的保税(港)区在最基本的保税功能基础上,着眼于充分发挥政

策优势和区位优势,发展国际货物中转、采购、配送、转口贸易和出口加工等业务。因此,保税(港)区不仅涉及海关监管问题,还涉及企业的设立、外汇管理、税收优惠、港口规制等多方面的内容。当前我国对于上述各方面的立法,只能在各个单行法规中零星地找到可以相对适用的规则;这种法律法规分散,缺乏系统立法的现状,难以满足保税港区的特区发展要求,其副作用之一是各个监管部门的权责范围模糊不清。

需注意的是,目前舟山市已公布,或虽未公布但已制定的涉海规章文件有:《中国(舟山)大宗商品交易中心交易市场监督管理暂行办法》、《舟山港域引航申请管理办法(试行)》《舟山市"强塘工程"建设资金管理办法》《舟山市国家税务局关于发布〈船舶制造出口企业"先退税后核销"〉管理办法》《舟山市人民政府办公室关于印发舟山市船舶修造企业安全生产管理工作暂行办法的通知》《舟山市渔港建设和渔港管理办法》等。在制定配套规则时,有关部门应该有效利用现有的涉海规章及文件,节约立法资源,同时对现有文件作适当的修改与删减,以保障整个立法体系的完整与统一。

第七章
中国自由港管理法的立法建议

第一节　管理体制

对于自由港应采用的管理体制前文已经详细地进行了描述和论证。在具体的自由港管理法规定中,其内容应当包括:国家在法律层面规定自由贸易区的管理体制和管理权限;中央专设机构进行统一管理;区内管理机构拥有高度自治权,有权管理区内的海关、检疫、外汇、工商行政管理等机构,尤其是对于区内的主要工作即对入区企业进行审查、核准、监管以及人员货物进出保税区的核准检查等具有明确的决策权力;管理机构内部精简,分工明确。

一、其他自由港管理体制

现行自由港区的管理体制主要有国家从宏观层面对自由港区进行协调和管理的中央政府管理体制,以及自由港地区内的管理机构对自由港区实施必要的行政管理和经济管理的地方政府管理体制。

(一)现行自由港区中,国家层面(宏观层面)的中央政府管理体制主要有专管型体制和代管型体制两种

(1)专管型体制。专管型体制主要是指自由港区所在国的中央政府

为实施对自由港区的管理而成立的专门从事自由港区事务管理的独立机构,这个独立的自由港管理机构负责有关自由港区的宏观决策、宏观调控,它也是对自由港区的发展进行监督和协调的最高行政机构。[①] 美国是典型的在中央层面实行专管体制的国家。

(2)代管型体制。代管型体制是指自由港区所在国的中央政府内没有一个专门从事自由港区事务管理的独立行政机构,政府将对自由港区的管理权委托给一特定政府职能部门来执行管理权的一种管理体制。代管型体制的管理形式在新兴国家和发展中国家较为常见,原因可能在于这些国家的自由港区形成的历史较晚,而且往往是国家推进外向型经济发展战略的重要组成部分,所以,它们就大多被就近划归掌管经济发展或对外贸易的部门进行管理。[②]

(二)地方层面(微观层面)的地方政府管理体制主要有政府主导型、企业主导型以及政企混合型三种

(1)政府主导型的管理模式是指自由港区的区内管理机构一般由地方政府(或其派出机构)、所在地区的地方海关部门或港务局直接承担,它们全权负责区内的一切事务。它们作为政府部门,不仅履行必要的行政管理、监督、检查等职能,而且直接参与和承担区内经济建设和开发的职能。[③] 在这种管理体制下,虽然有开发公司参与自由港区土地开发和基础设施建设等开发经营事务,但是开发公司基本上没有自主决策权,行政审批、土地规划等行政职权主要由地方政府或其派出机构行使。

(2)企业主导型模式是指在自由港区内不设立专门政府管理机构,而是由政府通过法律途径授权一家专业管理公司专门从事区内的开发建设和经营管理工作,同时也代行部分行政管理职能,并提供投资服务。这种管理公司可能是私营,也可能是国营或合营,但它不属于政府行政机构,是具有独立法人地位的经济实体。它在形式上一般

---

① 李奇.试论现代自由贸易区的政府管理体制的运行模式与原则.经济师,2009(4).
② 李奇.试论现代自由贸易区的政府管理体制的运行模式与原则.经济师,2009(4).
③ 李奇.自由贸易区建设的目标模式与地方政府的管理创新研究.2010 年吉林大学博士学位论文.

是由一个董事会或理事会及其领导下的由一些职业经理人或专业人士组成的执行或办事机构。它们在区内进行公司化管理、市场化运作,并对授权政府负责。① 比如新加坡现有的 8 个自贸区中,新加坡港务集团有限公司管理着 5 个自贸区,另外 3 个中,有 2 个自贸区分布在机场附近,由樟宜机场集团管理,还有 1 个位于裕廊港的自贸区,由裕廊港公司负责。

(3)混合型模式是政府主导模式和企业主导模式的混合。在管理机构的设置上,该模式强调明确的分工,按照工作性质设置职能部门。区内管理机构既有政府职能部门,也包括企业化的管理公司,但二者之间是相对独立的。这种独立不仅意味着二者之间管理职能上的分工,也意味着人事、权限等方面的相对分离。在职责分工方面,当涉及重要决策、规划及审批等事项以及必要的监管时适用行政管理程序和海关监管程序;而当涉及的事项为纯粹的经济业务经营活动的则适用公司化的管理方式,由开发公司等来处理。在人事、权限方面,两者是互不隶属的机构,政府有政府的人事构成和职权范围,开发公司有开发公司的人事构成和管理、开发权限。开发公司在职权范围内进行公司化运营和相应的管理活动,不受行政机构任意干涉,二者依靠法律授权合同确立权责关系。②

综上所述,现行自由港区的管理模式整理如表 7.1 所示。

表 7.1　现行自由港区的管理模式

宏观层面	专管型体制	能够避免自由港区多头管理,具有较强的权威性和协调有效性,有利于宏观调控自由港区的长远发展
	代管型体制	是一种相对弱化的行政管理体制,能够避免中央机构设置臃肿,减少行政资源浪费。但相比专管型体制,权威性及协调的有效性有所不足

---

① 李奇.试论现代自由贸易区的政府管理体制的运行模式与原则.经济师,2009(4).
② 李奇.试论现代自由贸易区的政府管理体制的运行模式与原则.经济师,2009(4).

续表

微观层面	政府主导型管理模式	政府主导型管理具有较强的权威性,能够调动大量资源进行自由港区的开发和建设
	企业主导型管理模式	与企业的公司化管理、市场化运作相结合,通过市场经济杠杆对自由贸易进行管理。有利于企业充分利用社会资源,节约政府管理成本,较为高效、灵活
	混合型管理模式	政府和企业相互独立,权责分明的管理模式有利于减少行政资源浪费,提高行政效率以及企业市场化运作

二、我国保税区管理体制立法及存在问题

尽管我国自改革开放以来陆续在全国各地建立了诸多保税区和保税港区,这些保税区和保税港区也采用了一套管理体制,促进了相关地区的发展,但是其与世界上其他优秀的自由港管理体制相比仍旧存在诸多问题,值得我们反思。在政策发展方向上看,我国保税区与保税港区应该是对我国将来自由港建设进行的具有中国特色的实践探索,因此总结现阶段我国保税区与保税港区的具体问题,发现其与国际上其他优秀自由港的差距,能够为我国将来的自由港建设提供极好的发展思路与建构框架。以下内容为对我国目前保税区与保税港区存在的问题进行的分析。

(一)缺乏统一立法对保税港区和保税区的管理体制进行规定

一方面,我国的保税港区立法滞后,缺乏以基本法律形式确认其法律地位,法律渊源主要来自国家的宪法、民法、公司法、对外贸易法、经济法、社会保障法和有关税收、外汇管理等法律部门的原则性条款,导致法律规范极为分散,未能形成直接系统的法律规范体系。甚至,在缺乏上位法的情形下,部分规则以海关总署令或者地方政府颁布的部门规章的形式出现,有悖于《立法法》的原则。另一方面,由于国家对保税港区的定位还没有得到全国性的法律认可,各监管部门对保税港区地位的认知还存在不小的分歧。比如目前外汇管理规定区内与境内区外进行交易时,企业可根据自身需要选择用人民币或外币进行支付,但是由于国家

税务总局规定企业办理出口退税时必须凭外汇核销单才能办理,这也就意味着,用人民币付款将导致境内区外企业无法办理出口退税,交易币种的可选性也就落空了。由于政策之间的协调性不够,企业在保税港区开展业务时仍面临一些不确定性风险,这在一定程度上影响了保税港区的产业集聚和功能发挥,同时这也是我国保税区与自由港的一个重要的差距。因此,加快港口保税港区管理立法,以法律的形式从国家的高度来实施统一管理,非常必要。①

（二）宏观主管部门尚不明确,职能管理部门各自为政

在保税港区,存在着条块分割下的协调管理困难。保税港区正常的通关过程要涉及税收、外汇、商检等政府部门。各个管理部门都对贸易设置了自己的管理模式和方法,但是对于同一个问题的规定却是不一致的,这就造成了企业在贸易的过程中会遇到许多麻烦,由于各个部门对于同一制度的规定不同,而之间又没有做到足够的交流和沟通,因此企业在开展贸易的过程中必须不断地自行去协调和处理问题,既浪费了人力,又耗费了物力。② 迄今为止,全国各个保税区尚无一个明确的宏观主管机构。保税区各自为政,有的保税区一旦围网封关,海关、边检、公安、工商、税务、商检、动植物检验检疫等职能部门都需纷纷进驻保税区,共同参与保税区的管理,导致管理机构多、管理人员庞杂,对保税区的进一步规范发展极为不利。从严格意义上来说,设立保税区是中央政府的行为,中央政府应成立专门机构,并根据我国宏观经贸战略和市场准入现状,对设立保税区的条件和功能、保税区监管的各方面制度、保税区的发展战略,以及保税区的管理体制等进行研究立法,对保税区的发展进行宏观指导和宏观协调。③

以洋山保税港区为例,洋山保税港区的管理体制模式分为中央和地方两个层级。在中央决策层面,其设立由国务院直接审批,其运行政策由海关总署牵头,由国务院各个有关部门来制定,主要涉及海关总署、商

---

① 王桂英.洋山保税港区转型为自由港关键问题研究.2012 年上海交通大学硕士学位论文.
② 李梅.我国保税港区与国外自由港的比较研究.2010 年大连海事大学硕士学位论文.
③ 王庆.保税区监管法律制度研究.2009 年西南政法大学硕士学位论文.

务部、国家外汇管理局、工商行政管理总局、财政部、国家税务总局、国家发改委、交通部等。但受海关总署业务特性的限制,其中央层面的管理体制仍具有共同管理特征。特殊经济政策分别由"各自为政"的国家各部委来制定,他们之间存在着基于权力和利益的协调关系。这种管理体制的弊端在于:海关、经贸、财政、税务等职能管理部门对保税港区及区内企业性质认识不统一,所出台的相应政策就难以协调一致,从而使地方无所适从;而当经济形势变化需要调整相应政策时,一般也只有按照"条条"来进行,政策协调成本高、效率低。①

（三）地方政府不当干预,管委会与地方政府矛盾突出

按照现行体制,保税区管委会与政府相关部门之间存在着不可避免的矛盾。从地方政府角度看,管委会是政府的派出机构,并通过一定的程序被授予各种权限。但是,各个部门的"本位"政策层出不穷,而且每个部门的上级都要求认真贯彻执行带有一定本位色彩的"部门"政策,这就难免造成对保税区的不当干预。保税区管委会为了保税区的前途,往往对政府各职能部门纷纷进驻的情况,持忍耐态度,导致保税区机构臃肿并增加办事的复杂程度。此外,在现行政策体制下,即使让保税区管委会作为唯一行使区内行政事务的权威性管理机构,要履行好规划、产业政策、土地管理、建设、劳动人事管理、环保管理、工商行政管理、税务、治安等一系列管理职能,也得配备大量人员,从而有违"精简"原则。②

（四）保税区是经济区域还是行政区域,定性不清

《保税区海关监管办法》第三条规定:"保税区是海关监管的特定区域。海关依照本法对进出保税区的货物、运输工具、个人携带物品实施监管。"这可以说是对保税区的基本定性:保税区是特殊的经济区域,不是行政区域,不包含政权的含义。但实际上,根据保税区所在地区行政级别的大小来看,保税区也带上了行政级别的色彩。如上海外高桥保税区、天津保税区就是如此。由于上海市、天津市是省级行政区,外高桥保

---

① 王桂英.洋山保税港区转型为自由港关键问题研究.2012 年上海交通大学硕士学位论文.
② 章进华.比较与借鉴——世界和中国港口管理体制.世界海运,2000(3).

税区、天津保税区是正厅、局级单位;而珠海保税区、汕头保税区,则因为所在的珠海市、汕头市是地级市,其保税区就只是处级单位。在保税区管理机构的设置方面,本来是地方政府派出的精简机构,但实际上这一机构目前正日益膨胀并趋于一级地方政府,这种经济区域趋变于一级地方政府的做法是欠妥的。目前我国保税区因所依托城市行政级别的高低而享受不同的行政级别、不同的管理权限,而分出保税区的大小,也是欠妥的。我们应该淡化保税区的行政性,强化保税区的经济性。保税区的真正强弱、大小,应该是由经济总量、经济质量以及保税区发挥对周边地区的示范、辐射和带动作用来体现。[①]

(五)政企合一导致行政高成本、低效率

目前我国大多数保税区实行政府主导、政企合一的管理模式,即管委会与开发公司"两块牌子、一套班子"。保税区的开发公司一般要承担区内规划制定、土地征用、人员安置、资金筹措、基础设施建设、对外招商等多种职能,兼有政府和企业的双重行为,这种双重身份及政府与开发公司之间的权责利不清,造成应由政府负责的项目投资和管理费用多由开发公司来承担,给开发公司造成了极大的负担。例如,外高桥保税区开发公司每年要为道路、电站、隔离设施及绿化养护、环卫、社区物业、街道行政管理等支付 7000 万~8000 万元。另外,我国大多数保税区开发公司内部尚未建立现代企业制度,国家、政府是全国各保税区开发公司主要的、甚至是唯一的出资人,使得保税区开发公司有着不同于一般企业的特殊地位,对其缺少必要的监督和制衡。[②]

三、其他国家和地区与我国保税(港)区管理体制立法的差异

(一)设立背景的差异

自由港是世界上诞生最早的一种经济特区,最初诞生在欧洲的意大利,自由港在欧洲的诞生是生产力发展的必然要求。欧洲面积狭小,市

---

① 章进华.比较与借鉴——世界和中国港口管理体制.世界海运,2000(3).

② 张晶.自由贸易港区运行机制与制度创新——以东疆保税港区为例.2008 年天津财经大学硕士学位论文.

场容量有限,建立自由港是发展对外贸易较好的一种途径。加上在两次世界大战期间,欧洲殖民者为了实现瓜分世界、对外经济扩张的目的,迫使一些殖民地或半殖民地开设自由港。因此,从世界自由港设立的最初目的来看,自由港设立的主要目的是为了便于欧洲国家扩大对外贸易,它还是欧洲列强为了瓜分而建立的海外经济侵略基地,这就意味着自由港必须是高度自由和开放的,那么政府的行政管理体制就相对弱化,市场对社会资源的配置作用就相对较强,自由港区内的监管体制也会相对适度。而保税港区虽然为我国境内的"自由港",但我国设立保税港区的目的侧重于使其成为开放型经济新的增长点和带动区域经济发展,而不是最大限度地获取国际自由贸易给国民经济带来的好处。这就导致保税港区在实际运行中开放度不高,地方政府为了促进本地区的经济发展,对保税港区的行政管制较强。此外,政府对保税港区制定的许多优惠政策和鼓励措施,若仅局限于本区域内经济发展的目的,则会导致忽视与其他保税港区统筹协调发展的情况发生。[①]

（二）经济体制的差异

通过将其他国家和地区的管理体制与我国相比较,不难发现,这些地区大多都以比较完备的市场经济为基础,其经济运行机制都是以充分发挥市场经济机制为主,重视企业在港区建设中的作用,对港口民营化经营管理持开放态度,促进自由港区高效率、低成本的发展。同时,这些国家和地区注重相关法律、法规和配套性组织体系的建设。我国虽然是实行市场经济的国家,但是经济自由度与发达国家相比显得较低,比如我国外商投资、银行金融等都还不够自由。我国保税港区虽然重视企业的建设作用,但是对港口民营化经营管理仍持保守态度,不管是政企合一型还是政企分离型的管理体制,企业大多为国有控股公司,国家作为企业的控股股东和实际控制人,使得企业的运营多少带有一些行政色彩,企业无法完全按照市场经济规律去运营。

---

① Thomas Yunlong Man. *National Legal Restructuring in Accordance with International Norms*：*GATT/WTO and China's Foreign Trade Reform*，4，Ind. J. Global Legal Study. 471 (1997).

（三）法律体系的差异

现行发展势头较好的自由港区大多位于发达国家,这与这些国家完善的法律体系有着密切的关系。这些国家大多在宏观层面都有权威的立法,而且会根据经济发展对自由贸易港区的需求,对法律进行适时调整,使其法律政策具有连续性和灵活性。此外,很多发达的自由港都有较长的发展历史,具有充足的实践经验。而我国第一个保税港区是2005年才建立的,缺乏足够的实践经验,保税港区向自由港区转变更是处于一种"摸着石头过河"的状态。我国保税港区法律制定较为滞后,再加上我国法律制度本身还不够完善,导致保税港区既无权威法律进行宏观调控,港区内各部门适用法规、规章等也很混乱。

四、对自由港立法的总体建议

鉴于目前我国的保税区和保税港区在管理体制上均存在诸多问题,未来在设立自由港时就必须结合国外的先进经验与我国的实际情况,对这些问题予以一一解决。

（一）制定全国统一的自由港管理法

借鉴世界各国的做法和经验,结合我国的具体国情和现有法制环境,我们认为尽早出台全国统一的"自由港管理法",对国内自由港的性质、设立、地位、功能、发展目标、管理体制、产业导向等统一做出规范非常必要。在制定自由港管理法的过程中,我们可以利用已有的关于保税港区的相关政策与法律规定,在其基础上进行创新,做到政策整合与法规整合,从而制定对全国范围内自由港均具有法律约束力的管理法。将来以"自由港管理法"为母法,不同的港区有其具体的实施细则,构成一个完整的法律架构和配套措施。

（二）建立中央和地方两级管理机制

在中央,由国务院充分授权,成立国家自由港统一管理协调机构——中国自由港发展协调委员会。由其负责制定管理自由港的法律法规和相关政策,确保政策的统一和协调。这一机构的组成应包括:海关总署、交通部、国家发改委、商务部、财政部、国家工商行政管理总局、国家税务总局、国家外汇管理局。中央要对这一机构充分授权,使其承担起以下功能:制定和调整国家自由港总体发展规划;起草国家自由港的法律法规,据以制定保税港区管理办法和实施细则,并负责在全国推广;受理自由港的设立申请、审批和注销;对地方自由港的建设和发展进行宏观指导与监督;负责对地方自由港的运营、管理和发展进行评估等。而在地方,必须对地方政府充分授权,由其成立自由港开发建设小组,在行政上统一管理自由港的建设。除此之外,再由自由港开发建设小组成立自由港开发建设有限公司,对自由港进行经济上的运作。自由港开发建设有限公司应当建立现代企业制度,允许民间资本进入,进而加强对开发公司的监督,提高其运作效率。需要注意的是,自由港开发建设小组成员与自由港开发建设有限公司应当充分贯彻“政企分开”的原则,使得自由港的建设能够更加尊重市场的意志,以此提高自由港的自由度与开放度。[①]

（三）强化自由港的经济功能

自由港首先应当是一个经济区域,但是若此经济区域同时包含几个行政区域或含有众多行政区域之一部分,则不便于统一管理。对此,有两种不同的模式可作选择:其一,自由港区域与行政区划统一,成立自由港区地方政府,由其对自由港的行政事务进行管理;其二,自由港区域不与行政区划统一,自由港内的自由港开发建设有限公司对自由港区域内所有行政区划的上一级地方政府负责,由上一级地方政府成立自由港开发建设小组,对其进行行政上的统一管理。

（四）应当扩大投资渠道

港口经营性投资可以通过广阔的投资方式,如私人、外商、股份制、国内外银行或金融机构贷款等来进行,而政府投资应主要集中在航道、锚地、港区道路、“光板码头”以及重要能源和对国民经济全局具有重要

---

① Zuoxian Zhu. *The Legal Status of Port Operator under Chinese Law*, 8, J. B. L. , 737-748(2011).

影响的港口码头。只有这样,港口才能有稳定的资金来源,同时,又能提高政府资金的投资效益。此外,政府应适当改善和放宽私营企业的投资环境与经营权限。

五、对自由港管理制度立法的具体建议

(一)确定自由(港)区性质

在具体规定自由贸易港区的管理体制之前,首先,必须界定自由贸易港区经济区域的性质。只有如此,才能明确其经济区域的地位,防止在具体设立管理体制时将其当作行政区域对待,防止其管理体制偏离"中央统辖、地方分治、政企分开"的原则。其次,特定的经济政策必须随着国家的经济发展状况而定,但总体而言必须符合自由港开放、自由等基本特征。当然,在确定自由(港)区性质时,不应规定过细,而应当留有余地。此处留白是为国家的政策制定与地方具体实施细则的出台埋下伏笔,其最重要之处在于强调自由港的经济性特质。

(二)宏观确定我国自由(港)区的管理体制

我国特殊的国情,决定了我国行政力量在国家经济制度的各个领域中占据主导地位的局面,我国自由贸易港区制度也不例外。因此,建议在确定自由(港)区的管理体制时也应当考虑到我国的国情,建立以政府管制为核心,兼以市场运作的管理体制。

(三)确定自由(港)区的中央管理机构及其职责

在确定自由(港)区的中央管理机构及其职责时,首先,应当建立自由港管理委员会。该委员会作为国务院的一个单独部门,其设立必须由国务院总理提出,经过全国人民代表大会表决通过。一旦设立,该部门就成为我国自由贸易港区建设与发展的最高权力机关,从宏观层面全面负责我国的自由贸易港区的发展。其次,自由(港)区的建设涉及诸多部门,与诸多部门的职责多有重合,所以在确定职责时设立全国性的自由贸易港区管理机构是对我国国情的尊重。为了协调此种矛盾,最好的办法就是由各个与自由(港)区发展相关的部门派出一定人员组成自由贸

易港区发展委员会。如此,一来可以由自由贸易港区发展委员会统摄全国各地的自由贸易港区的建设与发展;二来可以从内部更好地协调各个部门的政策,从而使我国自由贸易港区的政策与规定达到高度统一。最后,自由港管理委员会的职责是由其性质决定的。其作为全国性的管理部门,对全国范围内的自由贸易港区均负有宏观管理的职责。

(四)确定自由(港)区的地方管理机构及其职责

建立和确定自由(港)区地方管理机构的原因在于,首先,由于自由贸易港区的设立往往会形成行政区块之间的重叠,因此由自由贸易(港)区所在的地级市根据地方人大的决议设立开发建设小组也是非常好的选择。其次,自由(港)区开发建设小组负责地方自由(港)区的具体建设细节,对国家自由港管理委员会的各项政策进行具体操作与执行,并接受市一级地方人大的监督。

(五)自由(港)区的设立条件

1.设立主体

对于可以申请设立自由港的主体,归纳起来主要有以下两种:

(1)设立主体为政府相关部门,如美国、荷兰等。

美国《对外贸易区法案》明确规定:任何公共机构和私人公司都有权利申请在一进口港或者其附近地区建立、经营或者管理一个对外贸易区。而是否设立的决定,则是由对外贸易委员会做出。美国对外贸易委员会的主要职权包括:贯彻执行政府有关法令;受理和审批对外贸易区设立申请;授权建立对外贸易区;制定对外贸易区的具体规定和细则。

在荷兰,《欧共体海关法》第一百六十七条规定:"①成员国可指定共同体关境某一部分作为自由区或批准开设自由仓库。②成员国应规定各自由区的地理位置。被指定作为自由仓库的地点应由成员国批准。"

(2)设立主体为私人,如中国香港地区等。

中国香港地区所有的集装箱码头,都遵循自由港政策,港口设施由私人投资建设,私人经营管理。特区政府规划海岸线,然后将土地拍卖给私人经营,港口设施由私人投资建设,港口经营企业可以完全自由定价。香港港口的投资建设主要以私人投标和公开招标的方式兴建集装箱码头,形成集约化规模经营。

2.设立条件

关于自由港的设立条件,中国台湾地区"自由港区设置管理条例"第二条规定:依本条例第六条、第七条第一项或第八条第一项、第二项规定申请设置自由贸易港区(以下简称自由港区)之土地,其区位应符合下列各款要件之一:

(1)位于国际航空站、国际港口管制区域(以下简称海空港管制区)内者。

(2)位于海空港管制区外,且与海空港管制区相连接宽度达三十公尺以上者。

(3)位于海空港管制区外,因道路或水路穿越而与海空港管制区分隔,得以专属通道连接,并与海空港管制区结合形成整体管制区域者。

(4)位于海空港管制区外,与海空港管制区间得辟设长度一公里内之专属道路连接,且该专属道路无其他联外出口者。

(5)位于海空港管制外,与海空港管制区间,能运用科技设施进行周延货况追踪之工业区、加工出口区、科学工业园区或其他区域者。前项第二款至第五款之土地,面积应达三十公顷以上或符合下列各款要件之一:一、配合岛内经济发展政策,且能达成设置自由港区之效益者。二、经国际航空站、国际港口管理机关(以下简称海空港管理机关)同意,将海空港管制区土地合并开发申请设置者。自由港区周边应设置足与外界隔绝之管制设施。

此外,有学者在论及自由港的设立条件时考虑到了诸多具体因素,如具有建设深水港的资源条件,有较好的经济腹地,可开发程度高,地理位置优越,开发成本低廉等。[①]

3.设立程序

(1)美国

港务局行使政府职能,主要负责港口的规划、计划、经营租赁、保障

---

① 刘兆峰.关于在青岛保税区设立自由贸易区的思考.水运管理,2004(2);刘建其.论南澳自由港的设立与发展.港澳经济,1997(3).

港内安全、装卸质量、维护港口基础设施、环境保护等工作。基础设施建成后，通常由码头租赁人提出租用和建设的项目，港务局会从不同的角度对该项目的市场预测、工程技术、经济效果、环境影响进行评估。若该项目通过评估，经管理委员会确认，政府批准后，租赁人就可租用，有时港务局可根据积累也提供一部分资金。

（2）韩国

韩国《指定自由贸易地区等的法律实施令》第二条规定了自由贸易地区设立的指定程序：

①根据《指定自由贸易地区等的法律实施令》（以下简称"法"）第四条第一项规定，要求指定自由贸易地区者，应向产业资源部长提交包括以下各条款事项的指定计划及与相关中央行政机关负责人的协商结果。但是对已结束开发或正在进行开发中的产业区，或者根据第五条第一项规定的地区邀请指定时，包括于指定计划的以下各条款事项中，可省略产业资源部长规定的事项。（a）自由贸易地区的名称、位置、界限及面积和位置图；（b）开发事业的执行人、开发期限及其方法；（c）入驻企业的引资计划、引资行业及分配计划（包括图纸）；（d）土地利用计划及主要支持设施分配计划（包括图纸）和公路、港湾、供水设备等的基础设施计划；（e）根据指定的费用及预期效果和资金调拨计划；（f）具有需接收、使用的土地、建筑物及其他物品或权利的明细；（g）对环境产生影响的研究资料及研究结果报告书；（h）出入口、围栏等控制设施的安装计划；（i）其他指定相关必要事项。

②特别市长、广域市长或道知事（以下简称"市、道知事"）需根据第一项规定建立指定计划时，应听取管辖该地区的市长、郡守、区厅长（指自治区的区厅长，以下相同）和居民及相关专家的意见。

③根据法第四条第二项规定，产业资源部长研究根据第一项第八小项规定之自由贸易地区的安装控制设施计划时，应听取关税厅长的意见。

④根据法第四条第三项规定，自产业资源部长接收自由贸易地区的指定通知时，市、道知事应立即公告其内容的阅览方法、阅览期间及其他

阅览相关必要事项。[①]

韩国《关于为建设国际物流基地指定或运营关税自由地域的法律》第四条、第五条亦对自由贸易区的设立条件做出了具体的规定。

4. 撤销程序

(1)美国

《美国对外贸易区法》对于撤销对外贸易区的情况规定了司法审查制度。在康诺克公司诉美国对外贸易区委员会案（Conoco，Inc. v. United States Foreign Trade Zones Board)[②]和迈阿密自由区公司诉美国对外贸易区委员会案（Miami Free Zone Corp. v. United States Foreign Trade Zones Board)之后，美国国际贸易法院（CIT）取得了对有关对外贸易区案件的专属管辖权。

(3)韩国

韩国《关于为建设国际物流基地制定或运营关税自由地域的法律》第十二条规定自由贸易区内企业的营业停止事项：a. 海关关长对于违反本法及准用本法的关税法或相关命令的区内企业，有权责令其停业整顿三个月或者课以 2000 万元以下的罚款。b. 海关关长对于第一项规定的受处罚者在应缴纳期间未缴纳罚款者，应当督促其在一定期间内缴纳，对于在该期间内仍不交付者，可以按照国税滞纳处分的规定征收滞纳金。c.关于区内企业的营业停止标准及程序，不同违法行为的罚款额及罚款征收程序等所必要的事项，由总统规定。第十三条规定了区内企业注销的情形，主要有：入驻契约终止或失效；以不正当方法注册的；最近五年受三次以上停业处分或者行政罚款处分的；区内企业申请注册被取消的；在营业被停止期间经营的。第十四条规定注销的听证程序：海关关长依照第十三条的规定注销区内企业的，应当实施听证。

保税区与自由港在诸多方面都具有相同的特质，可以说自由港就是

---

① 参见韩国《韩国指定自由贸易地区等的法律实施令》。

② Robert J Heiferty. *The Conoco Decision：Exclusive Review of Foreign Trade Zones Board Determinations by the U. S. Cout of Internationnal Trade*，20 Brook. J. Int'l L. 563 (1995).

保税区的升级版。若要研究我国自由港的设立条件,就可以先研究一下我国保税区设立的条件,以此对自由港的设立条件提供相应的参考。

所谓保税区,一般是指设立在我国境内,实行特殊监管政策和优惠税收政策的小块特定区域。这一概念是我国独创,类似于世界上的自由贸易园区。其主要特点在于:第一,保税区是自由经济区域,即豁免关税是保税区的基本特征。保税区是中国政策优惠的开放区域,其中"保税"二字也充分体现了这一基本特征,即由国境外进入保税区的货物暂时免缴进口税,如若该批货物经过加工或仓储等之后又运往国境外则免征关税,也就是说,保税区是设立在特定国家中并在该国管辖之下的关税豁免地区。第二,保税区是海关监管的特殊区域。海关根据法律规定,对进出保税区的货物、运输工具等进行监管。海关对保税区实行封闭管理,保税区与非保税区之间设有隔离措施,货物由保税区进入非保税区要经过海关监管办理相关进口手续;保税区与境外之间进出的货物也由海关通过检查、备案等方式实施有效的监管;在保税区内进行的自由贸易等行为同样也受到海关的监管。第三,保税区的基本功能是出口加工、转口贸易、保税仓储和商品展示。第四,保税区内的企业享受政策优惠。保税区的主要目标是吸引外来资本的投资,引进国外的先进生产技术,促进出口企业的发展,增加外汇收入,扩大就业机会以及带动区域经济快速发展。

由保税区的概念和特征我们可以得出一个最基本的结论,即设立保税区是一个国家的主权行为。也就是说保税区是国家出于一定的经济目的,通过特殊的经济政策和手段在自己的领土内开辟的特殊区域。它设立在设区国的国家领土内,是国家主权行为的体现,不需要与其他国家协商或有其他国家参与。正由于保税区的设立是一种国家主权行为,因此对于是否设立保税区以及在何地何时设立保税区均只能由该国中央政府做出决定。而中央政府之所以考虑设立保税区,从目前我国保税区的设立状况可以得知,均是为了培育新的经济增长点,促进经济的发展。尽管从国际法层面而言设立保税区是国家主权行为,应该不受他国的干涉与约束,然而就国内法而言,政府的权力必须服从于法律,从依法行政的角度来说,政府也并非能随意设立保税区。因此,制定相关法律,规范设立保税区的设立条件和必要程序就显得格外重要。

自由港相较于保税区而言,其自由度与开放度更高。因此,自由港的设立可借鉴一些保税区设立的经验,但又必须拥有自己的特色。首先,设立自由港也是国家主权行为,在设立申请的主体上,应当由中央政府主导,由地方政府作为自由港的申请人。其次,中央政府设立自由港必须在统一的自由港管理法的约束下进行,必须符合法定的条件与程序,不得随意为之。再次,自由港的设立必须考虑港口条件、交通状况、地理区位、经济基础、产业类型等诸多因素,必须有利于带动区域经济乃至全国经济的发展。最后,自由贸易港区的设立关系到社会公众的利益,因此,在设立过程中,必须考虑社会公众的意见。

因此,我国的自由港管理法在有关自由港设立的章节,应当具体规定自由港设立的条件、设立申请主体、设立和撤销的条件等内容。在设立条件上,可以参照中国台湾地区"自由港区设置管理条例"的规定,对自由港区设立的地理位置、区位要求、自由港区面积等做出具体规定。在设立申请主体上,应该规定只有地方政府才能成为自由港的申请者。在设立和撤销的程序方面,为了最大限度地体现社会公众的意见,维护公共利益,可以参照韩国《关于为建设国际物流基地制定或运营关税自由地域的法律》的规定,采用听证方式。

第二节　税收制度

税收是以实现国家财政职能为目的,基于政治权力和法律规定,由政府专门机构向居民和非居民就其财产或特定行为实施的强制、非罚与直接偿还的金钱课征,是财政收入的一种形式。① 而根据课税对象的属性进行税收分类,可分为流转税、所得税、财产税、资源税和行为税。其

---

① 徐孟洲.税法.北京:中国人民大学出版社,2009:5.

中流转税主要包括增值税、消费税、营业税、关税;所得税在我国仅指个人所得税和企业所得税;财产税包括房产税、车船税等;资源税包括资源税、城镇土地使用税等;行为税包括城市维护建设税、印花税、土地增值税、契税、耕地占用税等。自由港是一个单独关境,系指在本国关境以外的"非税地区"。在此区域内,允许外国船只、人员、货物、资金自由进出,对其输入的原料、零件、半成品及制成品,不论加工、组装或再出口均不征收关税,旨在达到扩大对外贸易、增加财政收入、创造就业机会、繁荣经济的目的。概括而言,自由港即"境内关外"。因而自由港税收制度主要包括关税、流转税、所得税、出口退税和其他相关税。而自由港之所以能吸引外国投资者,扩大对外贸易,推动我国经济发展,与其独特的税收制度息息相关。因此,税收制度在自由港立法中占有十分重要的地位。

一、其他自由港税收制度

世界上许多国家和地区已经开展类型多样的自由港建设实践,并积累了丰富的经验。这些经验既包括有效的组织方式和管理方式,也包括多种形式的税收制度的构建。因此,我们可以对这些优秀经验进行有效的学习和吸收,以期为自由港税收制度的创建服务。

(一)中国香港地区自由港税收制度

中国香港地区是目前世界上最自由、最开放、功能最多的自由港之一。完全不干预政策是香港自由港经济政治体系的基石。[1] 在税收制度方面,也体现了其"不干预"的特征。

香港的税制设计较为先进,在维持低税负的同时又能让政府保持财政盈余,值得全世界其他国家和地区学习和借鉴。[2] 为推行自由贸易,香港不设置关税壁垒。除对烟、酒、甲醇(酒精及其制品)、碳氢油(汽油及柴油)、化妆品和若干不含酒精的饮品这 6 类商品征收进口关税及消费税,对爆炸品、军火、大米等 3 大类货品实行许可证管理外,对其他一

---

[1] 王庆.保税区监管法律制度研究.2009 年西南政法大学硕士学位论文.

[2] Michael Littlewood. *The Hong Kong Tax System: Its History, its Future and the Lessons it Holds for the Rest of the World*, 40 Hong Kong L. J. 65(2010).

般商品的进出口均不征收关税,而只征收 0.05% 的从价税用于支持香港贸易发展局发展,进出口贸易"门槛"极低。

外国公司、企业可以自由投资,政府对外国公司、企业在手续、税收(低税率)等方面与本港的公司、企业一视同仁。一直以来,香港公司所得税的标准税率只有 16%,远低于西方发达国家和周边国家与地区,且未开征资本增值税或预扣税;薪俸税,扣除免税额以外其余部分按5%~30%课税,平均税率为 15%;物业税为 19%;利息税则于 20 世纪 80 年代初取消。根据 2003—2004 年度财政预算案,特区政府决定将公司所得税由 16% 调高至 17.5%,薪俸税的免税额减少,平均税率由 15% 调高至 16%,即使这样,相比其他国家和地区,香港地区的税率仍是很低的。[①]

(二)中国澳门地区自由港税收制度

由于历史原因,中国香港和澳门地区的法律制度分别继承了普通法系和大陆法系的传统。在香港和澳门地区回归祖国后,二者的法律制度也受到了中国内地的重要影响。[②] 澳门与香港地区类似,同样为独立关税地区,且对进出口贸易同样没有管制。商品、设备、原材料进出自由,没有进口税或配额等非关税障碍。对少数商品的进口,如烟酒、汽车、石油、天然气、水泥及若干饮料,特区政府只向消费者征收消费税,进口商则无须缴税,对无形贸易也无管制。因澳门地区过去与葡萄牙的关系,澳门地区在欧盟内享有特定的贸易优惠和特权。澳门地区还与欧洲、北美多个国家签订独立的纺织品贸易双边协议,享有较为充裕的纺织品配额,且享受西方国家给予的普及特惠税待遇。

澳门地区实行企业自由经营制度,外资可自由在澳门开设公司,不受任何限制。澳门地区对所有企业也采取一视同仁政策,外国企业与本地企业不存在待遇差别,只存在少数行业待遇差别,即为了鼓励商人投

[①] 陈丽君,郑天祥. 港澳自由港与低税率经济制度比较研究. 中山大学学报(社会科学版),2003(6).

[②] Ignazio Castellucci. *Legal Hybridity in Hong Kong and Macau*, 57 McGill L. J. 665 (2012).

资技术密集型产业,而对这些产业采取较为优惠的政策。如特区政府规定,开发新工业可适用营利所得税15%的优惠税率,且企业在购买、兴建厂房和购买设备上,政府给予土地征用上的便利,并提供免息贷款,投资特定工业项目还可享受10年以上税收减免。[①]

(三)汉堡自由港税收制度

在德国汉堡自由港可开展货物转船、储存、流通以及船舶建造等业务,并享有以下主要优惠政策:(1)船只进出汉堡自由港无需向海关结关,船舶航行时只要在船上挂一面海关关旗,就可不受海关的任何干涉;(2)凡进出口或转运货物在自由港装卸、转船和储存不受海关的任何限制,货物进出不要求每批立即申报与查验,甚至45天之内转口的货物无须记录,货物储存的时间也不受限制;(3)货物在自由港区内可任意进行加工和交易而不必缴纳增值税,货物只有从自由港输入欧盟市场时才需向海关结关,交纳关税及其他进口税。只要能提供有关单证证明,海关就区分管理,视同在欧盟境内另一口岸已完成进入欧盟手续,到汉堡只是为了完成物流流程。

(四)纽约自由港税收制度

美国对外贸易区是在进境港内或毗邻区建立的特别封闭区,它被视为美国海关关境以外的区域。美国对外贸易区是根据1934年《对外贸易区法》所设立的,海关是对外贸易区的监管机构之一,主要任务是对货物进出对外贸易区进行监管,征收有关税费,并确保对外贸易区的所有手续符合法律法规。

纽约港内的第49号对外贸易区是全美260个对外贸易区中最大的区域,于1979年由美国国会批准设立,面积8.41平方千米。该区以围网分隔封闭,主要功能是货物中转、自由贸易,外国货物出港(进入美国)前不收关税。区外还设有若干分区,主要功能是进出口加工制造,涉及石化、汽车、饮料、制药、手表等加工业务。主要的政策为:采用进口原材

---

① 陈丽君,郑天祥.港澳自由港与低税率经济制度比较研究.中山大学学报(社会科学版),2003(6).

料不征收关税,产品如进入美国可按综合税率征收关税,区内企业增值税率仅为 3%(区外企业增值税率为 6.5%)。对于入区的企业无国别限制,但须由海关和港务局对其进行资格背景审查。作为对港口方的担保,企业须交纳保证金,海关对区内企业货物及生产进行不定期抽查。①

(五)迪拜自由港税收制度

在目前世界成功运营的自由贸易港区中,迪拜的杰贝阿里自由区被公认为运营最规范、经济自由度最高、开放价值最突出的一个典范。

迪拜自由港之所以能够取得成功,与其相关税收优惠政策是分不开的:(1)自由贸易区内企业 100%免征公司营业税、进口税和个人所得税;(2)允许外商拥有 100%外资企业股权,而在其他地区按规定每家企业至少 51%的股份必须由一家阿联酋国有企业控制;(3)资本金和利润允许 100%返还;(4)15 年可延续的免税保证。②

(六)新加坡自由港税收制度

新加坡裕廊工业区位于新加坡南部,占新加坡面积的 1/10,是一个以工业为主、多行业兼营的综合性经济特区。主要税收优惠政策如下:(1)对新兴工业的优惠。凡在新加坡未经营过的,适合新加坡经济发展需要的工业企业及其产品,凭新兴企业、新兴产品证书,给予 5~15 年的免征所得税优惠。(2)对扩大投资的优惠。企业为增产而增购生产设备超过 1000 万新元者,凭扩产企业证书,对新增产品部分所得享受为期 5 年的减征 90%所得税优惠。(3)对出口工业企业的优惠。企业年出口产值不少于 10 万新元,并占企业销售总额 20%以上者,凭出口企业证书,享受为期 5 年的免征 90%所得税优惠。出口本国产品超过 1000 万新元,或从事转口贸易年超过 2000 万新元的,凭国际贸易企业证书,享受为期 5 年的减半征收所得税优惠。(4)对从事研究和开发的优惠。对企业研究和发展新技术、新工艺、新产品的费用,可在税前加倍列支。

(七)小结

从世界范围来看,自由港的税收制度主要有如下几个特征:(1)免征

---

① 王桂英.洋山保税港区转型为自由港关键问题研究.2012 年上海交通大学硕士学位论文.
② 刘玉江.舟山群岛新区创建自由贸易区的战略研究.2013 年浙江大学硕士学位论文.

关税和进口环节国内流转税,但在豁免程度上应当体现出差别;(2)所得税实行收入来源地税收管辖权原则,无论是居民还是非居民均只得就其来源于本国(或本地区)境内的所得纳税,境外所得一律免税;(3)基本税收政策对区内的所有企业一视同仁,税制统一,税负公平、全面地贯彻国民待遇与无差别待遇原则;(4)实行税种少、税率低、税负轻的税收政策和简便的征税办法;(5)重视利用税收优惠政策促进产业结构的优化和技术进步等。在保持总体低税负的情况下,还给予特定的行业以更加优惠的税收待遇。税收政策总是从属于经济政策的,选择什么样的经济发展模式就有相应的税收政策与之配合。这就注定我们只能参考借鉴而不能照抄照搬其他国家自由港的税收政策。我国要实行什么样的自由港税收政策主要应根据我国经济发展模式的要求和财政需要及现行税制而定,当然在这个过程中也要借鉴国外行之有效的经验。

二、我国保税区税收制度及其存在的问题

除了国务院刚批准成立的中国(上海)自由贸易试验区外,我国目前尚未建立真正意义上的自由港。而上海自贸区的建设也尚处在摸着石头过河的阶段,因而现行的自贸区税收制度在运行过程中也尚未暴露出严重的问题可供研究及进一步改进。但我国早已设立并运行保税区、保税港区等特殊经济区域,经过十几年的发展,这些特殊经济区域在扩大我国对外开放、提高对外开放水平和促进经济发展等方面发挥了特殊的作用。[①] 我们可以从保税区营运过程中显现出来的税收方面的问题预见未来自由港运营中可能出现的税收方面的相关问题。而解决好这些问题,可对未来自由港的建设提供可贵的借鉴。

(一)保税区现行税收制度

1. 关税豁免

区内生产企业的基础设施建设项目所需的机器、设备和其他基建物资,免除关税;区内企业自用的生产、管理设备和自用的合理数量的办公

---

① Zhaodong Jiang. *China's Tax Preferences to Foreign Investment*: *Policy*, *Culture and Modern Concepts*, 18 Nw. J. Int'l L. & Bus. 549(1998).

用品及其所需的维修零配件、生产用燃料,建设生产厂房、仓储设施所需的物资、设备,免除关税;保税区行政管理机构自用的合理数量的管理设备和办公用品及其所需的维修零配件,免除关税。

2.国内税的优惠,即免除增值税和消费税

从境外进入保税区和从保税区运往境外的货物,免征增值税和消费税;在保税区生产加工产品,免征增值税和消费税;销往境外和在保税区内销售货物,免征增值税和消费税。

3.减、免、退所得税

根据原《外商投资企业和外国企业所得税法》规定,在保税区内从事加工的生产性外商投资企业,经营期十年以上的,从获利年度起,第一年和第二年免征企业所得税,第三年至第五年减半征收企业所得税,第六年起按 15%税率计征企业所得税。对鼓励外商投资的行业、项目,省、自治区、直辖市人民政府可以根据实际情况决定免征、减征外商投资企业应缴纳的地方所得税。生产出口产品的外商投资企业减免期满后,当年出口产值达到当年企业产值 70%以上的,企业所得税可减半征收,新技术项目减半期可延长三年,进行出口产品和新技术生产的外商投资企业,减半征收后的企业所得税税率低于 10%的,按 10%缴纳企业所得税;外商投资者将企业所得利润直接投资经营期不少于五年的,退还再投资部分已缴纳的企业所得税税款的 40%;再投资举办、扩建产品出口企业或先进技术企业经营期不少于五年的,退还再投资部分已缴纳的企业所得税全部税款。

4.免除房产税

外商投资企业在保税区自建或购置的自用新建房屋,自建成或购置的月份起五年内免征房产税。

5.加速折旧

保税区内投资企业固定资产,因特殊需要,经税务部门批准,可依照税法规定实行加速折旧。如《财政部、国家税务总局关于支持天津滨海新区开发开放有关企业所得税优惠政策的通知》(财税〔2006〕130 号)规定,天津滨海新区内企业的固定资产(房屋、建筑物除外),可在现行规定折旧年限的基础上,按不高于40%的比例缩短折旧年限。

6.保税和出口退税政策

区内企业为加工出口产品所需的原材料、零部件、元器件、包装物件,予以保税;转口货物和在保税区储存的货物按保税货物管理;区内企业进口货物可以缓征关税和进口环节增值税,出口货物可提前办理出口退税手续和实现出口退税。

(二)保税区税收政策存在的问题

1.在优惠形式上,主要采取的是降低税率、定期减免、退税等直接优惠方式,对加速折旧、投资抵免、专项费用扣除等间接优惠运用较少

直接优惠方式虽然简单易行,但若投资者居住国不承诺予以税收抵免的税收饶让政策时,优惠政策并不能实际发挥应有的效果。直接优惠政策对盈利企业是有利的,但不利于前期投入大、风险高的高新技术产业、基础产业、能源交通等项目的激励。①

2.出口退税政策不完善,区内企业流动资金压力大

《出口货物退(免)税若干问题的规定》(财税字〔1995〕92号)规定:自1995年7月1日起,对非保税区运往保税区的货物不予退(免)税。保税区内企业从区外购进货物时必须向税务机关申报备案增值税专用发票的有关内容,将这部分货物出口或加工后再出口的,可按本规定办理出口退(免)税。这一规定彻底改变了原来从非保税区运入保税区的货物视同出口的政策,只有货物实际销售离境后才能申请退税。保税区内企业从区外购进货物时必须向税务机关申报备案增值税专用发票的有关内容,将这部分货物出口或加工后再出口的,方可按有关规定办理出口退(免)税。采取这种税收制度可以避免企业利用货物的"倒流"非法占有出口退税。但采取这种税收政策极度占用区内企业的流动资金,区内企业也不得不面临烦琐的出口退税手续。进一步的后果则是区内企业更愿意采购境外货物加工出口,从而导致保税区对区外经济的辐射效应减弱。

另外,1973年制定的《京都公约》的30个附则中的《F.1.关于自由

---

① 凌喜新.我国保税区税收优惠政策研究.2008年中国人民大学硕士学生论文.

区的附约》规定："进入自由区的货物,如在出口时享有免退国内各税权利时,应准在货物进入自由区后取得此项退税权利。"此外,该附则还注释:"免退税一般应在货物进入自由区后立即给予。"在我国现行保税区税收制度下,非保税区货物运往保税区"视同出口",却没有马上给予企业出口退税,这与自由港"境内关外"的本质相悖。

3.在产业优惠方面,税收优惠政策未能体现产业导向

现行的优惠政策实行的是一种普惠制优惠政策,产业导向功能明显不足,如凡是生产性的外商投资企业均可享受15%低税率的优惠。

4.从税收优惠政策的立法层次来看,国家尚未制定统一的保税区税收政策

目前涉及保税区税收优惠政策的法规有三个层次:一是国家各有关部门出台的政策法规;二是地方人大和政府出台的政策法规;三是各保税区管委会和所在地海关及相关部门出台的政策措施。实行属地原则,造成了各保税区税收优惠政策的不统一:在特区内的保税区实行特区的税收优惠政策,开发区内的保税区实行开发的税收优惠政策,优惠政策各不相同,个别保税区吸引外来投资,还实行财政补贴,导致保税区间税收竞争的加剧,不利于保税区的健康发展。[①] 造成此类情形的主要原因是缺乏上位法的统一规制。我国目前保税港区的政策立法层次不高,国家出台的相关文件中更多的是鼓励各保税港区所在政府自主制定政策,使得缺乏权威的政策制定指导原则和规范,这就会产生地方政府为换取经济的短暂快速发展而以牺牲税收收入为代价,竞相出台各类税收优惠政策,导致互相攀比,恶性竞争的现象。

5.税收优惠政策在管理执行上存在的问题

我国目前对税收优惠的执法监督体制不尽完善。保税港区内的税收优惠政策多为行政法规、规章,规定零散而缺乏统一性,同时又缺乏有效的外部监管,自上而下的内部监督制约机制在实践中很难发挥作用,使违规执法有了可乘之机。

---

① 凌喜新.我国保税区税收优惠政策研究.2008年中国人民大学硕士学位论文.

三、对自由港税收制度的总体立法建议

(一)税收制度

税收制度就是国家所颁布的各种税收法律和征收办法的总称[1],它包括税收法律、条例、实施细则、征稽管理办法等。税收制度需包含以下五个要素:

1.课税对象:商品或劳务,收益额,财产,资源及人身。

2.纳税人:包括法人和自然人。

3.税率是税额与课税对象之间数量关系或比例关系,有比例税率、累进税率及定额税率之区分。税率因课税对象的不同而不相同。

第一,消费税税率:烟草、酒精、化妆品、护肤护发品、贵重首饰及珠宝玉石、鞭炮焰火税率根据具体物品的不同而不同。

第二,增值税税率:加工修理修配劳务、农业产品、粮食食用油、其他货物及对出口销售之货物税率为零。

第三,营业税,按照行业、类别的不同采用不同的比例税率。

第四,优惠政策:优惠税率是对合乎规定的企业课以较低的税率。可以有期限的限制,也可以是长期优惠。如纳税限额即规定总赋税的最高限额,属于税率优惠方式之一。

第五,免税率。税率为零,不仅纳税人本环节课税对象不纳税,而且以前从各环节转移过来的税款亦须退回。

4.减免税。减税免税是对某些纳税人或课税对象的鼓励或照顾措施。减税是减征部分应纳税款;免税是免征全部应纳税款。类别上包括法定减免、临时减免和特定减免,而在具体形式上分为税基式减免[2]、税率式减免和税额式减免。

5.违章处理。违章处理是对有违反税法行为的纳税人采取的惩罚措施。违章处理是税收强制性在税收制度中的体现,纳税人必须按期足

---

① 王建中.通则性税收程序制度要论.经济与法,2003(12).
② 税基式减免,即是通过缩小计税依据方式来实现税收减免。具体应用形式有设起征点、免征额、允许跨期结算等。

额地缴纳税款,凡有拖欠税款、逾期不缴税、偷税逃税等违反税法行为的,都应受到制裁(包括法律制裁和行政处罚制裁等)。

(二)《京都公约》对自由港税收制度的影响

《京都公约》是海关合作理事会在简化和协调各国海关手续方面较为系统和全面的一个国际文件,它有 30 个附约,每个附约涉及一项海关业务。其中,《F.1 关于自由区的附约》(以下简称《自由区附约》)就是其中之一,用以规范各国海关在自由港区的监管制度。《自由区附约》规定:"自由区是指一国的部分领土,在这部分领土内运入的任何货物,就进口税及其他各税而言,被认为在关境以外,并免于实施惯常的海关监管制度。"此即自由港"境内关外"的国际法渊源。我国是该条约的签约国,因此,我国制定自由港法律体系时,应当努力与此条约相适应。各国在制定自由港税收制度时,首先要考虑到对进入自由港的货物免除进口环节的关税。这不仅指从国外运入自由港的货物应予以免税,而且从一国关境内运入自由港的货物也应免除或退还其在原进口环节已交纳的各税。当然,上述免税是以货物在自由港内为条件的,如果货物从自由港运出该国关境则照样要纳税。

(三)自贸区试验方案对税收制度的要求

国务院 2013 年发布了《中国(上海)自由贸易试验区总体方案》,探索建立服务业开放、金融领域开放创新,具有国际水准的投资贸易便利、监管高效便捷、法制环境规范的自由贸易试验区。其中在"探索与试验区相配套的税收政策"一节规定了以下税收政策:

1.实施促进投资的税收政策

为鼓励投资,在个人所得税方面采取分期纳税等优惠政策。

2.实施促进贸易的税收政策

探索采取一系列税收优惠和税收减免政策鼓励融资租赁业务的发展,便利企业进口生产性机器、设备。[①]

---

① 参见附录《中国(上海)自由贸易试验区总体方案》。

（四）小结

通过税收优惠政策来促进区域经济是大多数国家通常实施的一种国家区域经济政策,其实质内容就是在特定经济发展区域内,在税收制度建设、税收征管体制以及各个税种的征税范围、税目税率以及减免税等方面利用税收优惠来对在该区域发展投资的企业实行一定范围的税收减免及其他相关优惠,从而对区域经济发展实现宏观调控。从我国经济发展实践来看,完备的税收制度在促进地区的经济发展方面有着不可替代的作用。改革开放以来,我国在经济特区的建立,沿海港口城市的发展,以及高新技术开发区的创建等区域经济的发展中,无一例外地将税收优惠措施作为重要的经济政策,以此吸引外资的投入及先进技术、经验的引进。自由港区是我国当前推进区域经济加速发展的重大举措,税收优惠政策将极大推动自由港区发展。健全的税收制度、优惠的税收政策,将为港区的发展增加更多的筹码,提供更多的发展机会。

四、对自由港税收制度立法的具体建议

参考发达国家及地区自由港税收制度及税收优惠政策的成功经验,综合我国保税港区所存在的缺陷以及不足,结合我国自由港建设发展的趋势,本书对自由港税收制度提出如下立法建议。

（一）关税及进口环节流转税

自由港最本质的定位为“境内关外”,在其关税方面自然也应当体现这一本质。可以参照美国、中国香港地区的做法,自由贸易区和自由港区的关税一律予以免缴。具体来说,只在港区内进出的商品免缴关税,从国外进入自由港而到国内销售的商品则要补缴关税。

在具体设置上,首先,将自由（港）区视同境外,海关主要在二线实施监管。前文提及的其他国家和地区的自由（港）区的税收制度,普遍对自由（港）区的关税予以免征。我国自由港的立法应该顺应国际惯例,与国际接轨,对进入我国自由港区的货物免征关税及进口环节流转税。其次,只有货物越过自由港进入境内,海关才得以对其征收关税及进口环节流转税。同样的,自由港内企业的货物跨过自由港边境进入境内即意

味着进口,需要向海关办理相关进口手续,补交各税。同理,境内货物只要越过了自由港边境即意味着出境,则可申请出口退税。即便境内货物运到自由港区,供自由港营运所用,也视同出口。除此以外,对于特殊的货物应当实行特殊监管,如武器、弹药和毒品这三种产品即属于国家禁止进口的物品。我国已经出台相关法律法规对允许进口的货物进行了限定,限制性货物的进出口应当遵循国家特别法律的规定。因此,在自由(港)区的税收制度中所提及的货物应当指国家法律法规允许进口的一般普通货物。

(二)流转税

在流转税方面,包括增值税和消费税。对于增值税和营业税,自由港区内的企业在区内销售货物或提供加工、修理修配劳务,免征增值税;自由港区内的企业应缴纳的消费税,一律免征。

在具体设置上,上文已提及在自由(港)区中免征境外货物进入自由港区内的进口环节流转税即进口环节的增值税和消费税。因此,此处的流转税主要针对自由港区内的企业。在增值税和消费税方面,因港区"境内关外"的本质意味着自由港区在设置上是视同境外,若港区内企业加工和生产的货物最后直接用于出口,没有在我国"境内"流转和消费,则按照我国税收法律法规的相关规定,不应对其征收消费税与增值税。

(三)所得税

在所得税方面,目前我国的自由港还不能做到人员自由,因此自由港主要针对的是企业所得税。在企业所得税方面,应以税收直接优惠和间接优惠相结合,以间接优惠为主;具体而言,可以规定税收减免、费用扣除、税前列支、投资抵免、税额豁免、延期纳税、亏损结转、加速折旧、先征后返等优惠制度。① 在其他税收方面,如房产税、车辆购置税和车船使用税等,也应该考虑到自由港贸易优先的特性,给予一定的优惠政策。

在具体税收制度的设计上,在个人所得税部分,我国税法对于"境内"或"境外"的收入已做出了充分的规定,在自由(港)内参照执行即可。

----

① 刘剑文.税法专题研究.北京:北京大学出版社,2002:343—346.

此处,所需重点讨论的是企业所得税问题。国外自由港税收制度的经验告诉我们应当采取直接优惠和间接优惠相结合的税收制度,并以间接优惠为主。我国《上海外高桥保税区条例》已经对区内企业的税收优惠进行了明确规定。自由港是比保税区更深层次的自由贸易区。因此,保税区实行的关于企业所得税的优惠政策应继续适用于自由港,确保自由港区内企业享受不低于保税港区内企业的所得税优惠,以此吸引外资。同时,采用减免税收的政策有利于区内企业初创阶段的发展。此外,《中国(上海)自由贸易试验区总体方案》明确指出要实施促进投资的税收政策。综上所述,本书认为在自由(港)区税收制度初始阶段,可沿用保税区税法的相关税收制度或在此基础上给予更优惠的政策。

(四)出口退税

在出口退税方面,我国现有的《保税区海关监管办法》第十三条规定:"从保税区进入非保税区的货物,按照进口货物办理手续;从非保税区进入保税区的货物,按照出口货物办理手续,出口退税按照国家有关规定办理。"但是在实践中,由于有关部门对保税区性质认识的不一致,如海关、财政部门同意将保税区企业视为境外企业,货物从非保税区卖到保税区视同出口,按国家政策予以退税;税务部门则把保税区企业视为境内企业,只有等到货物真正出口方能退税。各部门对于保税区性质认定的不统一,使得退税政策不能很好地得到落实。本书期待通过"自由港管理法"制订,统一对于自由港"境内关外"性质的认定,改变退税制度当前尴尬的现状。另外,值得一提的是,由于一些企业国产化程度低,可抵扣税金少,以及征、退税率差异大等原因,实行现行出口退税政策后可能会出现出口退税不彻底的现象,区内企业享受不到出口退税的优惠政策,一定程度上影响了港区的经济发展。因此,可以考虑对区内的生产和深加工企业全部实行免税政策。换言之,自由港区内企业从国内其他地方购进货物,将这部分货物直接出口或简单再加工出口的,如符合出口退税条件,也可以向当地税务机关申请办理退税或免。

第三节　贸易制度

贸易是自愿的货品或服务交换。贸易也被称为商业。最原始的贸易形式是以物易物，即直接交换货品或服务。现代的贸易则普遍通过媒介开展，如货币。货币的出现（以及后来的信用证、钞票以及非实体金钱）大大简化和促进了贸易。两个贸易者之间的贸易称为双边贸易，多于两个贸易者的则称为多边贸易。贸易自由化是自由港设立的初衷，也是自由港的最大特点。因此，"自由港管理法"应当充分体现自由港的这一特性。在自由港贸易制度方面，本书认为应当在《公司法》《合伙企业法》等相关法律的基础上，赋予自由港区内公司或企业更为特殊的自由贸易经营权，如在港区内货物自由进出口的权利，港区内企业与港区外企业自由贸易的权利，以及港区内企业之间自由贸易等相关权利。

一、其他国家和地区自由港贸易模式和贸易制度

纵观其他国家和地区自由港的贸易模式，一般可分为以下四种类型。

一般贸易。低技术产品贸易通过品牌制造商、跨国经销商和渠道商进行整合，形成了全球范围内高度分散的工厂体系。对于中高技术类产品，跨国制造商成为贸易主体，之所以开展贸易，主要是为了促进生产环节的完成，因而是跨国公司母子公司之间、跨国公司之间、跨国公司子公司之间的贸易。

加工贸易。主要是通过外国直接投资的方式在本国完成一个生产段。

转口贸易。从境外存入保税区域的货物进行仓储或将保税区域中仓储的货物运出境的贸易方式。

（四）离岸贸易

订单的发起者在一个中心城市，但真正的贸易进出口所使用的港口

设施可以在其他地方。发起者只是发出指令,具体的贸易执行者可能是生产性企业,也可能是其他性质的企业。①

根据上述贸易模式的分类,可以发现,分散在我国长三角的各个中小城市处于一般贸易模式的链条低端,即主要从事低技术、低附加值产品的制造;以上海为代表的几个中心城市主要从事一般贸易和加工贸易;部分保税区、保税港区的存在使得我国部分区域转口贸易和离岸贸易模式逐步发展起来,但相对集中,几乎蜷缩在以上海为代表的几大口岸,并没有达到遍地开花的规模。② 造成这种局面的原因首先是跨国公司在我国的影响尚不巨大,在贸易模式的形成中尚无扮演主要角色的能力。此外,自由贸易区域范围有限,可供开展的贸易形式不多,中小城市基本只能以低端技术产品贸易为生。再次,贸易配套服务欠缺,贸易环境有待改善。

新加坡和中国香港地区,则是典型的以转口贸易和离岸贸易为主要贸易形态的新型贸易模式自由港。作为连接世界各大贸易区域的最大枢纽之一,香港地区新型贸易模式的快速发展离不开其便利化的贸易环境。根据世界经济论坛提供的 2008 年主要国际贸易中心城市所在国家或地区贸易便利化指数排名,香港地区综合排名第一。就一级细分指数中的市场开放度、过境管理、交通和信息化设施及商业环境而言,香港地区在市场开放度、商业环境、交通和信息化设施方面的排名都比较靠前,分别位居第一、第二和第四名,过境管理的排名稍稍落后,名列第七位。香港地区长期以来实行低税率政策,以简单税制和稳定税率为特点,是世界上最方便营商的税制;香港地区法制健全政策透明,其实行的不干预主义政策,更是为新型贸易模式的发展提供了肥沃的土壤,这主要表现在贸易自由、企业经营自由、金融运作自由、人员进出自由、信息开发自由等五个方面。③ 而新加坡分别自 1989 年和 1990 年开始实施特许石油贸易商(AOT)和特许国际贸易商(AIT)计划(后更名为 GTP),鼓励

---

① 沈玉良.贸易方式、贸易功能与上海国际贸易中心的基本形态.科学发展,2010(12).
② 沈玉良.贸易方式、贸易功能与上海国际贸易中心的基本形态.科学发展,2010(12).
③ 樊星.新型贸易业态的现状、问题与对策.科学发展,2013(12).

各家公司将新加坡作为开展贸易活动的基地。在这两个计划的激励下，新加坡已吸引了许多全球领先的跨国贸易公司在当地发展贸易业务，新型贸易模式更如雨后春笋般快速发展壮大。新加坡政府在贸工部下设立专门机构——新加坡国际企业局来服务和指导国际贸易外国投资，包括新型贸易模式的发展，该局在海外有30多个办事机构，构成了一个全球网络。①

二、对自由港贸易制度的总体立法建议

贸易自由化是自由港设立的初衷，也是自由港最大的特点。因此，"自由港管理法"应当充分体现自由港的这一特点。在自由港贸易制度方面，从国际国内投资，自由港区内公司的设立及运营，土地、人力资源等生产要素资源，物流运输管理，货物的报关报检等方面进行规范，在《公司法》《合伙企业法》等相关法律基础上，赋予自由港区内公司或企业更为特殊的自由贸易经营权，吸引国际国内资金，促进贸易发展。

(一)国际国内投资

1.吸引境内外资本

在负面清单的实施方面，不同国家、地区对区内外资进入的开放领域有特别的规定，如鹿特丹保税港，除需要提供外汇情况报告以外，外国公司在当地投资不受特殊限制，在法律和法规方面与本土公司享有同等权利；除少数不准国内私人投资参与的国有和非政府的垄断行业（军工生产、公用事业、铁路和公用广播）及在金融、投资服务业和少数其他领域受欧盟互惠条款的约束外，外国公司可自由投资当地任何部门，在法律上与当地公司享有同等权利，外国公司的业务活动、公司地址和房地产所有权也不受任何限制。又如新加坡，允许外商同新加坡国民一样设立五种类型的法人或非法人经济实体；完全开放商业、外贸、租赁、直销广告、电信市场，并加快推进资本市场发展；除新闻业、广播业、公共事业

---

① 樊星.新型贸易业态的现状、问题与对策.科学发展,2013(12).

等有所限制外，其他行业与项目外资无出资比例限制；除与国防有关的某些行业外，对外资在新加坡的运作不作任何限制。[①] 中国（上海）自由贸易试验区借鉴国际通行规则，对外商投资试行准入前给予国民待遇，改革外商投资管理模式。《中国（上海）自由贸易试验区外商投资准入特别管理措施》（负面清单）（2013年）中说明对负面清单之外的领域，将外商投资项目由核准制改为备案制（国务院规定对国内投资项目保留核准的除外）；将外商投资企业合同章程审批改为备案管理。由于舟山自由港本地的特点，其开放程度小于上海地区，因此可同时设立负面清单与正面清单，在不准外资参与我国国防、军事等国家安全领域的前提下，对不同国家实行差别国待遇，如对与我国贸易往来较少的国家、地区实行正面清单制度；对美国、加拿大、欧洲等与我国贸易往来密切的国家、地区实行负面清单制度，给予国民待遇，减小外资投入成本，促进投资。[②]

在优惠措施方面，自由港为吸引境内外资本，应在适当领域暂停或取消投资者资质要求和股比限制，实行国民待遇，优惠贷款制度，营造有利于各类投资者平等准入的市场环境。在股比限制方面，如迪拜杰贝阿里自由贸易园区外资可100％独资，不受阿联酋公司法中规定的外资49％，内资51％的限制。在外资实行国民待遇方面，鹿特丹保税港区允许外国公司投资当地任何部门，并且在法律上与当地公司享有同等权利。[③] 在信贷支持政策方面，如毛里求斯自由区法规定，对区内的企业，商业银行可按优惠利率给予贷款。[④] 自由港可借鉴上述国家、地区的成熟经验，适当减少对内、外资股比的限制，吸引外资进入市场，对区内企业实行低利率贷款制度，促进企业融资，扩大再投资。[⑤]

[①] 肖林，马海倩. 关于自由贸易园区发展的国际比较研究. 表4, http://lib. shcc. edu. cn/webpages/detail. asp? id＝11972.

[②] Jun Zhao, Timothy Webster. *Taking Stock：China's First Decade of Free Trade*, 33 U. Pa. J. Int'l L. 65(2011).

[③] 肖林，马海倩. 关于自由贸易园区发展的国际比较研究. 表15, http://lib. shcc. edu. cn/webpages/detail. asp? id＝11972.

[④] 肖林，马海倩. 关于自由贸易园区发展的国际比较研究. 表15, http://lib. shcc. edu. cn/webpages/detail. asp? id＝11972.

[⑤] Stephan W. Schill. *Traring Down the Great Wall：The New Generation Investment Treaties of the People's Republic of China*, 15 Cardozo J. Int'l & Comp. L. 73(2007).

在程序的便捷设置方面,在投资程序上,不需要政府审批和核准,只要在相关部门登记备案即可。不仅区内投资自由,区内企业向外投资也相对自由便捷,如香港地区本地的资本可以通过各种方式向海外发展,不需要获得政府批准。[①] 自由港可借鉴香港地区,对负面清单之外的领域,将外商投资项目由核准制改为备案制。同时,加快培育跨境电子商务服务功能,试点建立与之相适应的海关监管、检验检疫、退税、跨境支付、物流等支撑系统,加快国内外资本运转速度,降低营运成本。

2.投资保障

投资有保障是吸引外资,促进经济发展的基石。若不能出台切实有效的投资政策,向投资者披露信息,那么一切的自由港贸易制度均为无根之水,缺乏变为现实的可能。要做到投资有保障,本书认为应当可以从以下几点开始着手:首先,创新投资服务促进机制,加强境外投资事后管理和服务,形成多部门共享的信息监测平台,做好对外直接投资统计和年检工作。其次,许多国家在有关政策法规中明确规定,对在自由贸易港区投资的外国企业不实行国有化和没收资产的政策,以保证投资者免受战争、动乱等带来的影响和损失。如加纳政府保证在自由区内对外资企业不实行国有化和征收政策[②],从某种程度上缓解了外商的疑虑。自由港也可借鉴埃及,承诺区内外资不没收、不国有化,加强投资者的信心。

(二)公司设立及运营

1.公司设立

从企业的定位方面来说,应加速自由港区内跨国公司总部、运营中心、研发中心、投资中心的设立。自由贸易园区在经营环境上更为自由宽松,管理上简便高效,可以为企业提供良好安全的国际商务环境,从而能够吸引多种类型总部,使得总部集聚也成为现代自由贸易园区的重要

[①] 肖林,马海倩. 关于自由贸易园区发展的国际比较研究. 表 15, http://lib.shcc.edu.cn/webpages/detail.asp? id=11972.

[②] 肖林,马海倩. 关于自由贸易园区发展的国际比较研究. 表 14, http://lib.shcc.edu.cn/webpages/detail.asp? id=11972.

功能。如中国香港地区总部机构已超过 3500 家,4200 家跨国公司在新
加坡设立了地区总部,迪拜集聚了 1600 家国际企业。① 自由港区应借
鉴上述国家、地区的相关规定,鼓励跨国公司建立亚太地区总部,扶持政
策应向总部性企业、高端服务业类企业倾斜,建立整合贸易、物流、结算
等功能的营运中心。鼓励企业统筹开展国际国内贸易,实现内外贸一体
化发展。在制度设置方面,借鉴新加坡的做法,针对跨国公司经营中心
制定专门政策。

在自由港区内企业的登记审查方面,信息化管理方式具有高效性及
时代性特征。新加坡在全球率先启用贸易管理电子平台,即无缝的一站
式电子通关系统(TradeNet),使企业能够通过单一窗口、统一平台,完
成业务申报、数据传输、资料处理、核准作业流程及回执接收等功能,通
关效率明显提高(企业通过该系统最快可在 10 秒钟内获得贸易许可,
97% 的贸易许可在 1 分钟内处理完毕),成本显著降低(TradeNet 每年
处理 1000 万张报关单,可为新加坡节省 10 亿新元的文件处理费用)②。
自由港区可借鉴新加坡对自由港区内外贸易的管理制度,实行电子化的
一站式管理,优化登记审查流程,提高办事效率,促进区内市场高速
运行。

对于公司的注册资本、实收资本和投资总额方面的规定,可借鉴中
国(上海)自由贸易试验区的规定,在自由贸易区内不实行国有化和征收
制度。试行注册资本认缴登记制。除法律、行政法规对公司注册资本实
缴另有规定的外,其他公司试行注册资本认缴登记制。试行认缴登记制
后,工商部门登记公司全体股东、发起人认缴的注册资本或认购的股本
总额(即公司注册资本),不登记公司实收资本。公司股东(发起人)应当
对其认缴出资额、出资方式、出资期限等自主约定,并记载于公司章程。
有限责任公司的股东以其认缴的出资额为限对公司承担责任;股份有限
公司的股东以其认购的股份为限对公司承担责任。公司应当将股东认

---

① 肖林,马海倩.关于自由贸易园区发展的国际比较研究.表 7,http://lib.shcc.edu.cn/
webpages/detail.asp? id=11972.

② 肖林,马海倩.关于自由贸易园区发展的国际比较研究,表 8,http://lib.shcc.edu.cn/
webpages/detail.asp? id=11972.

缴出资额或发起人认购股份、出资方式、出资期限、缴纳情况通过市场主体信用信息公示系统向社会公示。公司股东(发起人)对缴纳出资情况的真实性、合法性负责。① 为了鼓励高新技术产业的发展,在自由贸易区内,投资者可以申请设立有限合伙企业,可以实行股份期权利润分享年薪制和技术管理以及其他智力要素参与分配的制度。

2. 公司运营

在公司的经营范围方面,《上海外高桥保税区条例》第十七条规定,国内外企业(包括保税区企业)可以在保税区内举办国际商品展示活动。保税区企业可以设立商品交易市场,自由参加保税区内进出口商品展销会,从事商品展示、批发等业务;可以自由参加非保税区进出口商品展销会、博览会。经批准,保税区企业可以在非保税区开展保税商品展示活动。第十八条规定,鼓励国内外企业在保税区内储存货物。货物储存期限不受限制。企业可以在保税区内对货物进行分级、包装、挑选、分装、刷贴标志等商业性加工。第十九条规定,保税区企业生产的产品应当以销往境外为主。原材料来自境外、产品销往境外的加工项目在区内不受限制,国家产业政策禁止的除外。经批准,保税区企业可以将境外运入的料件委托非保税区企业加工,也可以接受非保税区企业的委托,开展加工业务。第二十条规定,鼓励保税区企业开展国际货物转运、分拨业务。经批准,保税区企业可以从事通过保税区进出的集装箱运输、货运代理、船舶代理以及保税运输等业务。② 借鉴上述规定,可赋予自由港区内企业进出口经营权,自由贸易区内企业可以从事除法律法规限制经营以外的任何项目。包括仓储、转口贸易、简单加工到区内装配、制造业等,试点开展境内外高技术、高附加值的维修业务。亦可代理非自由贸易区企业的进出口贸易。可以在自由贸易区内举办国际商品展示活动,鼓励自由贸易区内企业开展国际货物转运分拨业务等。多种经营方式并存是自由港区企业经营的特点,企业以利润最大化作为投资运作目

---

① 详见工商外企字〔2013〕147 号《关于印发〈国家工商行政管理总局关于支持中国(上海)自由贸易试验区建设的若干意见〉的通知》,《国家工商行政管理总局关于支持中国(上海)自由贸易试验区建设的若干意见》。

② 参见附录《上海外高桥保税区条例》,第 17、18、19、20 条。

标,扩大区内企业经营领域能有效促进贸易增长。

在公司税收及税收补助方面,自由贸易园区都实行较低的企业所得税,如新加坡为 17%,香港地区为 17.5%,汉堡为 15%。特别是对鼓励类企业或行业实行更低税率(如新加坡对航运企业、地区总部实行 10% 的企业所得税)[①]。自由港区可借鉴低税率国家的相关规定,区内企业可以自由从事自由港区与境外之间的贸易,免配额、免许可证,国家另有规定的除外。可对自由港区的生产性企业征收较低的所得税和增值税,取消、停征行政事业性收费。增加区内企业利润率,促进投资积极性提高与市场高效运作。

在企业的补助方面,可借鉴日本的相关补助制度,如"雇佣冲绳青年奖励金"。该奖励金是针对根据《雇佣冲绳青年计划书》设立、整修完备之日及雇佣青年等之雇佣期满之日后,雇主依该计划重新雇佣未满 30 岁之冲绳县居民(需经由公共职业安定所之介绍,且系短期劳动被保险人以外之一般被保险人),补助其所支付工资之三分之一,最长补助时间为 2 年,每月补助每人最高限额为 10 万日元。雇佣冲绳青年等之特别奖励金规定,雇佣冲绳青年等之特别奖励,系符合下列条件之雇主根据《雇佣冲绳青年计划书》,就完备其设施、设备所需费用及按照雇佣之人数予以定额补助。唯设立、整修完备之日及雇佣期满之日起共计 3 次。另外,冲绳振兴开发金融公库及地区性之低率融资也值得借鉴。冲绳振兴开发金融公库对于自由贸易区等特别地区,对于产业开发之设备资金之所得资金七成内,以及中小企业之设备资金七亿两千万日元以内,设有振兴低利融资措施。给予符合条件的港区内企业国民待遇及适当的政策倾斜及补助,充分调动企业运作效率、积极性,创造更多的利润空间。

在公司的经营利润方面,利用自由贸易区获取营销方面的高度灵活性。公司可以根据市场情况择机销售那些可以不经办理严格的海关手续而长期存放在自由港区的货物。自由贸易区为公司提供了进行分拆、

①　肖林,马海倩. 关于自由贸易园区发展的国际比较研究. 表 13, http://lib. shcc. edu. cn/webpages/detail. asp? id=11972.

包装、刷贴标签等非工业性加工的便利,公司可以依照当地消费者的需求,改变商品外观形态、款式及颜色等,也可以利用当地的营销专家或机构,提供营销方面的咨询服务,从而形成具有高度适应性和灵活性的营销策略。海关对入区外国货物的目的地一般没有限制,可以销往设区国市场,也可转运他国。一批货物可以整批或分批销往关税区或再出口,在输出前可以随意改装和对残损货物进行修理等。在输入货物不符合海关要求时,亦可利用保税区进行相应处理后再售出。所有这些都使公司的销售决策变得十分灵活,公司可以利用无牌或定牌中性包装等手段,打破某些国家和地区关税和非关税壁垒或歧视性贸易待遇的障碍,扩大出口。利用自由贸易区的展销设施,公司可以广泛接触潜在买主,提供样品,实现在国外的直接销售,从而增强公司在设区国市场的竞争力,获取更多的订单利润。

(三)人力等生产要素资源

1. 出入自由港区

自由贸易港区普遍采取较为宽松、自由的人员出入境政策。包括免签、落地签等弹性入境签证办法。如新加坡采取落地签证政策;韩国关税自由区采取通行证或出入证制度;中国香港地区总体实行免签、落地签制度。迪拜实行96小时的过境签证,仅需阿联酋航空公司或迪拜本地酒店进行担保。[①] 自由港区可借鉴香港地区对人员出入港区的规定,对不同国家、地区的人员出入自由港做不同规定,提高人员出入自由港区的自由度与方便度,吸引更多的劳动力资本向港区内流动。

2. 人力要素资源

在人才的吸引和培养方面,加强自由港区在相关领域的人才培养,强化造血功能,具体的措施包括:进一步加强在校教育,充分利用浙江大学在舟山设立校区的机遇,扩大校企合作领域,完善在职教育,培养紧缺人才。加强业务培训,提高港口、航运人才的整体素质与职业道德等。在区内企业实行雇工自由、高管国籍非歧视制度,提高区内企业对国内

---

① 肖林,马海倩. 关于自由贸易园区发展的国际比较研究(表). 表18,http://lib. shcc. edu. cn/webpages/detail. asp? id=11972.

外高新科技人才的吸引力。探索使用聘请顾问、技术咨询等柔性的方式招揽某些高端人才。同时,建立合理的薪酬、晋升机制,使人才的能力、贡献与他们的收入和未来发展密切相连,最大限度地调动他们的积极性和能动性。

在人才管理方面,人力资源作为公司最重要的生产要素之一,既要降低要素成本,又要提高要素使用率与产出率,系统完善的人力资源管理制度显得尤为重要。同时,应制定相关的薪酬、晋升、养老、医疗、职工保险等配套制度,最终构建完整的人才管理体制。

3.信息要素资源

经济信息要素是指与产品生产、销售和消费直接相关的消息、情报、数据和知识。信息资源是公司生产要素中除人力资源以外的另一重要资源,市场的透明、信息的高度对称将促进市场买卖双方公平贸易发展,抵制垄断,增强相关企业间自由竞争,为消费者提供价廉、优质的商品与服务。对经济信息要素的规范管理是自由港区内企业高效运作的前提之一,各国对信息管理与控制有着特别的规定。如比利时的安特卫普港,具有领先于欧洲其他港口的货物装卸作业效率,拥有现代化的 EDI 信息控制与电子数据交换系统。港务局使用"安特卫普港信息控制系统(APIcs)"计划安排船舶抵离港和掌握国际海运危险品的申报。[1] 同时,上海自贸区的相关政策文件亦对该部分进行了说明与规定,总体方案中指明试验区应推进企业运营信息与监管系统对接。通过风险监控、第三方管理、保证金要求等方式实行有效监管,充分发挥上海市诚信体系建设的作用,加快形成企业商务诚信管理和经营活动专属管辖制度。[2] 若干意见中规定试行年度报告公示制,试验区内试行将企业年度检验制度改为企业年度报告公示制度。[3] 自由港区可借鉴安特卫普港,建设高效的 EDI 信息控制与电子

---

① 张世坤.有关汉堡港、鹿特丹港、安特卫普港的考察——兼谈我国保税区与国际自由港的比较.港口经济,2006(1).

② 参见国发〔2013〕38 号《国务院关于印发〈中国上海自由贸易试验区总体方案〉的通知》,《中国(上海)自由贸易试验区总体方案》。

③ 参见工商外企字〔2013〕147 号:《关于印发〈国家工商行政管理总局关于支持中国(上海)自由贸易试验区建设的若干意见〉的通知》,《国家工商行政管理总局关于支持中国(上海)自由贸易试验区建设的若干意见》。

数据交换系统,保证自由港区内企业第一时间掌握船舶、货物抵离港口的实时信息。同时,要求港区内企业实行商务领域的年度报告公示制度,规范市场信用信息,推动区内经济健康可持续发展。

(四)物流运输

1.登记

在船舶登记及进出自由港区的制度设置方面,德国汉堡自由港有以下特殊规定:汉堡自由港可开展货物转船、储存、流通以及船舶建造等业务,享有以下主要优惠政策:船只从海上进入或离自由港驶往海外无需向海关结关,船舶航行时只要在船上挂一面"关旗",就可不受海关的任何干涉。[①] 我国上海自贸试验区总体方案亦指出,应充分发挥上海的区域优势,利用中资"方便旗"船税收优惠政策,促进符合条件的船舶在上海落户登记。在试验区实行已在天津试点的国际船舶登记政策。简化国际船舶运输经营许可流程,形成高效率的船籍登记制度。自由港区内可借鉴汉堡港及上海试验区的船舶登记和出入制度,简化国际船舶运输经营许可流程。实行保税船舶登记及"方便旗"制度,对符合条件的船舶发放方便旗,登记的方便旗船舶实行非强制领航制度并且不受海关干涉,船员可以自由登岸,实行简便卫生检疫及出入境手续。

2.经营

香港地区在空港、海港等物流产业的发展上,大多采取外包经营的模式。这些企业为了能在竞争中领先,往往会投入巨资进行码头基础设施建设、更新设备,努力提高自己的软、硬件实力,吸引世界一流的船舶公司与物流企业。在这种竞争的态势下,香港的港口条件不断改善,服务水平不断提高,众多的承运人企业都把香港作为重要的转运港,香港国际物流中心的地位日益巩固。特区政府通过这种外包并收取租金的经营模式,既促进了物流产业的发展,又增加了财政收入,还创造了就业机会。反观我国内地,却并非如此。船舶是开发海洋的重要载体,船舶修造业是临港工业的龙头,而舟山具有发展船舶业的地理和区位优势。

---

① 张世坤.有关汉堡港、鹿特丹港、安特卫普港的考察——兼谈我国保税区与国际自由港的比较.港口经济,2006(1).

舟山自由港岸线资源异常丰富,它适宜开发建港的深水岸线总长 280 公里,接近全国的 1/4,能够适应当今船舶大型化的趋势。然而,近几年,受国际金融危机等大环境影响,舟山的船舶制造业正面临着巨大阵痛,不少船企订单锐减。国内劳动力及原材料成本上升,再加上船东压价,船企利润异常微薄,只得压低工人工资,这也导致员工外流,加剧了恶性循环。从国际趋向上看,更多的船企开始向越南等东南亚国家转移。①自由港可借鉴香港在物流产业上的发展模式,将大型船舶制造业部分外包给具有廉价劳动力的国家与地区,以公开招投标的方式外包给民营企业经营,此举必将显著降低生产成本,提升利润空间。

自由贸易园区实行海港、空港与保税区之间的多元联动、一体运作。如新加坡开展海港与空港海空联运业务;鹿特丹保税仓库区与港区实行"区港合一"。②上海自贸区总体方案亦指出上海自贸试验区应提升国际航运服务能级。积极发挥外高桥港、洋山深水港、浦东空港国际枢纽港的联动作用,探索形成具有国际竞争力的航运发展制度和运作模式。舟山普陀民用机场虽然没有上海浦东国际机场庞大的规模与吞吐量,但航港联运产业仍是现阶段我国发展自由港区重要的产业发展模式,港口作业仍可结合航运业、旅游业共同发展,形成商业服务中心。

(五)货物报关报检

1. 报关

自由港区最大的特点是全部或者绝大多数商品可以免税进出港口,越来越多的企业通过自由港贸易规避关税与非关税贸易壁垒。自由港设在一国境内的特点,要求其采用"一线放开,二线管住"的策略。《上海外高桥保税区条例》第二条第二款规定,货物可以在保税区与境外之间自由出入,免征关税和进口环节税,免验许可证件,免于常规的海关监管手续,国家禁止进出口和特殊规定的货物除外。《欧共体海关法》第 170

---

① 张世坤.有关汉堡港、鹿特丹港、安特卫普港的考察——兼谈我国保税区与国际自由港的比较.港口经济,2006(1).

② 肖林,马海倩.关于自由贸易园区发展的国际比较研究.表 8,http://lib.shcc.edu.cn/webpages/detail.asp? id=11972.

条规定,除本法第 168 条第 4 款另有规定外,存入自由区或自由仓库的货物,不需向海关当局呈验,也不需正式报关。第 172 条规定,在本法规定的条件下,自由区或自由仓库内允许进行任何工业、商业或服务业活动,但进行此类活动应事先通知海关。第 174 条规定,本法第 166 条(b)项所规定的应受共同农业政策管理的共同体货物,只需适用本法第 109条第 2 款的专门规定,可无需事先经海关当局批准。第 175 条规定,除关于供应或仓储的立法另有规定外,如果有关海关业务制度有此规定,本条第 1 款规定不影响办理自由流动结关或办理暂时进口制度不征进口关税或不受共同农业政策或贸易政策管理的货物在自由区或自由仓库内使用或消费。在此情况下,无需递交自由流动结关或暂时进口报关单。第 178 条规定,如果非共同体货物发生海关债并且该货物按其实付或应付价格确定的海关估价中包括在自由区或自由仓库存放期间仓储或保管费用,只要该项费用与实付或应付价格分列,可不计入海关估价。[①] 各国对自由贸易港区内的货物进出都给予相对简便的海关监管手续,区内货物以自主管理为特征,充分调动港区内、区外要素自由流通的积极性,优惠关税及非关税壁垒,促进贸易发展。舟山可借鉴荷兰对进出自由港区货物的特殊规定,对符合条件的货物实行自由进出港区,无需向海关正式报关,但应事先通知海关,实行"以通知替代正式报关"模式。同时,舟山自由港区亦可借鉴香港地区的货物 24 小时通关制度,简化进出境备案清单,简化国际中转、集拼和分拨等业务进出境手续。

我国可借鉴新加坡的规定,以公司账册管理及存货数据代替海关查验,国内商品进入区内视为出口,即可退税。在国内货物输入自由贸易区的情况下,由于货物入区后便视同出口,即刻买断,因而通常可以随即办理结汇手续,厂家提前实现销售收入,可减少资金占用成本,并可及时获取出口退税,因而加速了资金流入。

我国还可借鉴汉堡自由港的规定,即货物只有从自由港输入欧盟市场才需要结交关税。当企业的货物销往海关管制区时虽然必须补交关

---

① 参见《欧共体海关法》第 170、172、174、175、178 条。

税和有关国内税,但纳税义务只有在货物实际转出管制区才发生,因而纳税时间大大推迟,从而减少资金成本,增加可得利益。

2.报检

检验检疫作为货物进出口自由港区最重要的环节之一。自由港区在报检方面的法律设置,可借鉴香港地区的豁免规定。香港若干受工业贸易署签证措施所管制之货物,可通过货物豁免方案得到豁免签证的待遇,例如以联运提单或联运空运提单付运的转运货物和运往外地的过境货物等。根据工业贸易署采用的若干条件,凡按转运货物豁免签证方案于海关部门注册的船务公司、运输公司、航空公司及其委任之代理商,在转运符合规定的各类货物时,均毋须出示进出口牌照。唯此方案只供船务公司、航空公司及货运公司参加,并非为进口商或出口商而设。① 自由港可适当借鉴香港地区对货物自由进出港区的政策,在确保有效监管的前提下,探索建立货物状态分类监管模式,给予符合条件的货物以豁免检验的待遇。豁免的货物在进出自由港区域时,无须检验,可自由出入自由港区,实行"进境检疫,豁免进出口检验"模式,创新监管技术和方法。

三、对自由港贸易制度的具体立法建议

(一)国际贸易结算

1.国际贸易结算制度简介

自美国次贷危机引发的全球金融危机爆发以来,所有和美元挂钩的经济体都受到了严重影响。在应对危机的同时,各国也对当前的国际货币体系进行了深刻的反省。此为人民币的国际贸易试点的背景。人民币国际贸易结算只是在小范围内开始试点,但试点涉及的人民币规模预计将逾千亿元,迫切需要建立一至两个人民币国际结算中心。在该方面具有优势的上海和香港成为建设人民币国际结算中心的最优选择。

---

① 参见香港工业贸易署网站:http://www.tid.gov.hk/sc_chi/import_export/tces/tces_maincontent.html.

（1）上海和香港国际结算中心

在 2010 年,作为推进上海建设国际金融中心和国际航运中心进程的重要标志之一,国家外汇管理局正式批准上海综合保税区开展人民币国际贸易结算中心外汇管理试点。① 2011 年,8 家试点企业均已经开设了"国际贸易结算中心专用外汇账户",其中 7 家企业已经陆续开单,逐批开展业务操作。浦东新区副区长戴海波在 2011 年 1 月 12 日举行的上海综合保税区管委会 2011 年第一次全体会议上表示,2011 年将逐步展开国际贸易结算中心第二批企业试点,年底累计试点企业达 30 家以上,推动实体性总部经济模式走在全国前列。② 至 2012 年,上海已先后有两批共 20 家企业获批试点资格,试点账户贸易额累计 50 多亿美元。截至 2012 年 6 月底,当年跨境贸易人民币结算量累计达 2192 亿元,同比增长 78%。③ 2013 年,上海市代市长杨雄在上海"两会"期间表示,今后五年上海要努力实现"四个中心"建设的新跨越,其主要内容包括国际贸易中心核心功能的基本形成。④ 值得关注的是,2015 年 10 月 8 日,CIPS(China International Payment System,人民币跨境支付系统)一期在上海成功上线运行。⑤ CIPS 分两期建设:一期主要采用实时全额结算方式,为跨境贸易、跨境投融资和其他跨境人民币业务提供清算、结算服务;二期将采用更为节约流动性的混合结算方式,提高人民币跨境和离岸资金的清算、结算效率。⑥ CIPS 作为由中国人民银行组织建设的、为全球金融机构人民币跨境和离岸业务提供资金清算、结算服务的支付清算体系,在推进人民币国际化的第七个年头初步建立起来,这意味着

---

① 《上海开展国际贸易结算中心外汇管理试点获批》,载搜狐网,http://business.sohu.com/20100818/n274303343.shtml。

② 《国际贸易结算中心试点企业年底将超 30 家》,载凤凰网,http://finance.ifeng.com/news/20110112/3193124.shtml。

③ 《上海申请第三批国际贸易结算中心试点》,载证券时报网,http://kuaixun.stcn.com/content/2012-08/25/content_6735093.htm。

④ 《上海:今后五年推进国际贸易结算中心外汇管理试点》,http://www.simic.net.cn/news_show.php? id=120869。

⑤ 详见《人民币国际化进入飞奔时期 跨境支付系统(CIPS)一期正式上线》,网址:http://news-hangzhou.com.cn/system/2015/10/09/012949745.shtml 最后访问时间:2017 年 2 月 25 日。

⑥ 详见:http://finance.ce.cn/rolling/201510/08/t20151008_6644715.shtml 最后访问时间:2017 年 2 月 25 日。

人民币国际化走上了"高速公路"。①

　　关于香港地区,国务院《关于当前金融促进经济发展的若干意见》的第三十条中,明确中央政府将允许香港非金融性企业发行以人民币计价的债券,支持香港人民币业务发展,扩大人民币在周边贸易中的计价结算规模。对香港来说,这一政策的出台表明中央政府支持香港成为人民币离岸市场的中心,此前新加坡、韩国以及中国香港地区存在的人民币离岸市场将向香港聚拢,而未来离岸人民币市场将结束仅有的不可交割的人民币衍生产品,人民币债券的加入将大大提高人民币离岸市场的深度。尽管目前在港人民币存量较低,大规模发行人民币债券在近期并不现实,但随着未来美元由强转弱,香港居民持有人民币的热情将复燃。届时,香港的人民币资金将不再成为离岸人民币债券市场发展的瓶颈,香港必将成为人民币国际化的桥头堡。

　　目前,香港已经建立了一个高效、可靠的人民币清算系统:人民币 RTGS 系统(the Renminbi Real Time Gross Settlement System,人民币实时全额支付系统)。银行的 RTGS 系统与国家的清算系统 HVPS (High Value Payment System,大额支付系统)相连接,进行人民币清算。截至 2012 年 10 月底,已有 202 家银行参与到香港人民币清算平台,其中 179 家是外资银行或中资银行的分支机构或海外机构,由此形成的国际支付网络覆盖 30 个国家和地区。作为香港的三大发钞行之一、在香港市场有较大影响力的中资银行机构——中银香港,被中国人民银行指定作为香港主要的人民币境外清算行。2009 年,中银香港为境外参加银行开立 53 个人民币同业往来账户,账户余额 486.2 亿元。2010 年 7 月 19 日,中国人民银行与中银香港签署修订版的《香港银行人民币业务的清算协议》,在境外人民币清算上取得重要突破。

　　尽管建立国际贸易结算中心方面,我国在上海和香港两地的试验已取得突破性成果,但仍存在着诸多方面的不利因素。

---

①　详见:《人民币国际化进入飞奔时期　跨境支付系统(CIPS)一期正式上线》,网址:http://news-hzrb. hangzhou. com. cn/system/2015/10/09/012949745. shtml 最后访问时间:2017 年 2 月有 25 日。

第一，人民币尚难以打破优势货币的惯性。一个国家的货币国际化，一般为由边境化到区域化最终到全球化的一个逐步发展的过程。据中国海关公布数据，2012 年中国的进出口总值达 38667.6 亿美元，已经超越美国，跃居世界第一位。然而中国还只是一个贸易大国而非一个贸易强国。从跨境贸易人民币结算来看，虽然以人民币为结算币种的跨境贸易额从 2009 年试点之初到 2012 年有了突飞猛进的增长，但跨境贸易人民币结算占整个中国外贸额的比重仍然较低，在全球货币体系中的市场份额也还是微不足道。根据 SWIFT（Society Worldwide Interbank Financial Telecommunication，环球金融电讯协会）的统计数据，截至 2013 年 3 月，人民币市场份额仅为 0.74%，全球排名第十三位，而全球排名前五位的货币分别为：欧元（36.9%）、美元（35.78%）、英镑（8.55%）、日元（2.59%）和澳元（2.08%），人民币的市场份额甚至赶不上泰铢（0.96%）。相较中国全球第二的 GDP 规模和全球第一的进出口额，人民币的市场份额与之极不相称。涉及人民币跨境贸易活动的境外地区的地理分布极不均衡，主要集中在中国香港地区、新加坡等人民币较为充裕的金融中心和以边境贸易为主的东南亚各国。据 SWIFT 的统计数据，中国内地与香港地区之间的人民币贸易结算额占内地人民币跨境贸易额的 85% 以上，第三方与第三方之间的以人民币计价的国际贸易微乎其微，这也反映了人民币在国际贸易中还未被广泛认可。根据西联公司对 1000 多家参与人民币跨境贸易的中国企业的调查结果显示，相比新兴市场，中国和欧美等发达国家贸易商使用人民币进行结算额还较小，发达国家贸易商对人民币的接受程度还不高，如只有 58% 的受访美国企业、77% 的受访欧洲企业表示会考虑使用人民币结算，而在经济实力较弱而且人民币用于结算已有一定历史的东南亚地区这一比例较高，受访企业中有 87% 表示愿意使用人民币结算。可见，虽然人民币国际贸易结算自 2009 年以来呈现迅猛的发展趋势，但仍未能克服现有国际货币中"货币惯性"现象的制约。

第二，当前人民币在资本项下不完全可兑换。我国人民币尽管实现了人民币经常项目下的可自由兑换，但对外汇仍实行一定的管制，如对外贸实行收付汇核销管理,企业无论是出口收汇还是进口付汇都必须经过外汇管理部门的审核,并凭报关单据进行外汇核销。如目前外汇管理制度要求进出口金额应以美元等国际流通货币标价,采用人民币计价的企业在最终结算时仍需要转换成美元等国际公认的结算货币,因此汇兑风险仍难以消除。

第三,人民币支付体系尚未完善。与迅猛发展的跨境人民币贸易结算量相比,人民币支付体系的发展相对滞后。[①] 当前人民币支付体系尚局限于以美元、欧元、日元、港币、英镑为代表的可自由兑换国际货币之间的国际结算和境内的资金清算,还不具备人民币与东盟各国货币的直接结算功能。与此同时,与成熟的美元、欧元国际清算渠道相比,人民币支付系统的网络规模不大,规模效应不明显,清算制度也有待健全,清算体系、清算平台也未得到统一,由此造成了人民币资金跨境清算时间长、手续费较高、效率低下。现有的人民币清算制度在清算账户设立、准入标准、清算时间和规则等方面尚不能满足目前跨境贸易人民币结算的需求。贸易支付清算是否通畅便利,对于外贸企业来说是很重要的一个考虑因素。[②]

(2)对其他国家和地区国际贸易结算制度的借鉴

中国自由港国际贸易结算中心建立过程中出现的问题正是人民币国际化问题的一个缩影。这与日元国际化所遭受的困境较为相似,因此,日本在这方面的制度规范值得我国借鉴。

2000 年 4 月 11 日在东京召开的"亚洲资本市场改革"论坛上,时任日本财政部长黑田东彦在讲话中提出"日元虽难以(在国际货币体系中)承担与美元、欧元相同的作用,在亚洲地区,在考虑共同货币之前,有可能采用日元、欧元、美元组成的货币篮制度"[③]。从日本 1979 年修订《外汇法》到 1983 年"日美日元美元委员会"的设立,都可以看出日本政府推动日元国际化的努力。日本大藏省于 1984 年 5 月发表了《关于金融专

---

① 关于人民币跨境使用问题更为详细的讨论见:Candy K. Y. Ho, *Renminbi Cross-Border Payment Arrangement*, 25 B. F. L. R. 435(2010).

② 鲁刚.当前人民币跨境贸易结算的现状与问题探讨.2013 年浙江大学硕士学位论文.

③ 付丽颖.中日货币国际化比较研究.2012 年东北师范大学硕士学位论文.

业化和日元国际化的现状和展望》,阐述了大藏省进行日元国际化的方法、策略和需要注意的问题。1985 年 7 月,日本大藏省又发表了《有关金融资本市场的行动纲领》,明确阐明了日元国际化的具体时间和措施,这在确立日元国际货币地位方面起到了十分重要的作用。其中,日本 1979 年对《外汇法》的修改内容具有较大的参考意义:A. 废除外汇银行制;B. 放开个人和企业在国外开户存款;C. 放开企业间外汇债权债务的轧差清算;D. 放开境内居民外币计价结算和偿付;E. 放开资本项下业务的许可制或事先申报制;F. 增加与国际经济制裁协调行动条款;G. 增加银行等外汇业务经营机构确认客户身份等制度;H. 调整简化外汇监管报表。①

2. 自由港国际贸易结算立法建议

首先,在清算系统方面,国际贸易结算的清算系统对于自由港的贸易制度有着重要的意义。若自由港清算系统重复、紊乱、不统一,则对自由港贸易活动的效率有着相当不利的影响;同时,目前贸易结算活动尚无全国性法律、法规作为约束依据,这将导致自由港之后的运行难以产生联动发展的效应,且不利于企业在不同自由港区内做出统一的发展规划。国际贸易结算中心专用外汇账户已在上海自贸区的数家企业试点成功,证明其与自由港外汇管理的需求相适应,应当得到完善和推广。另外,人民币跨境支付系统(CIPS)一期已于 2015 年在上海成功上线运行,中国人民银行也专门出台了《人民币跨境支付系统业务暂行规则》(银办发〔2015〕210 号),对人民币跨境支付系统的相关业务行为进行规范。② 因此,本书认为,可以在自由(港)区开立国际贸易结算中心专用外汇账户,同时要求中国人民银行将人民币国际支付清算系统(CIPS)在自由港进行全面推广。

其次,在人民币自由兑换方面,我国正处于人民币国际化的初级阶段,即以人民币跨境贸易为主的阶段。人民币在经常项目下可自由兑换,

---

① 张大荣. 日本新外汇法简介. 国际金融研究,1998(4).
② 详见:http://finance.ce.cn/rolling/201510/08/t20151008_6644715.shtml 最后访问时间:2017 年 2 月 25 日。

但是受到较多外汇管制,境外人民币的投资去向主要是银行存款、人民币基金和债券市场,境外企业只能通过开展人民币业务的金融机构才能实现人民币资金的汇兑,与人民币有关的金融市场和金融工具尚不完备,人民币在境外缺乏风险规避和保值增值的渠道,这些不利因素都直接影响了境外企业、个人持有人民币的动力,在建设自由港层面也导致了自由港难以发挥其推动人民币国际化的关键地位。因此,需要放宽外汇管制。

然而,随着人民币国际化的不断深入,人民币国际化对人民币金融市场的要求会不断提高,中国将面对"特里芬难题"(Triffin Dilemma)。"特里芬难题"是 1960 年,美国经济学家罗伯特·特里芬在其《黄金与美元危机——自由兑换的未来》一书中提出的悖论,即由于美元与黄金挂钩,而其他国家的货币与美元挂钩,美元虽然取得了国际核心货币的地位,但是各国为了发展国际贸易,必须用美元作为结算与储备货币,这样就会导致流出美国的货币在海外不断沉淀,对美国来说就会发生长期贸易逆差;而美元作为国际货币核心的前提是必须保持美元币值稳定与坚挺,这又要求美国必须是一个长期贸易顺差国。这两个要求互相矛盾,成为一个悖论。

如何应对"特里芬难题",将是人民币国际化进程中必须面对和解决的问题。从国际经验来看,澳元在 20 世纪 80 年代能够迅速成为国际货币与澳元离岸债券市场的发展密不可分。2005 年底,澳元在离岸市场的交易甚至超过了在岸市场。[1] 从新加坡和中国香港来看,它们先是通过建立离岸金融中心加强本地金融机构对国际金融交易方法的适应,之后才实现本币的完全自由兑换。日本考虑建设离岸金融市场的初衷就是为了推进日元的国际化。[2] 我国可借鉴澳大利亚、新加坡、中国香港和日本的经验,在自由港建立起离岸金融中心。但是,在具体政策上,人民币国际化将带来的贸易逆差和币值不稳等风险要求人民币自由兑换应当循序渐进。

鉴于美元、欧元仍为国际优势货币,人民币在国际货币市场上的地

---

① 吴成颂.香港发行人民币债券的效应与对策分析.科技和产业,2008(2).
② 冯永琦.香港人民币离岸市场形成与发展研究.2012 年吉林大学硕士学位论文.

位远远难以与其相抗衡,且日元在亚洲地区的优势地位正在日益显现。为减少人民币国际化的阻力,应当将人民币、美元、日元、欧元并行作为自由港通行货币。人民币在自由港区的通行,也有利于降低企业结算时面临的汇兑风险。同时,企业结算时的币种选择权也有利于跨国企业、外资企业、中外合资企业的高效率、高效益运行。

(二)国际大宗商品交易

1.国际大宗商品交易简介

国际大宗商品交易中心是指某个区域内以众多生产资料市场或大宗商品交易市场为实体支撑并集成提升的区域贸易功能体现。国际大宗商品交易和资源配置平台是全球大宗商品贸易往来的枢纽节点,代表国家或地区参与全球贸易竞争的程度与层次。国际大宗商品交易中心的建立需要三个必要条件:一是形成产业集聚效应;二是培育现代合约市场;三是引入国际贸易要素。[①]

目前我国国际大宗商品交易和资源配置平台存在下列几个问题。

(1)市场重复建设严重,相互合作少。例如钢材市场、煤炭市场、能源化工市场等都存在重复建设问题,缺少一个统筹的考虑和规划,没能形成合力一致对外竞争。[②]

(2)缺乏定价权。目前,我国已成为大宗商品的消费大国,大宗商品需求量逐年上升,众多品种的大宗商品需求量位居全球首位。但在许多产业领域,我国大多数企业未能充分掌握产业主导权和市场话语权,在全球大宗商品贸易的过程中处于被动局面。同时,我国的大宗商品交易市场多以区域性市场为主。伴随着我国现代化市场经济快速发展,我国对世界经济格局的影响日益深远,加快推进由大宗商品消费大国向定价中心转变的呼声渐高。[③]

(3)仓储物流尚不能满足发展需求。符合发展现代物流配送的具有专业化、系统化、网络化、信息化、规模化的现代仓储物流企业或现代化

---

① 孙立锋.建设宁波国际大宗商品交易中心的总体构想与措施建议.港口经济,2012(11).
② 鲁慧君.宁波市大宗商品交易中心建设探讨.中共宁波市委党校学报,2013(1).
③ 沈丽娟,刘莉.积极推动国际型大宗商品交易市场建立.中国经贸,2013(19).

的仓储中心为数不多。[①]

（4）金融机构的关注力度不够，配套服务薄弱。物流、金融等配套服务对交易市场发展的支撑能力相对较弱。金融配套层面，以仓单融资为例，国内商业银行提供的融资金额一般为抵押物价值的60%～70%，而国际银行则可给予80%～90%的融资额度。物流层面，国内交易市场缺乏相配套的物流规划，以余姚塑料城为例，虽起步早，但与国际化大型大宗商品物流基地相比，呈现出标准化程度低、规模作业有限、产业链的整合力度不强等问题，很难与国际化交易中心和物流中心相抗衡。[②]

就国外大宗商品交易市场的现状来看，目前国外大宗商品交易市场主要呈现以下几个特征。

（1）从商品种类看，农产品、石油、煤炭、钢铁等是主要对象。国外大宗商品交易主要在期货市场完成。除了金融期货和期权期货外，以农产品、金属和能源为主的商品期货交易，是期货市场的重要交易品种。世界著名的交易所，如伦敦金属交易所的经营对象主要是铜、锡等有色金属，芝加哥期货交易所经营的主要是农产品，鹿特丹商品交易市场则以石油交易为主。

（2）从市场类型看，以电子商务、批发、现货买卖为主要特征。从国外大宗商品交易市场的发展来看，借助现代信息技术，电子化特征明显，现货交易和期货交易并存。

（3）从发展机制看，市场化特征明显。19世纪中叶出现在国外的商品交易所，是市场化的必然结果。如芝加哥商品交易所，缘于芝加哥是北美大陆的谷物集散地。因为谷物生产的季节性，加上最初仓储设施不足、交通不便，造成供求出现矛盾，谷物在收获季节一路跌价而无法出售，却在春季前后价格飞涨，生产者、供应者、消费者均损失惨重。在供求矛盾的反复冲击下，1848年，芝加哥商人组建了美国第一家谷物集中交易市场，即如今的芝加哥期货交易所。伴随经济发展，商品种类增多，

---

① 鲁慧君.宁波市大宗商品交易中心建设探讨.中共宁波市委党校学报，2013(1).
② 沈丽娟，刘莉.积极推动国际型大宗商品交易市场建立.中国经贸，2013(19).

金融业的发展,现代信息技术的革命,市场要求交易更加灵活广泛,"把现货搬到网上做"自然成为重要的发展机制,并且以此为依托,大宗商品市场的影响力扩大,超出区域边界,走向国际化,成为国际的采购中心、销售中心和定价中心。

(4)从组织形式看,战略联盟成为主要选择。表现在:定价时的谈判联盟和交易中的采购联盟。国外的大宗商品交易市场,除了整合大量经营者、投资者和做市商参与即期和远期现货交易、期货交易外,还整合专业仓储公司、银行等金融机构,提供仓储物流服务和仓单质押融资服务等,是各类市场主体的战略联盟。

(5)从交易形式看,多样化、多层次化等特征越来越明显。一般认为,现代商品交易市场可以分为现货市场、远期电子交易市场和期货市场三个层次,其中,期货市场是前两种交易市场发展的最高级形态。与期货市场采用标准化期货合约的交易模式不同,大宗商品电子交易市场通常有两种交易模式——现货即期交易与远期现货交易。[1]

2. 自由港国际大宗商品交易立法建议

在国际大宗商品交易方面,本书认为自由港应当建立期货交易所。首先,期货交易所作为大宗商品交易场所,是国内外大宗商品交易方式的共同特征。这种方式不但具有实践基础,而且有利于我国自由港国际大宗商品交易和资源配置制度与国际接轨。其次,在交易规则上,各地期货交易规则不统一阻碍了各自由港实现联动发展效应,不利于自由港之间的贸易和联系。因此,全国性的法律规范亟须建立。但各地期货交易差异性较大,为提高竞争力,保障多样性,证监会应当在全国层面制定原则性的期货交易规则,具体规则交由各自由港管理委员会在其职权范围内制定。在贸易票据单证方面,自由港应当建立起国际贸易票据单证中心。国际贸易票据单证中心的建立有利于统一和规范国际贸易单据的管理,提高交易速度,保障交易安全。采用有效单证进行票据流通融资有利于促进商品贸易的流通效率提高。

---

① 葛卫芬. 大宗商品交易市场建设的国内外经验及其启示. 中共宁波市委党校学报,2012(4).

（三）对外文化交易

1. 对外文化交易制度

随着经济的全球化发展，特别是"软实力"概念[①]的提出，各国之间的竞争已由单纯的国内生产总值、城市基础设施等硬实力竞争转变为包括硬实力、软实力在内的综合国力的竞争，且软实力在其中占据着重要地位。增强软实力首先应加强我国文化在国外的影响力，其主要方式便是通过文化交流、对外贸易等方式使我国文化"走出去"。文化"走出去"战略是近几年来我国关于文化发展最突出的主题之一。这个战略是在我国入世过渡期结束之后、文化产业开始深度参与国际文化产业分工与国际文化市场的竞争中提出来的。它是我国经济"走出去"在文化产业发展领域里的必然延伸，同时也是我国文化市场对外开放的必然结果。更深层次的原因是如何克服入世后我国文化产业被动挨打的局面，变消极应对为主动出击，通过积极扩大国际文化贸易、克服巨大的文化贸易逆差，维护国家文化安全。[②] 然而，我国文化领域的对外开放程度实际上并不高，文化交流、对外文化贸易等制度尚不完善，若贸然大范围地提高文化开放程度，势必面临诸多问题，因此先进的文化交流、对外文化贸易等制度亟须一个试验地。眼下正值我国建设自由港之际，将对外文化贸易纳入自由港贸易制度之中可以为我国文化"走出去"创造一个良好的平台，并使自由港成为我国提高软实力的重要跳板。这也是《国务院关于印发中国（上海）自由贸易试验区总体方案的通知》（国发〔2013〕38号）文件中将建设对外文化贸易基地纳入上海自由贸易试验区建设方案的主要原因之一。

2. 我国对外文化贸易现状

我国的对外文化贸易起步较晚，一直到 20 世纪的 90 年代才拥有真正意义上的对外文化产业。相对发达国家而言，我国在文化贸易方面的

[①] 20 世纪 90 年代初，哈佛大学教授约瑟夫·奈首创"软实力"（soft power）概念。软实力，是相对于国内生产总值、城市基础设施等硬实力而言的，是指一个城市的文化、价值观念、社会制度等影响自身发展潜力和感召力的因素。

[②] "事件库·文化走出去"，中国网，http://opinion. china. com. cn/event_227_1. html＃，最后访问时间：2014 年 4 月 20 日.

发展确实比较滞后;除了个别年份与个别产品之外,连年逆差。我国现阶段的对外文化贸易,大致上可以划分为文化产品与文化服务两部分,其中绝大部分属于文化产品贸易;文化服务贸易的低比重,充分地说明了我国在文化贸易方面的影响力有限,主要还是吃老祖宗留下来的遗产,我们自己的文化创意与服务还非常薄弱。

不过近年来,上海对外文化贸易呈现出高速增长和顺差的势头,贸易总量不断增长,增强了上海国际文化大都市的"软实力"。①

尽管如此,我国对外文化贸易在法律制度上仍存在着以下问题:

(1)对外文化贸易管理体制"政出多门"。文化产品和服务进出口贸易涉及海关、宣传部门、外管局、商务委、新闻出版局、文广影视局等机构,在对外文化贸易过程中出现多头管理,横向联系较差的现象,使得对外文化贸易受到负面影响。

(2)缺乏对外文化贸易的有效推进机制。政府没有扶植激励值得鼓励的文化产业,并且未能有效整合各种政策,以前瞻性规划文化贸易产业的发展方向。

(3)对外文化贸易管制过严。我国对图书、电影、动漫等文化产品有严格的内容审查制度;对文化类企业总部的认定参照制造业标准,门槛过高;外汇管理严格,企业在国外的收入无法在我国适用免税规定;对外资进入文化产业进行限制,外资不能开设经纪人公司。诸多限制影响了符合西方消费者审美偏好的优秀文化作品"走出去"。

(4)对外文化贸易统计制度不健全。对外文化贸易相关政府管理部门统计口径不一致,数据发布既不及时,也不全面,这对文化贸易的发展与研究,都造成了负面影响。②

3.国外对外文化贸易制度的借鉴

(1)美国对外文化贸易制度

当前,美国是世界上最大的文化贸易国,美国的文化产业是最具活力的产业,并且带来巨大的经济效益。2001年,美国的核心版权产业创

---

① 汪胜洋.上海国家对外文化贸易基地加速发展的思路和举措.科学发展,2013(9).
② 汪胜洋.上海国家对外文化贸易基地加速发展的思路和举措.科学发展,2013(9).

造增加值 5351 亿美元,占 GDP 的 5.24％。在纽约,唯一能与华尔街的经济效益抗衡的只有文化产业。同时,文化产业也是美国重要的创汇产业。美国政府坚持以市场为导向,对文化产业采取一系列财政税收优惠政策,降低了文化企业的生产成本,提高了文化产品的国际竞争力。如为推动"百老汇"产业发展,对其一部分商业性文化采取免税政策。鼓励各类文化企业之间的平等竞争,通过兼并、重组等方式,打造一批跨国文化产业集团。如时代华纳、迪士尼等。同时健全多元化投融资机制,加大对文化产业的资本投入。首先是政府加大财政投入力度。其次是通过资本市场,吸收非文化部门和境外投资,使资金来自于各大公司、基金会和个人捐助。通过股权多元化等形式,分散市场风险,壮大文化企业的实力,甚至一些大型文化企业集团由国外公司控股。最后是使金融资本成为文化企业发展的后盾。美国多数大型文化企业,如美国广播公司、哥伦比亚广播公司等,其背后都有金融资本的支撑,两者之间相互渗透,相互参与、控股,形成稳定的互动发展关系。

(2)法国对外文化贸易制度

面对以好莱坞为代表的美国文化的渗透,法国政府首先提出"文化例外"的概念,抵制美国文化产品的全球化攻略,制定和实施以保护本国文化产业为核心的对外文化贸易战略和政策,主要体现在以下几个方面:

第一,保护国内市场和民族文化的政策,提倡文化多样性。法国法令规定,法国的电视节目中法国和欧洲的内容不得少于 60％,播出的法语歌曲不得少于 40％,以限制美国影视文化产品的进口,保护法国影视业。

第二,从法律、资金、人才等方面,扶持文化产业发展。通过立法,从制度上保证文化产业的发展。例如,法国《财政法》规定,国家对电影业的生产、发行和放映等各个环节给予扶持性资助,年均预算为 25 亿法郎。

第三,公开、透明的多元投资机制,法国政府通过减、免税等优惠政策,鼓励企业投资文化产业,推动文化产业的快速发展。①

---

① 陈重文.新形势下我国对外文化贸易战略与政策研究.2007 年南昌大学硕士学位论文.

（3）加拿大对外文化贸易制度

针对加拿大文化产品市场的现状，加拿大政府制定了过度保护性的对外文化贸易战略和政策，主要体现在：

第一，通过税收等优惠措施促进文化产业的发展。例如，加拿大《所得税法案》规定，在加拿大人持股75％以上的期刊和持股80％以上的电视台做广告，可以享受税收减免待遇。

第二，制定相关保护措施，保护本国文化市场。"加拿大内容要求"是加拿大保护文化产业最重要的措施，也是饱受争议的一项措施，其实质就是内容配额管理。按照特定的内容标准，电视里本土内容必须占到60％～70％，电台每周播放的本土流行音乐占到35％。在文化产业的外国投资和所有权方面，根据《加拿大投资法案》，严格限制外国投资加拿大的文化产业，从而限制外国文化企业的准入。此外，通过立法保护知识产权[①]，保护文化产业从业人员的创造性和文化企业的合法权益[②]。

（4）自由港对外文化贸易制度立法建议

在对外文化交易方面，应当采取扶持性的政策，具体可借鉴法国《财政法》对本国电影业的扶持性资助制度。我国文化产业与法国电影业境况相似，即极大地受到了美国电影产业的冲击，竞争力不足，生存空间不断缩小。我国文化产业竞争力不足较大程度上与我国文化产业技术落后、资金匮乏有关。因此，政府的财政支持无疑有利于缓解我国文化产业面临的竞争压力。在文化产业的税收政策上，可借鉴加拿大对文化产业的税收优惠政策，有利于扶持中国电视台、报纸、期刊等文化产业的发展和扩大影响力。但为保障文化多样性，提高开放程度，优惠政策的适用对象不应仅限于中国文化产业；而中国文化产业因享受政府财政资助，不会因为该条款的设计而失去资金上的竞争优势。

---

① Robert Rosas. *Trademarks under the North American Free Trade Agreement*（NAFTA）, *with References to the Current Mexican Law*, 18 Marq. Intell. Prop. L. Rev. 167(2014).

② 陈重文. 新形势下我国对外文化贸易战略与政策研究. 2007年南昌大学硕士学位论文.

第四节　金融制度

一、金融制度概述

(一)金融制度的定义与内容

由于金融研究对象具有广泛性、复杂性、动态性,很难对金融概念下个确切的定义。有学者认为,金融学是一项针对人们怎样跨期配置稀缺的研究。金融决策区别于其他资源配置决策的两项特征是:(1)金融决策的成本和收益是跨期分摊的;(2)无论是决策者还是其他人,通常都无法预先确知金融决策的成本和收益。

人们在实施金融决策的过程中运用金融体系,金融体系被定义为金融市场以及其他金融机构的集合,这些集合被用于金融合同的订立以及资产和风险的交换。金融体系包括股票市场、债券市场和其他金融工具市场,金融中介(如银行和保险公司),以及对所有这些机构进行监督的监管主体。研究金融体系怎样随着时间推移发生演变是金融学主题的重要组成部分。[1]

也有学者认为,综观金融范畴的形成与发展,金融大体包括两方面:(1)货币与信用,此主要是指银行的信用,货币与信用紧密结合为在现实经济生活中难以分开的统一过程;(2)这个统一的过程,从其形成之始就立即向一切其所可能覆盖的经济领域渗透。20 世纪 70 年代以来,世界经济全球化、资本流动国际化、金融商品国际化,以及金融交易越发独立化的趋势极为强劲,不断创新的金融实践活动使得经济学家不得不从更为宽泛的视角来考察这一范畴。

就以上分析而言,金融或可界定为:凡是既涉及货币,又涉及信用,以及以货币与信用结合为一体的形式生成、运作的所有交易行为的集

---

① [美]博迪,默顿,克利顿.金融学(第 2 版).曹辉,曹音,译.北京:中国人民大学出版社,2013:3—4.

合。换一个角度,也可以理解为:凡是涉及货币供给,银行与非银行信用,以证券交易为操作特征的投资、商业保险,以及类似形式进行运作的所有交易行为的集合。现代金融体系有五个构成要素:(1)由货币制度所规范的货币流通;(2)金融机构;(3)金融市场;(4)金融工具;(5)制度和调控机制。[①]

不同的界定或提法从不同的侧面反映出了金融的某些特征,曼昆教授主要根据传统的经济学[②]中关于资源稀缺性配置和成本收益分析理论来对金融进行界定,它表达出了关于金融的形而上的理念。而黄达教授则是从货币与信用两个维度对金融进行阐释,不妨说是金融形而下的制度体现。

(二)国际金融定义及内容

国际金融属于金融的范畴,但是国际金融又与一般的金融有着不同的特征,它主要研究国家间的贸易和金融,这点与自由港关于国际贸易、金融、投资自由的特征相契合。国际贸易的繁荣导致自由港的出现,国际贸易与国际金融关系密切,从这个角度来看自由港金融制度与国际金融联系较多。对于国际金融也没有统一和确切的概念,而且外国和中国对于国际金融的理解相差甚远。

国际金融学科应以日新月异的国际金融市场为主线,研究所有市场参与者在全球化进程中行为模式的变动。因此,国际金融的范畴应当是国际金融市场、跨国公司财务管理与新开放经济宏观经济学的综合。西方的国际金融理论着眼于探讨跨国经营的公司为实现股东价值最大化的目标,如何在一体化程度不断增强的国际市场中,做出尽量正确的财务决策。而我国的国际金融课程传统上趋向于从货币金融角度,研究开放经济背景下内外均衡目标同时实现的问题。[③]

从以上分析可知,国际金融可以分为三大部分,一是国际金融市场。

---

① 黄达.金融学.北京:中国人民大学出版社,2012:116—117.
② 经典的经济学定义乃是,研究社会如何管理自己的稀缺资源(稀缺性是指社会拥有的资源是有限的,因此不能生产人们希望拥有的所有物品与劳务)。[美]曼昆.经济学原理(第6版):微观经济学分册.梁小民,梁砾,译.北京:北京大学出版社,2012:3.
③ 陈雨露.国际金融(第4版).北京:中国人民大学出版社 2011:2.

根据一国货币当局的管辖范围,国际金融市场可以分为离岸市场与在岸市场;根据交易工具的期限,国际金融市场可以分为国际货币市场和国际资本市场。二是跨国公司财务管理问题。据统计,目前跨国公司控制了世界生产的 40% 左右,国际贸易的 50%～60%,国际技术贸易的 60%～70%,全球外国直接投资的 80%～90%,发达国家 40% 的国内生产总值来自跨国公司的海外收益。因此,跨国公司的财务管理成为国际金融学中一个十分重要的篇章。三是内外均衡政策与研究。内部均衡(国内充分就业和物价稳定)与外部均衡(国际收支的平衡)的同时实现无疑是一国宏观经济"掌舵者"所要达到的理想状态,因此也成为国际金融理论的重要组成部分。随着商品、资本、劳动力等要素的国际流动的发展,一国经济与外部经济之间的相互依存度增加,外部均衡问题越来越突出。同时,开放的经济使得原先封闭条件下的内部均衡问题发生了深刻的变化,内部均衡与外部均衡相互冲突越来越频繁的现实摆在了宏观决策者的前面。[①]

（三）与自由港相关的金融及国际金融

与自由港金融制度相关性比较大的是黄达教授所指出的金融体系中关于金融制度和调控机制部分,即国家对金融运行的管理由一系列制度构成,这包括货币制度、汇率制度、信用制度、利率制度、金融机构制度、金融市场制度、支付清算制度、金融监管制度。这个制度系统,涉及金融活动各个方面和各个环节,体现为有关的国家成文法和非成文法,政府法规、规章、条例,以及行业公约,约定俗成的惯例等。[②] 自由港的贸易与金融主要发生在不同国家之间,因此自由港金融的立足点要放在陈雨露教授所指出的国际金融市场上,同时在构建自由港金融制度时也要考虑中国内部均衡(国内充分就业和物价稳定)与外部均衡(国际收支的平衡)的问题。综上考虑自由港和金融制度与调控机制、中国国际收支平衡问题的关系,本书认为自由港金融制度主要由自由港外汇制度、自由港离岸金融制度、自由港金融监管制度三部分构成。

---

① 陈雨露.国际金融(第4版).北京:中国人民大学出版社 2011:4—5.
② 黄达.金融学.北京:中国人民大学出版社,2012:116.

二、中国保税港区与其他国家和地区自由港金融制度比较

在自由港的建设与运作上，经济发达国家与地区曾经开展多样化的实践，并积累了丰富的经验，包括行之有效的组织方式和管理方式，当然也包括金融制度在内。对此，我们要大胆地予以吸收和借鉴。[①]

（一）中国香港地区自由港金融制度之设置与运作

香港地区地理位置十分优越，它北连中国内地，南邻东南亚，东滨太平洋，西通印度洋，位居亚太地区的要冲，为东、西半球及南北交往的交汇点，处于欧洲、非洲和南亚通往东南亚的航运要道，同时又是美洲与东南亚之间的重要转口港，也是欧美、日本、东南亚进入中国的重要门户，因此成为国际经济与内地联系的重要桥梁。[②] 根据 2011 年全球港口吞吐量统计，香港当年吞吐量为 2.382 亿吨，在全球最繁忙港口排行中名列第 7 位。[③] 目前，香港已经发展成为集商贸、金融、投资等领域为一体的全方位自由港区，这在很大程度上得益于其监管法律制度的完善。《香港法例》第 60 章《进出口条例》和第 115 章《入境条例》对相关制度进行了规定。香港作为一个单独关税区奉行的是"不干预主义"，其极高的自由度主要体现在贸易自由、企业经营自由、金融监管自由、人员进出自由、信息开发自由等，香港特区政府只实行最低限度的干预。[④] 具体到其自由金融监管制度的内容上，香港实行自由的外汇制度，外汇管制相当宽松。

在 20 世纪 70 年代初期，英国的国际收支严重恶化，英镑开始实行自由浮动汇率，港元与英镑脱钩并脱离英镑区后，进一步撤销外汇管制，使原来有管制的官价外汇市场和自由外汇市场合并为统一的完全开放的自由外汇市场。1984 年香港又撤销黄金进出口禁令，从而使香港的

---

① 成思危.我国保税港区改革与向自由贸易区转型.港口经济,2004(2).

② 张世坤.保税区向自由贸易区转型的模式研究.2005 年大连理工大学博士学位论文；另见：Melissa Kaye Pang, *Hong Kong as A Base for Doing Business in Mainland China*, Business Law Today, 1, (June, 2013).

③ 刘玉江.舟山群岛新区创建自由贸易区的战略研究.2013 年浙江大学硕士学位论文.

④ 王庆.保税区监管法律制度研究.2009 年西南政法大学硕士学位论文.

外汇管制更为宽松。[①] 具体表现为：外汇、黄金及钻石等都可以自由地进出香港地区,各种货币可在香港地区自由买卖、汇兑。[②] 由此可见,香港在金融制度的构造上,其最根本的特点表现为放松监管、弘扬自由;政府行为相当克制,以服务为宗旨,着力于创造良好的经济环境,并仅在确有必要时对市场做最低程度的干预。[③] 也正是得益于开放自由的经济政策,香港经济在过去的几十年中取得了快速的发展。今天,香港已发展成为了亚太地区的国际贸易、金融和航运中心,是全球最自由开放的市场,一直被诸多评估机构评为全球最自由经济体之一,是世界范围内名副其实的自由港。[④]

(二)德国汉堡自由港金融制度之设置与运作

汉堡港是海港也是河港,也是德国最大的港口,它始建于1888年,并自20世纪末开始实行自由港政策,是世界上最早的自由港,也是欧洲自由经济区的典型,被称为"通往世界的门户"。[⑤] 汉堡港实行高度的贸易自由、金融自由、投资自由、运输自由,这使得它每年的集装箱吞吐量超过800万标箱。除了承担自由港的功能之外,汉堡港内部还设有许多保税仓库,这种建制促成了自由经济区之优势在该区内得到最大程度的发挥。因而,汉堡港不仅推动了德国对外贸易的发展,也繁荣了整个欧洲的经济。[⑥] 汉堡港除了因其极度松散的关旗通行制度而闻名世界之外,还因其制度设置上和监管模式上的高度自由而被视为自由港成功之典范。汉堡自由港不仅对进出的货物和船只给予极大的自由,并在货物卸船、存储、再装运、运输的整个过程中都提供便捷的管理措施;而且,其港区内的自由金融体制也促进了金融、保险业的发展,这些使得汉堡成为德国的金融中心之一。[⑦]

---

① 王桂英.洋山保税港区转型为自由港的关键问题研究.2012年上海交通大学硕士学位论文.

② 张世坤.保税区向自由贸易区转型的模式研究.2005年大连理工大学博士学位论文.

③ 张世坤.保税区向自由贸易区转型的模式研究.2005年大连理工大学博士学位论文.

④ 周天芸.香港国际金融中心研究.北京:北京大学出版社,2008:345.

⑤ 张世坤.有关汉堡港、鹿特丹港、安特卫普港的考察——兼谈我国保税区与国际自由港的比较.港口经济,2006(1).

⑥ 蔡茜.我国保税区监管法律制度研究.2011年重庆大学硕士学位论文.

⑦ 孙德红.汉堡自由港管理对我国港口保税区监管的几点启示.中国港口,2007(2).

(三)阿联酋迪拜自由港金融制度之设置与运作

目前,世界上成功运营的自由贸易港区中,迪拜的杰贝阿里自由港被公认为是运营最为规范、经济自由度最高、开发开放价值最为突出的一个典范。[①] 迪拜杰贝阿里港于1979年开始投入使用,是世界最大的人工港和现代高效的货运中心。经过20多年的建设和发展,迪拜杰贝阿里港不仅已成为波斯湾地区第一大港口,而且在世界港口航运业界也具有举足轻重的地位。迪拜杰贝阿里自由贸易港区如今已发展成为集仓储物流、进出口贸易、生产加工等多功能为一体的理想的大型自由经济区。[②] 该自由港之所以能够取得如此巨大的成功,当然源自多方面的因素,需要一系列的配套制度作为辅助和支持,比如管理机构高度集中、港区结合的运营模式、优厚的税收减免政策、港区基础设施完备健全等。[③] 但尤其值得一提的,是其高度自由的金融体制释放的巨大吸引力:港区内不仅允许外商拥有100%企业股权,免受股份限额监管;而且资本金和利润允许100%返还,即只要企业提出要求,便可自由地将利润全部转移出阿联酋。[④] 而且,港区内鼓励和大力发展金融产业,比如分别于2001年和2002年建成了黄金和钻石交易园区、金属和商品交易中心等。[⑤] 如此一来,发达的金融服务业和自由的金融监管制度为自由港区实体经济的发展提供了坚实的基础,并在推动迪拜自由港的成功运作上功不可没。

(四)日本冲绳自由港金融制度之设置与运作

日本冲绳县北邻日本本土,南临东南亚各国,东临太平洋,西临东海以及我国东海岸,地处太平洋东北亚和东南亚的交接点,是日本南向的一个国际交流据点。第二次世界大战后,冲绳县政府为振兴产业、创造

[①] 刘玉江.舟山群岛新区创建自由贸易区的战略研究.2013年浙江大学硕士学位论文.
[②] 张晶.自由贸易港区运行机制与制度创新——以东疆保税港区为例.2008年天津财经大学硕士学生论文.
[③] 张晶.自由贸易港区运行机制与制度创新——以东疆保税港区为例.2008年天津财经大学硕士学生论文.
[④] 张晶.自由贸易港区运行机制与制度创新——以东疆保税港区为例.2008年天津财经大学硕士学生论文.
[⑤] 刘玉江.舟山群岛新区创建自由贸易区的战略研究.2013年浙江大学硕士学位论文.

就业机会以及改变产业结构,利用其地理位置的优势,积极建设自由港。① 冲绳自由港之成功运作,除了以税法上诸多优惠措施作为保障之外,很大程度上亦是得益于其系列金融优惠措施与优良金融制度的配合与刺激作用。在金融制度建制和优惠措施上,冲绳自由港专门制定《冲绳振兴开发金融公库法》并规定,对于特别自由贸易区等特定地区,对于产业开发之设备资金是所得资金七成内,以及中小企业之设备资金七亿二千万日元以内,设有振兴低利融资措施。② 正是此种低利融资的扶助鼓励措施,一方面极大减轻了港区内企业的融资压力,增强了港区内企业的竞争实力、活跃了港区内的经济市场;另一方面也使得该自由港区内的金融系统拥有明显高于日本国内其他区域的自由度,而成为金融监管的"自由地带"(free zone)。

(五)我国保税区金融制度之现况及其困境的对比分析

就我国的自由港建设而言,除了 2013 年国务院批准成立的中国(上海)自由贸易试验区之外,尚无真正的自由港。即便是上海的自由港建设,也尚处于摸索试验阶段。但我国沿海区域已经设立并运作有众多的保税区、保税港等特殊经济区域,它们作为我国对外开放的窗口试点和前沿阵地,性质上却与国外自由港具有诸多相似之处。就此而言,将它们与域外自由港运作模式进行对比,再分析其以往运作经营过程中暴露出的问题与困境,无疑能为我国将来的自由港建设提供借鉴。

就前文已作简要介绍的中国香港、德国汉堡、阿联酋迪拜与日本冲绳自由港之建设而言,它们之所以能够取得成功,所依托者当然是包括硬件设施、软件环境、制度基础在内的一整套系统工程。但不可否认,若离开了金融制度作为港区运行的保障和后盾,也显然无法取得成功。而就它们的金融制度来说,最根本的特征又体现为:放松监管、减少干预、突出自由、尊重市场、彻底开放,使金融制度真正顺应并促进实体经济的发展。而相比之下,我国保税区在税收、出入境、贸易、外汇等制度上相

---

① 李梅.我国保税港区与国外自由港的比较研究.2010 年大连海事大学硕士学位论文,第 25 页.

② 萧筑云.两岸自由贸易区法制之比较研究.2005 年清华大学硕士学位论文.

对于其他区域而言,已享受很多优惠政策,但随着我国加入 WTO 后对经济开放度、贸易自由度的要求不断提高,保税区原有政策显然已不能适应市场经济与国际贸易发展的进一步需求,并且其既有政策内含的缺陷也还在进一步暴露。具体而言,在保税区的法律定位上,我国《保税区海关监管办法》第七条规定:"海关对进出保税区的货物、物品、运输工具、人员及区内有关场所,有权依照海关法的规定进行检查、查验。"可见,我国尚未真正以"境内关外"的理念对保税区加以定位,而是仍然按照"境内关内"的传统理念强调管制和监控。这种法律定位必然波及金融制度的构造,在具体运行中,保税区金融制度并未真正贯彻金融自由的理念,在监管方式上与世界自由贸易港相比,还有相当的距离,具体表现有:监管模式不明确、一线二线管得都很紧;管理职能交叉混杂,通关手续烦琐,降低了区内企业经营的自由度。① 而在金融外汇制度的法律保障上,我国目前仅有《保税监管区域外汇管理办法》就此问题做出规制。而其层级仅属国务院部门规章,法律位阶相当低下,在许多问题上难以发挥统率和决定性作用。② 总体而言,相对于域外自由港,我国保税区在金融制度上最根本的缺陷体现在:未真正落实开放管制、自由发展的理念,区内金融业务等服务性企业和实体经济企业仍受很多限制,开放度、自由度之提升仍是将来建设自由港有待突破的关键之所在。③

三、对自由港金融制度立法的总体建议

金融自由是衡量自由港自由度的一个重要标准。目前世界各地的自由港和自由贸易区中,也只有少数自由港做到了完全的金融自由。其中,最典型的代表就是中国香港地区的自由港。香港地区的自由港实行完全的金融自由,外国资本完全自由进出。中国内地在金融制度上,要在短期内实现如香港地区般自由还存在相当的难度。但可以循序渐进

① 张海波.保税区向自由贸易区转型的制度研究.北方经济,2006(9).
② 蔡茜.我国保税区监管法律制度研究.2011 年重庆大学硕士学位论文.
③ 张世坤.保税区向自由贸易区转型的模式研究.2005 年大连理工大学博士学位论文.

地逐步开放金融管制，提高自由港的市场化程度。在金融制度的设计上如能做到与国外自由港通行的一线放开、二线管住，将监管边界后移至特殊经济区域边界，区内金融业务按照离岸金融规则进行管理，将大幅降低企业经营成本，提高自由港对各类企业的吸引力，为该区域的发展提供新的动力。离岸金融市场需要具备如"放宽外汇和金融管制，对利率及金融交易减少限制，允许跨境资本自由流出流入；税收优惠政策宽松"等条件，可以在风险可控的前提下，试验在港区内实行人民币资本项目可兑换，金融市场利率市场化、人民币跨境使用等。外汇体制管理放松是自由港在金融方面最大的亮点，有助于推动人民币资本账户开放。[①] 自由港将成为人民币的离岸市场，与之配套的人民币货币市场、债券市场、外汇交易市场、大宗商品交易市场、股权交易市场均会有全面发展，也将对国内金融市场的发展产生积极影响。[②] 对于自由港金融制度的立法构建，可以分成以下几个层次。

（一）自由港外汇制度

1. 外汇及管理体制

外汇（foreign exchange）是实现国际经济活动的基本手段，是国际金融的基本概念之一。外汇的含义需要从两个方面来理解：其一，指一国货币兑换成另一国货币的实践过程，通过这种活动来清偿国家（地区）之间的债权债务关系，是动态的外汇概念；其二，指国家（地区）之间为清偿债权债务关系进行的汇兑活动所凭借的手段和工具，或者说是用于国际汇兑活动的支付手段和工具，这是静态的外汇概念。全面解释什么是外汇，就应该既包括动态的外汇概念，又包括静态的概念。实际上，静态的外汇概念是从动态的汇兑行为中衍生出来并广为运用的，我们日常生活中所用到的外汇概念以及在本书中所涉及的外汇概念主要是静态的，

---

①　关于人民币资本账户开放有关问题更为详细的讨论，见：Terry E. Chang. *Slow Avalanche: Internationalizing the Renminbi and Liberalizing China's Capital Account*, 25 Colum. J. Asian L. 62(2012).

②　Robert H. Edwards, Jr., Simon N. Lester. *Towards a More Comprehensive World Trade Organization Agreement on Trade Related Investment Measures*, 33 Stan. J. Int'l L. 169(1997).

即用于国际汇兑的手段或工具。[①]

根据现行的《中华人民共和国外汇管理条例》,外汇是指下列以外币表示的可以用作国际清偿的支付手段和资产:(1)外币现钞,包括纸币、铸币;(2)外币支付凭证或者支付工具,包括票据、银行存款凭证、银行卡等;(3)外币有价证券,包括债券、股票等;(4)特别提款权;(5)其他外汇资产。[②]

外汇管理(exchange regulation,exchange management)是政府对于外汇收、支、存、兑所进行的一种管理。各国实行外汇管理制度由来已久。历史上,当金属货币流通时,各国对于金银输入输出以及对外国铸币在本国的某些约束、限制的规定,也就是实行"外汇管理"。当代,从"管理"的一般文义来讲,凡是有自己法定货币的地方,只能说存在管理的松紧程度因国、因地、因时而异;至于放手丝毫不管的,只是那些根本不存在自己法定货币的国度和地区。通常的情况是,外汇收支拮据时,管理从严;外汇收支宽裕时,则管理从宽,甚至根本不加管理。[③]

2.荷兰鹿特丹港外汇制度

鹿特丹自由港隶属荷兰,荷兰的外汇制度适用于鹿特丹港。荷兰是欧洲货币体系的参加国。荷兰法律对外国人和外商取得外汇没有任何限制。外国人和外商可以通过其开户银行自由兑换。外商在荷兰境内开设银行账户不受任何限制,可以在荷兰境内银行自由开设欧元或任何一种外币的账户,并通过账户向荷兰居民进行支付或从居民处收取款项。按照1980年颁布的《对外金融关系法》规定,荷兰境内金融机构必须上报汇入及汇出的外汇数字,除此之外没有其他外汇管制。[④]

3.中国香港地区外汇制度

香港地区外汇市场存在已久,但真正大规模的发展却是在20世纪70年代以后。自1973年香港地区取消外汇管制即允许货币自由兑换,

---

① 陈雨露.国家金融(第4版).北京:中国人民大学出版社,2011:12.
② 《中华人民共和国外汇管理条例》(1996年1月29日中华人民共和国国务院令第193号发布,2008年8月1日国务院第20次常务会议修订通过)第三条.
③ 黄达.金融学.北京:中国人民大学出版社,2012:51.
④ 李泊溪,周飞跃,孙兵.中国自由贸易园区的构建.北京:机械工业出版社2013:74.

为外汇市场的发展提供了基本必要条件。香港地区外汇制度和特征主要包括：①特区政府的不干预政策[①]，主要表现为实行自由外汇制度、各种交易活动、资本输入输出、市场参与者没有严格限制、对投资者和交易者提供比较优惠的税率等。②拥有现代化的交通、优良的电信网络、良好的社会服务系统。③经济发展程度较高及相对稳定，有足够庞大的对外贸易支付外汇买卖活动。[②]

4. 中国外汇制度的内容

根据《外汇管理条例》规定，我国现行的汇率制度是以市场供求为基础的、有管理的浮动汇率制度。具体包括：①经常项目的外汇管理。经常项目（current accout），用以记录本国与外国经常发生的商品、劳务收益和单向转移，是一国的国际收支中最重要的项目。根据适用主体不同，中国将经常项目分为对境内机构的管理、对外国驻华机构与外籍人员经常项目外汇管理、对个人的外汇管理三部分。②资本项目的外汇管理。资本项目（capital account）是指国际收支中引起对外资产和负债水平方式变化的交易项目，包括资本转移、直接投资、证券投资、衍生产品及贷款等。③金融机构的外汇业务管理。[③]

（二）自由港离岸金融制度

1. 离岸金融概念

离岸金融（offshore finance）一般指不具有金融市场所在国国籍的当事人在金融市场上从事的货币或证券交易行为。2008 年全球金融危机以来，对离岸金融的监管亦成为学界关注的热点。[④] 资金在各个离岸金融中心之间的流动使得任何单一国家都无法对国际金融资本进行控

[①]　《中华人民共和国香港特别行政区基本法》第一百一十二条规定，香港特别行政区不实行外汇管制政策。港币自由兑换。继续开放外汇、黄金、证券、期货等市场。香港特别行政区政府保障资金的流动和进出自由。

[②]　周天芸．香港国际金融中心研究．北京：北京大学出版社，2008：196.

[③]　何立慧．金融法．北京：经济科学出版社，2010：612—614.

[④]　Anastasia Nesvetailova, Ronen Palan. *Offshore Finance and Shadow Banking：Regulation of the Dark Corners of the Financial System*，33 No. 5 Banking & Fin. Services Pol'y Rep. 19，(2013).

制。① 若追本溯源的话,离岸金融业务发源于欧洲货币业务。欧洲货币并非欧洲国家的货币,而是指货币发行国境外的其他银行中存款的货币,"欧洲"一词一般表示货币交易的市场所在地。例如在 20 世纪 50 年代由于布雷顿森林体系的影响,苏联和东欧国家经常在国际贸易中使用美元作为结算货币,这样一来,苏联和东欧国家手中就握有大量剩余的美元。但是,苏联和东欧国家又担心,一旦将这些美元存入美国的银行,它们就会被美国政府没收。因此,这些国家纷纷将其手中持有的美元存在伦敦和欧洲大陆的银行中。如此一来,一个在美国境外经营美元存贷业务的资金市场便开始在英国出现了。② 所谓离岸金融市场,又称为境外金融市场,是指采取国内金融市场隔离的形态,使非居民在货币借贷、贸易结算、外汇黄金买卖、保险服务及证券交易等金融业务和服务方面不受所在国税收、外汇管制及金融法规管制,可以进行自由交易的市场。离岸金融市场开始于 20 世纪 60 年代,一些跨国银行为规避国内法律对金融业的严格管制,选择在特定的国际金融中心③经营所在国货币以外其他货币的存放款业务。发展初期主要表现为以美元计价的离岸存款急剧增长;直至 20 世纪 80 年代,美国国际银行业设施(international banking facility)和东京离岸金融市场相继问世,所在国货币亦成了离岸金融交易的对象。离岸金融业务具有以下优势:离岸银行不必持有准备金,其经营成本低于国内银行;离岸银行不受利率上限的约束,以及享受税收上的减免优惠待遇。④

2. 新加坡离岸金融制度

新加坡离岸金融制度有以下阶段和特征:一是以亚洲美元为主要币种。1968 年美国美洲银行新加坡分行获准在新加坡推出第一个亚洲货币单位;1971 年新加坡发展银行发行第一批亚洲美元债券;1977 年第一

---

① Richard Gordon, Andrew P. Morriss. *Moving Money: International Financial Flows, Taxes, and Money Laundering*, 37 Hastings Int'l & Comp. L. Rev. 1(2014)

② 罗国强. 离岸金融法研究. 北京:法律出版社,2008:1—9.

③ 国际金融中心,通常是指一个金融机构和金融市场群集,进行各种金融活动与交易的都市。目前,实践上已经形成的全球性国际金融中心,如纽约、伦敦和东京;区域性国际金融中心,如亚洲的中国香港、新加坡,欧洲的法兰克福、巴黎、苏黎世、米兰,美洲的多伦多、芝加哥等。参见周天芸. 香港国际金融中心研究. 北京:北京大学出版社,2008:2.

④ 王淑敏. 保税港区的法律制度研究. 北京:知识产权出版社,2010:154.

批大额美元浮动利率可转让存单获准在新加坡亚洲美元市场由两个日本商业银行发行；1978 年 25 个银行获准发行大额美元固定利率可转让存单。二是对新元使用严格管制。[①]

3. 中国香港地区离岸金融制度

香港地区离岸金融市场的最主要特点在于它是当前最大规模的无本金交割远期外汇交易（Non-deliveratle Forward，NDF）市场。离岸人民币金融衍生工具主要是指无本金交割的人民币汇率远期合约（Renminbi Non-deliverable Forwards）。无本金远期外汇交易 NDF 是一种金融衍生品，用于对实行外汇管制的国家的货币进行离岸交易。交易双方确定交易的名义金额和远期汇率，在到期日前两天确定该货币的即期汇率，在到期日时交易双方根据远期和即期汇率安排计算损益，由亏损方以美元形式交给收益方。人民币的 NDF 在 1996 年开始出现，1997 年亚洲金融危机后，随着各国资本控制的逐渐加强，NDF 交易开始日趋活跃，而香港地区也逐渐演变成亚洲 NDF 的主要交易中心。2005 年 11 月 9 日，香港地区金管局下属的香港财资市场发展委员会（TMF）又正式推出了零售人民币 NDF 产品。零售人民币 NDF 面对中小企业以及个人客户，其目前最低入场门槛 1 万美元，以美元作为结算货币，合约期限包括 1、2、3、6、12 个月不等，11 家香港银行参与推出该产品，包括汇丰银行、渣打银行、中国银行（香港）、花旗银行等。零售人民币 NDF 业务的推出进一步提升了香港作为人民币无本金交割远期市场的地位。[②]

4. 中国离岸金融发展阶段

中国离岸金融业务的试点，经历了三个阶段。第一个阶段是从 1989 年到 1998 年的首次试点阶段。1989 年 5 月，招商银行在深圳率先获准开办离岸银行业务。之后，我国离岸金融业务第一个突飞猛进的时期到来，离岸规模急剧膨胀，形成了以招商银行为主导，上海浦东发展银行、中国农业银行、深圳发展银行、广东发展银行奋起直追的格局。到

[①] 李豫.金融危机下的新加坡国际金融中心.北京：企业管理出版社,2010:128.
[②] 李豫.金融危机下的新加坡国际金融中心.北京：企业管理出版社,2010:130.

1998 年,我国离岸金融业务中的离岸存款、贷款、利润分别达到 23.21 亿美元、21.32 亿美元、5157 万美元。第二个阶段是从 1999 年到 2002 年的停办阶段。1997 年亚洲金融危机爆发,直接影响到中国离岸金融业务。到 1998 年年底,央行和国家外汇管理局叫停了所有中资银行的离岸资产业务。离岸业务进入了清理整顿阶段,中国离岸金融发展进入了停滞和萎缩期。第三个阶段是从 2002 年至今的重新开办阶段。2002 年 6 月,中国人民银行批准交通银行、招商银行、上海浦东发展银行、深圳发展银行开办离岸金融业务。2006 年 9 月,天津获准成为进行资本项下人民币可兑换的试点,开办离岸金融业务。①

四、对我国自由港金融制度立法的具体建议

(一)人民币资本项目可兑换

1.资本项目可兑换的定义及施行条件

"资本项目可兑换"(CAC)在国际上并无统一概念,现在通行使用的是印度储备银行于 1997 年发布的工作性定义:"(资本项目可兑换)指在市场决定汇率之下本国金融资产和外国金融资产可以相互自由兑换。"②金融资产是一种无形资产,与房地产、个人资产等实物财产相对应,包括股票、债券、银行账户等一切金融工具,主要应用于投资领域,由此与国际经济交往中经常发生的商品、劳务交易等经常项目相区分。

由于全球金融市场日益统一,电子商务及支付技术的发展也减少了国际交易中的各项成本,再加上离岸金融中心③不受严格管控的优势之威胁④,实现资本项目可兑换对每个发展中国家来说都势在必行。然而,由于发展中国家缺乏统一、完备的金融市场,经济发展也很不稳定,

---

① 罗国强. 离岸金融法研究. 北京:法律出版社,2008:176—182.
② Schneider B.. *Issues in Capital Account Convertibility in Developing Countries*, 19 Development Policy Review, 32-33(2001).
③ 离岸金融市场指主要为非居民提供境外货币借贷或投资、贸易结算、外汇、黄金买卖、保险服务及证券交易等金融业务和服务,并不受交易货币发行国金融法规管制的一种国际金融市场。其具有非居民性、资金流动性强、业务高度自由化等特征。
④ Schneider B.. *Issues in Capital Account Convertibility in Developing Countries*, 19 Development Policy Review, 33-34(2001).

因此推行资本项目可兑换难以毕其功于一役，须在充分分析各项施行条件的基础上，结合自身实际按以下步骤有序推进。

(1)所在国需具有强劲的金融行业，对"资产—负债式"的传统银行管理模式进行改革，加强银行稳定性、利率风险管理能力、严格管控国有企业预算能力，改变银行业被寡头控制的局面及处理市场划分问题。

(2)使宏观经济兼具稳定性和灵活性。如降低通货膨胀率、财政总额赤字率，拥有足够的外汇储备、可持续的经常项目赤字、稳健的汇率体系、发展间接货币政策工具(货币政策在统一化的金融市场下将变得低效)[①]等。此外，实现资本项目可兑换之后，需要建立严密的财政监管体系。

(3)谨慎处理可能产生的资本外逃问题。在过渡发展阶段，对经常项目施加一些约束有助于给国家处理资本外逃问题预留一定的时间。因为在经常项目可兑换而资本项目兑换受限时，投资者可能会通过提前或推迟结汇促成资本外逃。

(4)需要制定法律法规来控制大量不稳定的资本流动带来的宏观经济不稳定。其中对银行、养老基金机构和(证券、外汇等)特许经营商可予以特别约束。

(5)对于发展中国家而言，还需控制短期资本流入量(由于发展中国家缺乏强力的金融体系以将短期资本转化为长期资本且难以承受金融中介机构带来的风险)。过量的短期资本一旦流入不可交易或投机性领域，可能引起突发的资本逆流。政府可采取对冲风险的政策或开放流出资本可兑换来阻止资本流入，也可采取一些温和的税收政策。当金融行业取得发展后这一政策应予以废除。

(6)实行弹性汇率，可结合一国实际选择采取由政府操控的有管理的汇率浮动制或设定汇率变动幅度两种措施之一。[②]

---

① 直接货币政策工具以计划手段为主，如现金计划、法定存贷款利率等；间接货币政策工具以间接调控手段为主，如准备金率、中央银行基准利率等。我国在1998年取消贷款规模控制后，已逐步过渡为主要采取间接货币政策工具。参见卢庆杰. 中国货币政策工具有效性分析. 复旦学报(社会科学版)，2007(1).

② Schneider B.. *Issues in Capital Account Convertibility in Developing Countries*，19 Development Policy Review，31-32，64-66(2001).

因此,实行资本项目可兑换应与一国的经济发展阶段和经济结构相适应,同时应审慎推进,并建立健全金融监管体系、完善外汇管理法律体系。

2. 在自由港内实行"人民币资本项目可兑换"的可行性分析

在自由港范围之内实现人民币资本项目可兑换,即允许在自由港区内经营、活动的主体(个人、企业、政府)在买入、卖出股票、债券或其他证券,以及进行储蓄等投资活动时,可自由地将人民币兑换为外币,或将外币兑换为人民币,而不受外汇管控的限制,即实现人民币在自由港区内的完全自由兑换。

就全国范围而言,我国在 2001 年加入 WTO 之后,根据世贸组织的原则对《中华人民共和国中外合资经营企业法》《中华人民共和国外资企业法》和《中华人民共和国中外合作经营企业法》进行修订,施行至今,除少数关系国计民生的特殊行业还保留准入或股比限制外,人民币在外商直接投资项下已基本实现可兑换。就对外投资而言,2006 年我国取消了对外投资购汇额度限制并简化了审核程序,2007 年将境外投资外汇来源审核权下放至地方外汇管理部门,2009 年又扩大境内机构境外直接投资的外汇资金来源范围,推动了我国境外直接投资的迅速增长。因此,直接(生产性)投资项下的人民币资本项目可兑换已在全国范围内基本实现,在自由港区延续该政策具有经验依托和实践支持,那么研究的关键就在于股票、债券等证券投资及国外银行贷款等波动较大的资本项目在自由港内实现人民币的完全可兑换之可行性及存在问题。

我国目前的证券投资还处在间接开放阶段,先后建立了合格境外机构投资者(Qualified Foreign Institutional Investors, QFII)和合格境内机构投资者(Qualified Domestic Institutional Investors, QDII)制度。在 QFII 制度下,在对符合一定条件的外国投资机构严格监管下,允许其通过专门账户投资于我国 A 股市场,近年来我国还不断上调其投资限额并简化操作管理手续。在 QDII 制度下,对符合一定条件的境内投资机构,经监管部门批准可有控制地进行境外证券投资,但受金融危机影响,QDII 机构在 2007 年之后中国市场回暖情况下纷纷赎回境外投资并变现汇回。2011年12月,我国开始了人民币合格境外投资者(RQFII)境内证券投资试点并出台了配套的外汇管理制度。此外,我国对于外债及对外放款仍采取较为严格的限制措施。

在自由港的背景下,我国严格管控或限制较多的领域是非居民在境内交易货币市场工具及衍生工具,居民与非居民间提供个人贷款、证券交易、居民在境外购买金融衍生工具、移民向国外转移资产等;而对居民在境外交易货币市场工具,居民与非居民间提供金融信贷、担保、商业信贷,对内、外直接投资,移民向境内转移资产及非居民员工储蓄等的限制较少或没有限制(即人民币可兑换)。有鉴于此,有必要结合自由港的特点及目的以及我国发展自由港所处的阶段和法律、政策态度分析全国范围内管控较多、力度较强的领域有无开放之必要以及如何开放人民币资本项目可兑换。

自由港的最大特点是境内关外及贸易自由,不但对进出港区的全部或大部分商品免征关税,对资本的流入、流出也采取开放自由的态度,而人民币资本项目可兑换尤其是资本项目下证券、贷款的可兑换,必然会带来短期资本的大量流入,进而抬升当地物价水平,同时利率差带给国外资本的吸引力可能引发自由港范围内本币购买力降低,进而导致资本逆流,再加上自由港区内对绝大部分货物免征关税并允许其储存、销售,地方政府的财政能力在区域经济的调控上也会显得疲软;倘若将调控权收归中央政府,又会导致对自由港的过度管控以及管理效率低下等问题。我国经济总量虽然位居世界第二,但人均国民生产总值过低,产业结构落后,金融行业及市场发展还十分不完备,和发达的工业国家相比,金融中介机构不具备将短期资本转换为长期资本的能力,市场融资能力也不够强大,但和一般发展中国家相比,我国经济的发展规模甚广,中央财政以及有能力开发建设自由港的地方财政调控能力相对较强,鉴于我国处于这样一个中间地带,我们有必要对发展中国家和发达国家的经验进行综合考量和借鉴。

在此选择新加坡和墨西哥两个国家进行比较分析。新加坡自由港设立于1819年,历史悠久,在其他老自由港纷纷衰落之时仍保持不断发展繁荣的强劲势头,并在 1986 年超过鹿特丹成为世界第一大港[①];新加坡同时是世界金融中心,因此其发展经验值得我们借鉴。新加坡政府在 1969 年规定亚洲美元市场存款不受外汇管制,不缴纳存款准备金,不限制存款利息;1973 年全面豁免非居民所持亚洲美元债券的利息税;1978 年完全取消外汇管制;1990 年给予凡在新加坡进行的外汇交易、离岸投资等不扣除 10% 的特许税;2005 年取消伊斯兰产业交易双重印花税;2008 年免除海外收入所得税。[②] 可以看出,作为一个业已发展成熟的自由港,新加坡早在 40 年前就全面放开外汇管制,甚至在后续发展中鼓励外资在本国证券市场及存贷款业务中的投放,这是我国建设自由港的高阶目标。

与此相反,墨西哥作为一个较为落后的发展中国家,在资本项目可兑换问题上过于激进,最终引发国内危机。1975 年墨西哥颁布《证券市场法》,标志着政府实现了对证券市场的全面监管。但在 20 世纪 80 年代,迫于债务危机压力,墨西哥政府取消外汇管制,同时开放货币经常项目与资本项目的自由兑换,在法律领域加强金融市场监管、制定商业银行私有化法律、允许本国公司在国外市场发行股票、放松对国际游资进入本国证券市场的控制等,导致在墨西哥的外来资金中,投入证券市场的中短期投机资金占到近 50%,最终囿于其疲软的政府经济能力,引发了 1994 年的大规模金融危机。

与此类似,并使我国甚至亚洲金融市场深受震动的当属 1997 年的泰国金融危机。我国在当时正实行严格而全面的资本管制,国际游资难以进入,因此躲过一劫,但泰国的失败教训对今时今日将资本项目可兑换提上议事日程的中国而言极具借鉴意义,故在综合对比新加坡与墨西哥两个国家之后,有必要再结合中国实际对泰国 1997 年金融危机作系统阐发与对比分析。

经过 1996 年整年的酝酿,泰国于 1997 年 3 月爆发金融危机,并在

　① 黄汉生.从新加坡和香港自由港的比较研究看厦门实行自由港的某些政策.南洋问题,1987(4).

　② 颜慧卿.浅谈新加坡金融政策与金融监管.科技致富向导,2008(18).

同年 7 月进一步发酵升级。这场金融危机归根结底是由"过度投资"导致,而始作俑者正是 1992 年为响应金融自由化改革而设立的曼谷国际银行机构(Bangkok Internatiorial Bank Facility,BIBF),该机构允许国内外商业银行从国外吸收外币存款或借取外汇,并允许其向泰国及国外发放贷款;政府同时解除外汇管制。至此,泰国基本实现了资本项目可兑换,但其目的只是为吸引外国资金以填补开放不久、尚不成熟的经常项目逆差。

泰国的高银行利率和与美元挂钩的固定汇率对外国投资者产生强大吸引力,但由于投资者的谨慎态度,他们多把资金用于短期投资;国内投资者则倾向于从离岸金融机构借款,他们甚至可以通过简单地将这些外国借款以泰铢形式存入本国银行来获利,这样高额的离岸借款,使泰国承受沉重的外债负担。内外投资者的双重作用力使泰国面临大量的"热钱"涌入,而泰国尚不健全的金融机构显然疲于应对。这些国际游资被不合理地引入已现通胀弊病的不动产领域,造成巨大的投资泡沫,并在 1996 年经济衰退时全面爆发金融危机。此外,许多借款面对币值波动都无法保值,资金大量流向非贸易领域,短期借款被用来为长期计划融资,投资回报却遥遥无期,债券也无力应对汇率风险。

泰国金融危机带来的影响是沉痛且深远的:泰铢贬值、资本外逃、56 家金融公司倒闭、预算削减使进口下降,进而导致贸易失衡。房地产市场泡沫仍存在,开发商背负巨额债务;本国中小型商业银行存款流失至更加"安全"的外国银行,大型商业银行则被国有化或去国有化;在重建金融系统中,许多储蓄银行变为证券投资银行,引发巨额公共财政开支;建筑业也不能幸免,泰铢贬值使原材料及组件的进口成本大增,进口疲软也导致计算机等朝阳产业的发展举步维艰,持有大量外汇债权的企业集团之利益危在旦夕,尽管货币贬值提振了农业等传统行业;对公民个人最大的危机莫过于通货膨胀引起的物价飞涨与高失业率,城市劳动力短缺、外国劳工遭到遣返,全社会自杀率上升。[①]

---

① Lauridsen L S. *The Financial Crisis in Thailand*:*Causes,Conduct and Consequences*?26,World Development,1575-1591(1998).

泰国具有和墨西哥类似的经验教训,而我们可以看到,其房地产市场价格虚高、对技术进口依赖大、经济主要靠出口低端加工产品和通货膨胀严重、失业率高等问题在我国正有重演之势,如果这是每一个国家经济发展的必经历程,那么我们就有必要在政策和法律上予以改进,以泰国教训为后事之师。不仅在利率自由化和放松汇率管制上要有序逐步进行,政府在调控金融机构以引导资金流向上也应保持强势姿态,尤其是面对大量短期资本涌入时要能鼓励开发新型金融产品使其快速转化为长期稳定资本,阻截其快速流出的渠道和可能。然而在金融自由化发展普及的今天,政府的调控力度与设限不可逾越雷池,最终的资源调配权应放归金融机构,因此建立完善、强力的金融体系才是治本之策。

虽然基于自由港有限的地理范围及国内影响,在制定金融政策与法律时应以其自身性质及目的为主导,尽量放松外汇管制、推动人民币资本项目可兑换,但作为我国金融发展、制度调整的试验田,兼具良好的地理区位与经济条件,自由港试行的项目必然会作为我国后续发展的实践经验加以推广,因此法律、制度设定难以完全独立于我国国内大环境的现状而存在;同时,由于其发展先锋之地位以及调控难度相对较小,在港区内推行一些贴近发达工业国家的金融政策并从监管体制上对其激进态度加以平衡,也是我国设立自由贸易试验区的初衷。

通过上述分析可知,我国设立自由港并在港区内推行完全的人民币资本项目可兑换的条件尚不成熟,但通过吸收发达国家的成功经验与发展中国家的失败教训,综合考虑我国宏观与微观经济环境,结合我国实际可采用的自由港或先行的自由贸易区管理体制,加快对港区内的银行、保险公司等金融机构改革,制定相应的法律法规以调控短期资本流入及资本外逃问题,同时采取相对温和的税收政策来推动汇率弹性化与自由化,可使我国逐步实现在自由港区内的人民币资本项目可兑换。就我国人民币资本项目现阶段工作的推进程度而言,证券市场处于间接开放阶段,而外债及对外放贷市场还处在严格管控之中,因此,在自由港区内试行对证券市场的进一步放权具有现实必要性。在自由港资本项目立法中,需对"合格的境内(外)投资者"制度做进一步拓展,同时吸取墨西哥等发展中国家对资金双向流动（流入—流出）同时放开的失败教训，仍保持对境内、外投资者（资本）的区别对待，对资本流入取消审批，但赋予自由港管委会形式认定和实质撤销权，采取开放资本流入先于开放资本流出的策略，防止大量资本外逃。此外，保留对外国资本的"条件性要求"，以避免大量投机性短期资本涌入给自由港金融市场带来的冲击，但将制定及审核条件的权力下放给自由港管委会，增加管委会的自主权和独立性及政策的灵活性。报所在地人民政府备案旨在为资本市场动荡下政府的调控强力增加一道安全阀。

（二）离岸金融

1. 离岸金融的概念

离岸金融是金融自由化、国际化的产物，是现代金融的重要组成部分，是真正意义上的国际金融。与此相对应，传统的国际金融被称为"在岸金融"。离岸金融的出现，拓展了国际资金融通的途径，降低了国际资金融通的成本，提高了国际资金融通的效率，在短短的几十年内，将国际金融推向了一个新的发展高度。按照传统定义，离岸金融是有关货币游离于货币发行国之外形成的、通常在非居民之间以离岸货币进行的各种金融交易或资金流通。[①] 这一定义揭示了离岸金融的两大特点：一是离岸金融市场上所交易的货币是游离于货币发行国之外的（离岸性）。例如欧洲美元市场、亚洲美元市场都是在美国之外进行美元交易的场所。二是离岸金融通常是非居民之间以离岸货币从事的金融交易，这就是通常所说的"两头在外"，即资金的提供者和资金的需求者都是外国的。[②] 1981 年美联储批准设立的国际银行业设施（International Banking Facility，IBF）[③]突破了上述关于离岸金融的第一个特征即货币离岸性。美国设立 IBF 的目的之一是为了与世界上的其他离岸中心（如开曼群

---

① 韩龙.离岸金融的法律问题研究.北京：法律出版社，2001：5.
② 韩龙.离岸金融的法律问题研究.北京：法律出版社，2001：5—6.
③ Anastasia Nesvetailova, Ronen Palan. *Offshore Finance and Shadow Banking：Regulation of the Dark Corners of the Financial System*，33 No. 5 Banking & Fin. Services Pol'y Rep. 19，(2013).

岛等)开展竞争。[1] IBF 具有以下特点:①所有获准吸收存款的美国银行、外国银行均可申请加入 IBF,在美国境内吸收非居民美元或外币存款,与非居民进行金融交易;②该市场交易享受离岸金融市场的优待,免除适用美国其他金融交易的存款准备金、利率上限、存款保险、利息预提税等限制和负担;③存放在 IBF 账户上的美元视同境外美元,与国内美元账户严格分开。[2] 随着 IBF 的创设,传统的离岸金融的定义已经不能概括现代离岸金融的范围了,所以有学者将离岸金融定义为在货币发行国国内金融循环系统或体系之外并且通常在非居民之间以离岸货币进行的各种金融交易或资金融通。[3] 根据包含离岸业务类别的多寡,离岸金融市场有广义与狭义之分。广义的离岸金融市场是指进行各种离岸金融活动的场所。[4] 主要包括长、中、短期资金的借贷业务、证券业务、离岸基金与保险业务、外汇业务等,相对应的也就形成了离岸货币市场、离岸证券市场、离岸保险市场、离岸外汇市场等。这些市场相互关联、相互影响、相互依存。狭义的离岸金融市场则仅仅指经营借贷业务的离岸货币市场。在此只探讨离岸货币市场。

2.离岸金融的内容

离岸货币市场上主要是离岸银行业务。作为离岸金融业务最大组成部分,离岸银行业务涵盖了传统的存、贷款和贸易融资业务,包括短期资金的拆借、中长期资金的借贷以及银团贷款业务。

(1)离岸银行间同业拆借业务

离岸银行间同业拆借业务是短期信贷业务的主要形式,是在离岸银行间发生的资金借贷交易,表现为资金以同业存款的形式在银行间流动,它不仅可以发生在离岸金融中心内部各银行之间,还可以在不同的离岸金融中心的银行之间进行。银行同业拆借业务的利率有很大竞争性。离岸金融业务的借贷的利率通常以伦敦市场的银行同业拆放利率

---

[1]　Tony Freyer, Andrew P. Morriss. *Creating Cayman as An Offshore Financial Center: Structure & Strategy Since 1960*, 45 Ariz. St. L. J. 1349(2013).
[2]　刘振芳.离岸金融市场.上海:上海财经大学出版社,1997:83—84.
[3]　韩龙.离岸金融的法律问题研究.北京:法律出版社,2001:6.
[4]　左连村,王洪良.国际离岸金融市场理论与实践.广州:中山大学出版社,2002:1.

(Libor)为基准存款利率,略高于货币发行国国内的存款利率,略低于货币发行国国内的贷款利率,由于资金的跨国流动,套利动机的存在导致各离岸市场间利率的差异几乎不存在。①

(2)离岸银团贷款

离岸银团贷款是中长期信贷的主要方式,是由一家离岸银行牵头,由几家甚至几十家离岸银行组成的离岸银行集团共同筹措并联合提供中长期离岸资金贷款的贷款形式。离岸银团贷款具有以下特点:①离岸银团贷款中的多数银行必须是设立在贷款货币发行国之外或货币发行国经济运行体系之外的离岸银行。②离岸银团贷款的利率多为浮动利率,根据市场利率的变化定期调整,这是离岸银团贷款"借短放长"的特性决定的。离岸存款大多是短期的,而离岸银团贷款不是短期贷款,而是期限通常在两年以上的中长期贷款,因而离岸银团贷款是以短期存款支持的中长期贷款。②

3.离岸金融市场模式

(1)内外混合型离岸金融市场(Integrated Offshore Finance Market)是指离岸金融市场业务和所在国的国内金融市场业务不分离。③ 其特点为:离岸金融交易所使用的是市场所在国(地)以外的货币,即离岸货币;离岸金融市场的参与者可以同时经营在岸金融业务和离岸金融业务,在经营范围的管理上比较宽松,对申请经营离岸金融业务没有特别的严格程序,但非居民经营在岸业务时通常应当根据市场所在国(地)规定缴纳存款准备金和有关税款;该市场上的主体包括居民和非居民。

(2)内外分离型离岸金融市场(Segregated Offshore Finance Market)与内外混合型离岸金融市场不同,内外分离型离岸金融市场将国内账户和国外账户严格分开。所以,内外分离型离岸金融市场有时也被称为严格分离型离岸金融市场,其特点通常表现为:非居民交易和国内账户必须

---

① 巴曙松,郭云钊.离岸金融市场发展研究——国际趋势与中国路径.北京:北京大学出版社,2008:41.

② 巴曙松,郭云钊.离岸金融市场发展研究——国际趋势与中国路径.北京:北京大学出版社,2008:42.

③ 左连村,王洪良.国际离岸金融市场理论与实践.广州:中山大学出版社,2002:25.

严格分离;禁止非居民经营在岸业务;管理当局对非居民交易予以金融和税收优惠;对境外资金的流入不实行国内的税制、利率限制和存款准备金制度等。

(3)分离渗透型离岸金融市场

分离渗透型离岸金融市场,也称为内外渗透型离岸金融市场,是专为进行非居民交易而设立的市场,该类型市场与内外分离型离岸金融市场具有相似的特征,但它允许部分离岸资金在国内金融市场进行渗透,并允许居民参与离岸交易,但仍然禁止非居民经营在岸业务。

4.离岸金融市场的具体类型

(1)新加坡离岸金融市场

新加坡离岸金融市场的全称是新加坡亚洲货币单位(Asia Currency Unit,ACU),建立之初是内外分离型的离岸金融市场。选择这种发展模式与当时新加坡的经济有着十分密切的关系。在 20 世纪 60 年代,新加坡还属于发展中国家,经济发展水平低,资源匮乏,大部分依赖进口;传统产业发展缓慢,经济依赖传统的进出口贸易;金融市场不够发达,国内金融总体竞争水平较弱,缺乏应对国际资本冲击的力量。因此,新加坡政府急需通过建立离岸金融市场利用外资,同时也要维护国内金融产业和国内经济稳定,建立内外分离型的离岸金融中心,将离岸金融市场上的风险与国内经济隔离开,既可发展离岸金融业务,也便于金融管理当局对国内业务、在岸业务与离岸业务分别加以监控,同时又可有效地阻挡国际金融市场的动荡对国内金融市场的冲击。

ACU 的金融管制以自由化为原则,逐步降低各类管制至最低限度。监管当局最初不允许居民在亚洲美元市场上开立外币存款账户,直到1973 年,居民可以开立外币账户,开辟了境内外市场互相渗透的渠道,但当局同时对所借款项设有上限:个人账户为 10 万新元,企业账户为 300万新元,并要求用于指定用途。不久后又将个人账户上限提高至 25 万新元和企业账户上限提高至 500 万新元,1977 年再次将个人账户上限提高至 50 万新元。1978 年,新加坡全面取消外汇管制,开放外汇市场,取消居民投资亚洲美元市场的限制,离岸金融市场与境内金融市场进一步整合。

1981年,亚洲美元账户获准通过外币置换新加坡元。1992年,新元贷款额度上限由5000万新元提高至7000万新元,后来增加到1亿新元。2000年,外资机构对居民提供的交易额下限调低至50万新元。2001年,取消外资机构对居民提供的交易额下限。①

在货币使用方面,一是以亚洲美元为主要币种。新加坡尽管已开放资本项目,但对新元一直实行严格管制。与此同时,为使新加坡成为地区和国际金融中心,新加坡政府积极鼓励和支持离岸金融业务创新。继1968年美国美洲银行新加坡分行获准在新加坡推出离岸业务之后,随着新加坡政府不断推出一个又一个新的鼓励政策,新的离岸金融业务不断出现并获准经营。

二是严格管制新元的使用。例如,尽管新加坡大力发展金融衍生产品业务,但在1998年前禁止任何形式的新元金融衍生产品交易,此后也制定了极为完整严密的规定禁止开展无实际经济背景的新元投机。再如,实施分类许可证制度,严格限制外资银行经营新元业务。

三是使所有金融机构的新元账户与非新元账户完全分离。明令严禁新元用于金融投机,对新元在境外使用也有非常具体的限制;同时,利用电子支付系统MEPS等现代化科技手段实时监测所有经营新元银行的新元账户(包括新元政府证券),实时监测新元流向。严格执行新元非国际化方面的各项法规,并在必要时入场干预。

在优惠政策方面,为离岸业务发展不断推出优惠税收政策。新加坡在建立国际金融中心的过程中,在税收及金融机构经营环境等方面不断推出一系列重要的优惠政策。如1968年8月,新加坡政府废除非新加坡居民的利率收入预扣税,使新加坡与中国香港和东京在亚洲美元市场中心的竞争中取得优势,其后美国美洲银行新加坡分行就在新加坡推出离岸业务,由此新加坡开始成为亚洲美元市场中心。此后,新加坡政府在促进金融业全面发展的基础上重点刺激离岸业务发展,不断推出优惠税收政策。

① 巴曙松,郭云钊.离岸金融市场发展研究——国际趋势与中国路径.北京:北京大学出版社,2008:91—92.

在监管措施方面,总体来看,新加坡对外资银行的准入资格要求是非常严格的:除了对设立金融机构规定最低资本金标准以外,对于外资银行的治理结构、风险管理水平等都有严格的要求,同时对母行限制为世界排名靠前的银行。除了资格要求,新加坡监管当局还规定开办亚洲美元业务的银行必须为亚洲货币单位单独设立账户,此账户只能用于进行非新元的存贷款业务。另外,开立离岸账户通常也要向金融管理局申请,要求具备一定的外汇业务实务和经验。开展离岸金融业务的银行必须定期报送离岸业务各项报表或临时要求的特殊报表,如资产负债表、外汇交易总额、流通存款证交易、银团贷款等业务报表,供其了解离岸业务的规模并监督各项管理规定的执行情况,以便发现有违规行为时采取相应的处罚措施。

(2)日本东京离岸金融市场

日本政府在 1986 年建立了东京离岸金融市场(Japan Offshore Market,JOM)。JOM 采取与美国相同的在岸、离岸业务相分离的模式,具体做法上比美国更加严格,JOM 的交易对象只限于外国法人、外国政府、国际机构和外汇银行(经政府批准经营离岸账户的银行)的海外分行。日本企业的海外分社及个人,即使是非居民也不能成为交易对象,外汇银行在开展离岸业务时有义务对交易对象的性质进行审查。[①]

在货币使用方面,资金运用筹措都使用日元或其他可自由兑换的货币。离岸市场初创时期,交易中外币部分占到了总数的近 80%。而由于离岸账户中欧洲日元交易的蓬勃发展,日元比重迅速上升,外币部分下降到了 1/3,而日元却占了 2/3。另外,外币部分的种类主要为美元。

在优惠政策方面,离岸账户的存款不受利息政策和存款准备金制度的限制。对于离岸账户支付给非居民的利息不征收税款,但与离岸账户相关的法人税、地方税不给予优惠。离岸账户筹措的资金无需缴纳准备金,但从离岸账户调往总行的一般账户的转账金额仍需缴纳准备金。

在监管措施方面,为了保持离岸金融市场发展的稳定性,日本政府

---

① 左连村.国际离岸金融市场理论与实践.广州:中山大学出版社,2002:133—134.

在离岸市场参与方的准入和具体业务操作方面设定限制。①操作过程限制。为了确保离岸账户的外部性,离岸账户资金与在岸账户资金之间的划转有严格的限制;对于离岸账户与日本国内普通账户之间的资金流入、流出和每天从离岸账户的净流入控制在上个月非居民资产平均余额的 10% 以内,同时每月总流入额不能超过每月总流出额;从事离岸业务的银行和机构对离岸交易资金负有审查的义务,必须保证"交易对方在境外使用这些资金"。②资金筹集和使用的限制。JOM 中交易业务只限于从非居民、其他离岸账户和母行吸收非结算性质的存款与贷款,不允许发行大额定期存单。从非居民和其他离岸账户吸收存款,要满足以下三个条件:一是对约定期限的存款,对非金融机构的外国法人的期限至少是两天,对外国政府及国际机构,至少是隔夜;二是对没有约定期限的存款,只限于从金融机构、外国政府及国际机构吸收存款,在解约通知的第二天后支付;三是从非金融机构的外国法人借款,不得低于 1亿日元或等值的外汇。离岸账户内的资金不可以进行外汇买卖、票据交易、证券买卖和掉期交易,即经营离岸业务的银行与国外居民的资金往来限定为一般的存款和借贷业务,其他交易只能在银行的普通账户中进行。①

(3)泰国曼谷国际银行设施(BIBF)

泰国经济在 20 世纪 80 年代下半期一直保持两位数的高速增长,泰铢的币值也保持持续上升态势。同时,在 90 年代初期,泰国推行了一系列激进的金融自由化改革,具体措施包括:利率自由化、放松对国内银行体系的管制、加快发展货币市场、放开外汇兑换限制等。1993 年,泰国政府给予各项优惠政策,建立了泰国国际银行设施。根据这一安排,泰国中央银行向 15 家泰国商业银行、35 家外国商业银行在泰分行发放了 BIBF 的经营许可证。凡获批准的商业银行可以从国外吸收存款和借款,然后采用"外对内"(out-in)和"外对外"(out-out)两种形式进行贷款。由于国内经济发展的资金相对缺乏,为了利用外来资本,泰国允许

---

① 连平.离岸金融研究.广州:中国金融出版社,2002:183.

BIBF 的离岸业务将吸收的非居民存款在当地贷出,但禁止资金从境内流入离岸市场,即从事"两头在外"与"一进一出"两类业务,是一种分离为主、渗透为辅的模式。

在货币使用方面,泰国允许经营传统的存贷款和贸易融资等银行业务,规定可以接受离岸银行、泰国商业银行的国外分行和其他 IBF 的离岸泰铢存款;接受未在泰国境内开展业务活动的国外自然人或法人、泰国商业银行的国外分行和其他的 IBF 的外币存款,并向国内提供外汇贷款。

在监管措施方面,对于风险防范的措施,泰国银行规定,BIBF 必须与其他银行业务相分离,即相当于一个独立法人。另外,BIBF 的离岸借贷业务必须与其在岸借贷业务相分离,在岸借贷业务不得为 BIBF 离岸账户筹集资金,即允许居民接受离岸贷款但不能把资金存入离岸账户,并限制每宗放款不得少于 50 万美元。BIBF 要求客户提供其真实姓名、地址和联系信息,账户名必须是客户的真实姓名。BIBF 与纽约 IBF 一个很大的不同,就是 BIBF 允许非居民的金融资本进入国内金融体系的运作当中。在资本项目开放的风险方面,泰国政府虽然采取了一定的隔离措施,但却有很多不完善之处和漏洞。BIBF 允许外国居民从泰国商业银行借入泰铢,泰国的资本账户基本放开了,国际金融资本能够比较自由地进入国内金融市场,参与国内金融活动,使得泰国国内金融体系对境外资本的运动敏感性加强,而货币当局的货币政策则由于受到境外资本的干扰,有效性降低,没有起到有效的隔离作用。BIBF 给国际游资的投机行为提供了一条方便的途径,为国际投机资本攻击泰铢创造了条件。[①] BIBF 设立的初衷是好的,但其运行机制是导致 1997 年泰国金融危机的重要因素之一。[②]

5.离岸金融市场设立的条件

比较发达国家与发展中国家离岸金融中心的管理经验,我们发现各

---

① 原毅军,卢林.离岸金融中心的建设与发展.大连:大连理工大学出版社,2010:154.
② Laurent L. Jacque. *The Asian Financial Crisis: Lessons from Thailand*, 23-SPG Fletcher F. World Aff. 87(1999).

国和地区基本是围绕金融管制的放松和税收优惠两方面来进行制度建设的。

（1）放松金融管制

较少的金融管制是导致全世界各地金融机构云集各离岸金融市场的重要原因，所有国家和地区的离岸金融中心无一例外地采取了放松金融管制的措施，通过宽松的经营环境争夺金融资源。具体表现在：①取消外汇管制。离岸金融市场作为跨国境自由交易的中心，必须减少对跨境资本的流出流入的限制，取消对非居民的外汇管制，非居民可以自由兑换各种货币，汇价随行就市，允许资金自由转移、进出。主要离岸金融中心均不同程度地放松资金流动的限制，最终取消外汇管制，这是因为资本在逐利的同时，也要求一定的流动性和安全性，如果允许外汇管制，离岸金融市场的功能将无从发挥。②减免存款准备金和存款保险要求，中央银行要求商业银行缴纳存款准备金的原始目的是为了保障存款客户的安全，后来逐步演变成中央银行控制货币供应量的主要工具之一，由于存款准备金对商业银行而言不具有流动性，又不产生收入，故对银行资金成本有很大影响，进而影响银行的利润。因此为了增加离岸金融市场的竞争力，新兴离岸金融市场一般都不会要求离岸金融业务经营机构缴纳离岸存款准备金。存款保险可以被看作是一种隐形的存款准备，因此实行存款保险制度的国家往往不对离岸金融中心做出要求以进一步降低运营成本，保证金融机构以更优惠的价格吸引资金并最大限度地运用其吸收的资金。③废除利率上限，实现利率自由化。离岸金融市场有着自身特殊的利率结构，表现为较高的存款利率和较低的贷款利率，并且离岸金融市场是高度自由化的市场，资金能够在短时间内实现大规模的自由流动，套利动机的存在使各离岸市场利率趋于一致，如果存在利率管制，将很难形成这种竞争性的利率结构。

（2）宽松的税收制度

税收优惠是离岸金融市场制度特征的集中体现，离岸金融市场的形成最直接的原因是公司为了逃避本国政府的管制及国内的高税率而将资本转移到别国市场中去，因此，税率政策是离岸资本选择流向的最为重要的因素之一,离岸金融市场所在国税率的高低直接影响其国际资金的吸引力。[①]

6. 我国当前离岸金融

(1)我国离岸金融现状

我国当前离岸金融市场是内外分离型,是专门针对非居民的金融交易设立的市场,金融监管机构对非居民交易给予税收上的优惠,对境外资金的流入不实行国内的税制,也不实行存款准备金制度。由于离岸与在岸两个市场的税收、存款准备金率都不一样,资金不能在两类账户之间转移,内外分离型的离岸金融市场要求从事离岸金融业务的银行把在岸与离岸两个市场业务实行分账管理,割舍一套账簿,以求将在岸市场与离岸市场严格分离开来,以免境外金融干扰和冲击国内金融。

在渗透问题上,我国只是允许在岸"资金头寸"抵补离岸资金头寸。《离岸银行业务管理办法》规定,银行离岸账户头寸与在岸账户头寸相互抵补的限额和期限由国家外汇管理局核定。未经批准,银行不得超过核定的限额和期限。离岸银行的离岸头寸与在岸头寸相互抵补量不得超过上年离岸总资产月平均余额的10%。离岸头寸与在岸头寸抵补后的外汇净流入不得超过国家外汇管理局当年核定的银行短期外债指标。但在2002年《关于恢复部分银行离岸业务的通知》中取消了这一条规定。

(2)我国目前建立离岸金融的法律条件

在金融管制方面,首先应当实行利率市场化,我国目前对于人民币存款利率实行上限管制,贷款利率实行下限管制,还未实现充分市场化;而外币存贷款利率基本实现市场化。我国当前金融机构针对非居民的外币存、贷款利率均是根据市场情况自行设定的,不存在管制。因此,从中短期来看,我国建设离岸金融市场,开展以外币为主的离岸银行业务,在利率制度方面不存在障碍。[②] 2014年2月,中国人民银行发布的《关

---

① 巴曙松,郭云钊.离岸金融市场发展研究——国际趋势与中国路径.北京:北京大学出版社,2008:230.

② 巴曙松,郭云钊.离岸金融市场发展研究——国际趋势与中国路径.北京:北京大学出版社,2008:226.

于在中国(上海)自由贸易试验区放开小额外币存款利率上限的实施意见》中规定放开针对区内居民的小额外币存款利率,这标志着我国在上海自由贸易试验区内已经完全实现了外币利率市场化,为以后我国建立渗透型离岸金融提供了有力的支持。尽管我国目前的离岸金融市场管理模式是内外分离型,不过根据世界建设离岸金融的趋势来看,我国在未来必将建立渗透型的管理模式。渗透型的模式必将吸引居民的参与,而内对外的渗透需要吸收居民外币投放到离岸金融市场,这是推动我国资本走出去的重要条件。

其次,关于存款准备金率,《离岸银行管理办法》第二十三条规定,中资银行吸收离岸存款免缴存款准备金。而对于外资银行的离岸存款没有做出特别规定,应当按照规定缴纳外汇存款准备金。这样的规定是不符合国际通行惯例的,不利于我国离岸金融中心吸引外资银行入驻自贸区开展离岸金融业务。缴纳外汇存款准备金会增大外资银行的经营成本,在中资银行面前从事离岸金融业务会丧失竞争力,这必将减弱在自贸区建设离岸金融市场对外资的吸引力。所以,我国建立离岸金融中心,应该统一中资银行和外资银行离岸存款准备金的缴纳原则,对离岸存款免缴存款准备金。

最后,关于外汇制度,我国《离岸银行业务管理办法》第二十六条规定:非居民资金汇往离岸账户和离岸账户资金汇往境外账户以及离岸账户之间的资金可以自由进出;离岸账户和在岸账户间的资金往来,银行应当按照以下规定办理:①在岸账户资金汇往离岸账户的,汇出行应当按照结汇、售汇及付汇管理规定和贸易进口付汇核销监管规定,严格审查有效商业单据和有效凭证,并且按照《国际收支统计申报办法》进行申报。②离岸账户资金汇往在岸账户的,汇入行应当按照结汇、售汇及付汇管理规定和出口收汇核销管理规定,严格审查有效商业单据和有效凭证,并且按照《国际收支统计申报办法》进行申报。为符合我国离岸金融中心建立分离型离岸金融市场的需要,离岸业务与在岸业务应相互分离,应限制离岸账户与在岸账户之间资金的流动。

在税收优惠政策方面,我国关于离岸银行业务税收基本上处于无法可依的状态。至今,有关部门还未指定关于离岸银行税收的行政法规或规章,地方的立法或行政机关也未制定正式的地方性法规。[①] 在离岸税收问题上基本是依靠内部文件征税,处于一事一议、一年一个政策的状态。我国中外资银行开展离岸金融业务所使用的税收政策是不同的,中资银行享有优惠待遇;由于目前没有专门针对外资银行离岸业务的法规,外资银行的离岸业务不享有优惠。

在离岸金融监管方面,我国现行的有关离岸金融监管的法律主要有:中国人民银行制定的《离岸银行业务管理办法》和国家外汇管理局制定的《离岸银行业务管理办法实施细则》;其他相关的法律、法规、规章以及实施细则如《中华人民共和国商业银行法》《中资商业银行行政许可事项实施办法》《境内机构对外担保管理办法》《境内机构借用国际商业贷款管理办法》《商业银行内部控制指引》和《外资银行管理条例》等。我国离岸金融市场监管制度以上述法律法规为基本框架。我国离岸金融监管主要由银行业监督管理委员会和国家外汇管理局负责,主要在市场准入、风险监管和业务运作方面进行监督与管理。

A. 准入监管。目前,我国离岸银行准入监管的依据是《离岸银行业务管理办法》及其实施细则。按照规定,中资银行经营离岸银行业务,应当经国家外汇管理局批准,并在批准的业务范围内经营。符合下列条件的银行可以申请经营离岸银行业务:a. 遵守国家金融法律法规,近 3 年内无重大违法违规行为;b. 具有规定的外汇资产规模,且外汇业务经营业绩良好;c. 具有相应素质的外汇从业人员,并在以往经营活动中无不良记录。其中主管人员应当具备 5 年以上经营外汇业务的资历,其他从业人员中至少应当有 50% 具备 3 年以上经营外汇业务的资历;d. 具有完善的内部管理规章制度和风险控制制度;e. 具有适合开展离岸业务的场所和设施;f. 国家外汇管理局要求的其他条件。

2002 年我国恢复离岸银行业务之后,中资银行获准全面开办离岸银行业务的有交通银行、上海浦东发展银行、招商银行和深圳发展银行。

---

① 巴曙松,郭云钊. 离岸金融市场发展研究——国际趋势与中国路径. 北京:北京大学出版社,2008:89.

但此后再也没有新的银行进入,并且对外资银行开展离岸业务的监管仍处于空白。所以有必要重新设计离岸银行业务准入的监管制度。

B.业务的监管。银行对离岸银行业务应当与在岸银行业务实行分离型管理,设立独立的离岸银行业务部门,配备专职业务人员,设立单独的离岸银行业务账户,并使用离岸银行业务专用凭证和业务专用章。经营离岸银行业务的银行应当建立、健全离岸银行业务财务、会计制度。离岸业务与在岸业务分账管理,离岸业务的资产负债和损益年终与在岸外汇业务税后并表。银行应当对离岸银行业务风险单独监测。国家外汇管理局将银行离岸银行业务资产负债计入外汇资产负债表中进行总体考核。银行发行大额可转让存款证应当报国家外汇管理局审批,由国家外汇管理局核定规模和入市条件。经营离岸银行业务的银行发生下列情况,应当在1个工作日内主动向国家外汇管理局报告,并且及时予以纠正:a.离岸账户与在岸账户的头寸抵补超过规定限额;b.离岸银行业务的经营出现重大亏损;c.离岸银行业务发生其他重大异常情况;d.银行认为应当报告的其他情况。国家外汇管理局定期对银行经营离岸银行业务的情况进行检查和考评,检查和考评的内容包括:a.离岸银行资产质量情况;b.离岸银行业务收益情况;c.离岸银行业务内部管理规章制度和风险控制制度的执行情况;d.国家外汇管理局规定的其他情况。离岸银行对离岸银行业务风险按以下比例进行单独监测:a.离岸流动资产与流动负债比例不低于60%;b.离岸流动资产与离岸总资产比例不低于30%;c.对单个客户的离岸贷款和担保(按担保余额的50%折算)之和不得超过该行自有外汇资金的30%;d.离岸外币有价证券(蓝筹证券和政府债券除外)占款不得超过该行离岸总资产的20%。

C.退出监管。目前,根据《离岸银行业务管理办法》的规定,离岸银行业务的退出,中资银行需申请并经国家外汇管理局审查批准后方可停办离岸银行业务。但上述管理办法没有关于离岸业务强制退出的明确规定。

7.我国离岸金融市场的发展趋势

(1)对于发展中国家来说,分离型的市场易于金融当局实施管理,同时对干预能力也没有太高的要求。在离岸金融业务设立的初期该方案不失为最佳方案,但是从长期看,由于离岸账户与在岸账户严格分开,离岸资金对国内经济的促进作用就大打折扣。因此,可以在内外分离的基础上,允许适度的渗漏,但是应只允许离岸资金向国内渗漏,不允许国内资金通过离岸市场渗漏出去。我国目前正处于社会主义建设的重要时期,国内大量的基础建设投资需要充裕的资金支持,而由于在分离渗透型离岸金融市场上离岸资金可以适当向在岸市场进行转移,从而在传统筹资渠道之外为国内的资金需求提供了更丰富的保障,符合效率原则;分离渗透型离岸金融市场也符合我国建设国际金融中心的目标。在当今世界,各国对金融资源争夺的重要表现之一就是竞相打造国际金融中心。而目前在亚洲地区,日本东京和新加坡已经成为具有相当规模的国际金融中心,东南亚国家建设国际金融中心的步伐也日益加快。由于分离渗透型离岸金融市场能够提高所在(地)国的市场以及金融机构的业务经营、管理水平以及风险控制能力等,因此采取此种模式能够加快我国建设国际金融中心的进程。

(2)离岸外币业务是离岸金融市场业务的主流,因为离岸金融市场从传统意义上讲是指有关货币游离于货币发行国之外而形成的资金供给和需求市场。我国离岸金融市场也不例外,在当前条件下应当大力开拓离岸外币业务。但随着人民币国际化需求的增强,开展离岸人民币业务是我国离岸金融市场的必然选择。众所周知,随着我国边境贸易的发展以及允许出入海关人员携带 6000 元以下人民币规定的实行,人民币开始走向国外。在我国与周边国家的边贸中已大量使用人民币作为结算和支付货币。人民币同这些国家和地区的货币能自由兑换,在某些国家甚至全境通用。更有些国家超越民间层次而在官方层次上正式承认人民币为自由兑换货币,并逐日公布人民币与当地货币的比价。[①] 但我国作为人民币的发行国,却规定人民币不能完全自由兑换,因此人民币在周边国家和地区沉淀较多。在我国未来的内外分离性的离岸金融市

---

① 姜波克.人民币自由兑换论.北京:立信会计出版社,1995:123.

场上适时推动离岸人民币业务,开办境外人民币存放、拆借、保值、兑换、买卖业务,可能形成人民币回流,为我所用。[①]

8. 对我国自由港离岸金融制度的政策建议

就自由港离岸金融制度而言,本书认为应当允许在自由港开展并运作离岸金融业务。目前世界上运作成功的自由港区内,基本均已开展离岸金融业务,而事实证明,离岸金融亦是自由港金融制度取得成功,乃至于经济繁荣的重要支撑。离岸金融的吸引力在于:相关的金融机构和金融活动虽在地理位置上处于某国境内,却与该国金融制度无甚联系,且不受该国金融法规的管制和监控。[②] 如此一来,自由港区内的金融机构便在开展业务和经营活动上获取了最大限度内的自主性与自由度,亦能根据区内实体经济发展的实际状况,自由开发符合区内企业经营需求的外汇金融衍生产品,并推动区内实体经济市场与金融服务市场更趋活跃。[③] 还应允许自由港内的企业根据法定条件和程序直接到海外市场开展投融资活动与国际金融合作活动。其最终效果将是,能吸引更多境外资金到区内投资,使未来的自由港成为外汇资金的聚集地。这不仅能满足区内众多企业的大量资金需求,解决企业融资难的问题;而且可以实现金融制度、金融业务的形式创新,促成金融市场与实体市场的有机结合、良性互动、共同发展。就离岸金融的具体运作模式而言,目前国际上存在三种典型代表:内外分离型,即离岸金融业务与国内金融业务分离,监管当局对非居民交易给予税收优惠,但非居民交易必须与国内账户严格分离;内外混合型,即离岸金融业务与国内金融业务不分离;避税港型,即虽拥有大批注册金融机构和公司,但它们通常并不在这里设立实体,实际业务都在母国进行,只是通过注册的机构在账簿上进行境内和境外交易,以求享受该地区的税收优惠。[④] 就我国而言,鉴于我国金融领域尚未完全对外开放,仍属垄断经营,金融领域的控制监管尚显严重。因此,如欲一次性实现完全彻底的开放和内外混合型经营,恐非易

---

① 韩龙. 离岸金融的法律问题研究. 北京:法律出版社,2001:331.
② 韩龙. 离岸金融的法律问题研究. 北京:法律出版社,2001:5.
③ 张世坤. 保税区向自由贸易区转型中建立离岸金融市场的研究. 管理世界,2004(12).
④ 鲁国强. 当代国际离岸金融市场的特征分析. 黑龙江对外经贸,2006(11).

事。故我国应选取上述第一种模式,即发展内外分离型离岸金融业务。这样,既可以满足自由港区内金融自由化、开放化、市场化之要求;又能将其与非自由港的国内其他区域区分开来,从而防止自由港金融监管放开对国内金融体制可能产生的冲击,以及国外热钱爆炸式涌入可能引发的金融系统风险。

(三)外汇

外汇管制,指的是一国政府为了平衡国际收支和维持本国货币汇率而对外汇进行的限制性措施。在我国,外汇管制又被称作外汇管理。一般而言,外汇管制分为数量管制和成本管制:数量管制,指的是相关机构对于外汇买卖的数量进行控制;成本管制,则是相关机构对外汇买卖实行复汇率制,以其中之差价来调节进口商品的结构。根据《中华人民共和国外汇管理条例》第八条规定,中华人民共和国境内禁止外币流通,并不得以外币结算,但国家另有规定除外;第十四条规定,经常项目外汇支出,应当按照国务院外汇管理部门关于付汇与购汇的管理规定,凭有效单证以自有外汇支付或者向经营结汇、售汇业务的金融机构购汇支付;第十五条规定,携带、申报外币出入境的限额,由国务院外汇管理部门规定。关于此条所规定之限额,大约为每人五万美元。

经过几十年的发展,中国的外汇管理手段已经形成了一个严密而近乎完善的体系。从学术角度而言,外汇管理制度显示出了凯恩斯主义的精神,同时也有效地打击了国际游资。[①] 然而,当下人民币汇率制度处于逐渐变化的状态,外汇管理制度亦应该有所改变。如此,才能够更加有利于国家经济的持续发展。对于自由港的管制来说,便是一个急需改变的契机。

外汇对于一经济体经济的价值在于其关乎进出口能力,以及本经济体在国际市场上的竞争力。严谨的外汇管理制度有利于最大程度保护资本的安全,却也有可能阻挡外资最大程度地被吸纳并为我所用。在外汇管理上,中国香港的制度可以说是最好的借鉴。

---

① 胡越明. 从多角度对中国外汇管制政策的分析. 浙江工商职业技术学院学报,2006,5(3).

在人们心中,中国香港无疑是世界上最典型的自由放任的市场经济地区之一。源自亚当·斯密的"经济自由主义"思想在此得到了非常好的传承。基本上,香港一直奉行不干预主义,借助"市场"的作用来影响资源的分配。具体来说,即在香港实行经营的自由选择、资金的自由动用、价格的自由决定,以及外汇的自由调节等政策。① 只有在发生经济危机时,政府才会出手进行干预。事实上,在外汇管制的方面,香港早在20世纪70年代初就已经取消了相应的管制。自此以后,国际资本便大量涌入香港市场,经营外汇的金融机构不断增加,促使外汇市场显示出更强的活力。根据有关资料记载,在20世纪70年代以前,香港的外汇市场主要是以港币与英镑之间的兑换为主。而在取消管制后,则以港币与美元之间的兑换为主。从相互交易的种类来看,香港外汇市场主要有两种交易类型:另一类为港币与外币的兑换;一类为美元和其他外币之间的兑换。根据国际清算银行在2010年所发布的报告显示,香港以2376亿美元的总额位列全球第六大外汇市场。正是由于有这样宽松、成熟的外汇制度与市场,香港才成为了众多跨国公司和国际银行的选择,他们在此进行资金的汇融调配,进行经营。

自由港要建立国际化的金融制度,在外汇制度上便须做出一定的尝试。尽管如此,香港的经验有其自身的特殊性,在进行借鉴之时,亦要有所权衡。在既有的观点之中,有一部分人觉得"为了要建立自由港,可以取消外汇管制",这样的观点绝对是错误的。自由港的存在并不意味着要取消外汇管制,当今世界的自由港所采纳的外汇制度大多是相对的"无管制",仅是自由度最大化而已。② 当然,要制定出合适的外汇制度却并非易事。自由港的存在,关键在于贸易与关税,而外汇制度的好坏则会对贸易的程度产生重要的影响。要制定出符合自由港建设的外汇政策,是对现行外汇管理思想、人才等方面的挑战。

国务院外汇管理部门可以考虑对舟山自由港的相应管理机构进行授权,有选择地放松对外汇的管制。自由港需要有一个宽松的外汇环

---

① 陆尚雄.香港与新加坡自由港模式的比较研究.特区经济,1996(4).
② 余文健,刘永斌.自由港的外汇管理政策思考.特区经济,1992(11).

境,在货币的进出与货币兑换上有一定的自由度。在核心部分,自由港的市场机制应该是需要强化的地方。从现行的外汇管理来看,我国管理手段比较直接,充满了行政特色。如果能够把既有的外汇制度从偏"行政化"向"市场化"转变,那么便能够更好地促进自由港的经济发展,有利于拓宽港内金融服务业新领域,增强吸引力。

就外汇制度而言,本书认为自由港应实行人民币汇率、利率市场化运作。一直以来,我国在货币监管上都坚持较为保守谨慎的态度,片面强调防范金融与货币运作领域可能存在的风险,并对人民币的汇率波动与利率形成都实行严格的监管措施,挤压了金融领域自主性和自由度。但在将来建设自由港时,此种观念尤需转变更新。既然自由港性属"境内关外"之法律定位,且根本使命在于扩大开放、提升自由、尊重市场、减少管制,而港区内的人民币运作机制亦当与此相符。具体而言,应放弃原来由央行强制性规定人民币汇率、利率波动空间和幅度的一贯做法,将人民币汇率与利率的形成、波动交由市场来自主调节,充分尊重市场基础性地位和主导性作用。而中央与地方两级的自由港金融监管机构则仅负责宏观引导和协调,制定涉及自由港货币汇率与利率形成机制及引导思路的宏观监管之法律规则、执行方案等,并明确行政监管机关仅在特定紧急情势下方得介入市场机制,予以干涉。这既是自由港自身的功能定位所决定的,也是我国践行入世承诺,逐步放开金融外汇货币监管,真正实现人民币国际化,并加强与世界市场的联系所需要的。

(四)反洗钱和反恐怖融资

洗钱和恐怖融资会对一国的金融体系和金融机构带来破坏,阻碍国际投资并影响国际资本流动。[1] 由于对自由港区内的贸易和金融的管制放松,加上自由港区内的一些运营业务不属于区外的传统金融业务,这给洗钱和恐怖融资活动提供了很多可乘之机。例如自由港地处区域性国际金融中心,而这些地方能够将国际贸易网络和全球金融中心连接

---

[1] Laura Hoffmann. *A Critical Look at the Current International Response to Combat Trade-Based Money Laundering: the Risk-Based Customs Audit as A Solution*, 48 Tex. Int'l L. J. 325 (2013).

起来,这为洗钱和恐怖融资分子提供了便利通道。恐怖分子也可以利用自由港宽松的进出口监管漏洞,将军民两用货物转移到最终目的地,可能使得大规模杀伤性武器得以扩散。自由港区的金融机构和支付机构是反洗钱和反恐怖融资的第一道防线。[①] 因为无论提供结算服务、清算服务、融资服务还是担保、信托等服务,金融机构和支付机构都有条件和能力发现与贸易洗钱等非法活动相关的可疑交易。在目前国家还没有将国际贸易部门纳入反洗钱和反恐怖融资监管主体的前提下,金融机构和支付机构应承担起有关责任。

（五）金融机构

自由港区内应设置更加宽松的金融机构准入门槛和准入政策,不在所有制性质、国籍、股权配置比例等方面设置歧视性或差别性待遇,而是给予各类主体平等的参与机会和充分的竞争空间。只有这样,才能够使自由港区内金融业实现多元化发展,将各类金融经营主体置于同一起跑线上;也才能够刺激自由港区内的金融市场进一步走向活跃,加快区内金融投资和流通领域的自由化进程,从而为区内实体企业和实体经济的发展提供驱动与活力。具体政策上,可允许外来资本兴办外资银行,或者允许符合条件的民营资本与外资金融机构共同设立中外合资银行、民间资本发起设立民营银行,亦可允许自由港区内设立运营有限牌照银行,并鼓励创设其他形式的金融机构、开展多样化的金融服务业务,如设立金融租赁公司、消费金融公司,或开展网络金融服务等。

第五节　房地产制度

自由港区的房地产制度,主要是指有关自由港区内企业生产所用的厂房、基础设施的建立等方面的规定。在土地使用权出让方面,普通的

---

① 参见《中华人民共和国反洗钱法》第三条:在中华人民共和国境内设立的金融机构和按照规定应当履行反洗钱义务的特定非金融机构,应当依法采取预防、监控措施,建立健全客户身份识别制度、客户身份资料和交易记录保存制度、大额交易和可疑交易报告制度,履行反洗钱义务。

国有土地可以授权港区管理机构代表国家进行出让,和受让人签订国有土地使用权出让合同。而对于滩涂使用权和无居民海岛使用权这两类具有特殊性的土地使用权,则需要特殊处理。对于滩涂使用权的性质,可以根据滩涂的自然性质加以区分。滩涂因其特殊的自然属性,可以分为潮上带、潮间带和潮下带三部分。潮上带滩涂因为其陆地属性较为明显而归属于土地,潮下带滩涂因其海域属性明显而归属于海域。主要问题就在于潮间带属于海域还是土地,这是法律的模糊地带。本书认为处于平均高潮线和平均低潮线之间的潮间带属于海域。这是因为由于受周期性的潮汐等因素影响,潮间带滩涂形成了与陆地截然不同的地貌单元,具有明显海洋生态系的特征。故本书认为沿海滩涂中的潮间带、潮下带属海域,潮上带属土地,潮间带、潮下带的出让和流转比照海域使用权的标准进行,而潮上带则比照土地使用权进行。对于无居民海岛使用权而言,其与传统的用益物权有一项重大区别,即无居民海岛使用权具有复合性。无居民海岛使用权的成立着眼点往往不仅在于岛上的土地资源本身,还包括依附于岛屿的各种自然资源。权利的客体包括土地、滩涂等不动产及动物、植被、矿产等动产,甚至还包括由海岛人文地理等构成的景观资源,是一种由多种子权利集合而成的权利束。因此,在处理无居民海岛使用权的问题上,除了要依照传统的土地使用权处理外,还需要针对无居民海岛的特性制定额外的法律予以规制。如建立健全无居民海岛使用权的估价制度、建立无居民海岛用后复原制度以及确定无居民海岛的使用期限等。对于发生在自由港区内的土地使用权或房屋转让、抵押等行为,应该在港区管理机构处登记备案。

就具体法条制定而言,"舟山自由港管理法"房地产制度在房地产开发用地、房地产建设、征地拆迁补偿和房地产交易方面存在以下七个方面的特殊之处。

1. 主管机构。自由港初步设立后,若有专门的自由港管理委员会或董事会,则港区内建设用地的审批、划拨,土地使用权出让合同的签订,国有土地的征收管理,房地产交易的登记等部门职责都将从原部门脱离出来,授权或者委托给管委会行使。然基于舟山本岛 2020 年建设成自由港城的最终目标,为保证整个港区城市建设的统一性,土地一级市场仍应该由政府出面干预,不能直接由管委会或董事会自行决策。

2.无居民海岛的申请审批、开发利用是适用其原有规定由国家海洋局统一行使还是适用自由港新的管理规定尚需讨论。应该充分考虑《海岛保护法》制定的战略意义和国家对舟山自由港的定位,就目前发展来看,无居民海岛的使用适用其原有规定较适合。

3.征地拆迁补偿。浙江省政府决定2013年至2015年,在全省深入开展旧住宅区、旧厂区、城中村改造和拆除违法建筑(简称"三改一折")三年行动。但是舟山是一座拥有悠久历史的城市,因此可尝试借鉴鹿特丹的渐进式的旧城改造模式,避免街区整体拆除重建,保持旧城肌理和底层高密度空间形态,平衡改建与新建,保证居民在旧城更新过程中不必迁离他们的原住地。

4.提高行政审批质量和简化审批程序。自由港建设的最大宗旨在于"自由",烦琐冗长的审批程序无疑与初衷相悖。在法制框架内,简化审批程序,提高审批效率迫在眉睫。普陀区住建局2013年工作思路值得新区管理部门参考:加强审批服务、强化窗口授权,提高审批效率,成立行政审批科进驻普陀审批办证中心,并对每一审批事项重新制订审批流程、制订《审批事项规范表》;进一步健全完善各类制度,包括限时办结制、否定报备制度、首问责任制、一次性告知制、AB岗工作制度、服务承诺制。①

5.注重海岛的生态保护。鉴于舟山丰富的渔业和海岛资源,环境保护成为重中之重。《海岛保护法》明确规定国务院和沿海地方各级人民政府应当采取措施,保护海岛的自然资源、自然景观以及历史、人文遗迹。有居民海岛的开发、建设应当遵守有关城乡规划、环境保护、土地管理、海域使用管理、水资源和森林保护等法律、法规的规定,保护海岛及其周边海域生态系统。从事"全国海岛保护规划"确定的可利用无居民海岛的开发利用活动,应当遵守"可利用无居民海岛保护和利用规划",

---

① 参见《普陀区住建局2012年工作总结和2013年工作思路》,浙江舟山新区政府网站(http://www.zhoushan.gov.cn),最后访问时间2013年10月1日。

采取严格的生态保护措施,避免海岛及其周边海域生态系统被破坏,而且在无居民海岛上不得建造永久性建筑等,都是在港城建设中必须重视的问题。

6.港口岸线的保护和利用。《舟山市人民政府关于进一步加强港口岸线管理的若干意见》[①]指出,舟山市要建立港口岸线统一有偿供应制度。储备的港口岸线包括维持港区正常运营所需的陆域和海域,港口开发项目建设所需岸线及所包含的土地和海域实行统一供应。市港航管理部门对港口岸线进行价值评估,合理制定岸线有偿使用标准,通过土地出让予以体现,并会同国土资源、海洋和财政部门研究制定港口岸线供应的具体办法。同时建立港口岸线收回机制。综合运用法律、经济和行政手段,对现有港口设施不符合深水深用原则或使用效率低下的,采取易地搬迁、资产重组等方式进行整合;对未经批准的、未按批准用途使用港口岸线及未按时开工建设的,按照《港口岸线使用审批管理办法》第十六条和《中华人民共和国港口法》第四十五条相关规定处理。

最后要加强港口岸线开发建设的要素保障。市发展和改革委员会、经济和信息化工作委员会、港口航道等部门及各县(区)、功能区要加强对港口开发项目与产业布局、园区建设、招商引资等方面的综合研究;市财政部门要会同市港航管理部门研究解决港口岸线储备的资金筹措;税务部门要贯彻落实支持港口岸线储备和转让的优惠政策;市国土资源、海洋、环保、农林、交通运输等部门要在建设用地、海域使用、环境容量、林地使用、港口集疏运体系建设等方面予以优先保障;其他相关部门也要根据各自职责做好港口开发项目建设的要素保障工作。

7.土地使用权期限。整个舟山辖区海域和岛屿分布广泛,土地使用权期限受其影响,将会有不同的情形。海域使用权和无居民海岛使用权有特殊规定的应从其规定。同时还可参照香港的以出租的形式短期出让土地使用权、海域使用权和无居民海岛使用权,承租人与政府签订短期租赁合同,到期符合一定条件可以续租,这在一定程度上可以及时遏

---

① 舟山市人民政府文件,舟政发〔2013〕37号。

制破坏海域和海岛原生态环境的开发行为,有助于海域和海岛生态环境的保护。

第六节　监管制度

"监管"一词的基本含义为监督管理,包含监督及管理两个方面。本书认为,自由港的监管制度问题区别于在此之前的自由港"管理"制度,在于后者着重于解决宏观层面的权力分配和分工问题,而前者则着力于解决规制微观层面的具体操作上的问题,但同时也会不可避免地在一定程度上涉及权力分配的内容。自由和监管总是一对矛盾又不可分离的双生子。没有监管的绝对自由地区是不存在的,自由港的良性发展和完善离不开适度合理的监管措施。如何合适地把握自由港自由和监管的边界,是自由港法律制度建设的一个绕不开的问题。监管制度的框架主体主要包含两部分:海关监管制度及商检、动植物检疫和卫生检疫制度。世界上公认的运行成功的自由港和其他港区都发展出了一整套完备的监管体制,这些经验对于我国自由港的建设和发展都具有十分重要的借鉴意义。接下来本书将通过解读世界著名的港口及自由贸易区的监管制度并结合我国目前保税区监管制度上的一些特征,来分析我国自由港监管制度建设值得注意的关键点。

一、其他国家和地区的自由港监管制度

比较域外自由港区的先进经验可以发现,我国的通关制度已经与当前建立发展自由港的规划脱节。在海关、商检、边检、动植物检疫上,程序和方法都还比较落后,通关效率低下。如何改善该种情形,亦须重视参考分析外国自由港的经验。本书主要借鉴鹿特丹港口的监管制度。

(一)鹿特丹港口监管经验的参考价值

鹿特丹港是全球吞吐量最大的港口,2011 年的年度报告显示,鹿特丹港口方面公布其平均周转速度为 4 小时 27 分①,令人惊叹。鹿特丹港由一家公共有限公司管理,有两大股东,鹿特丹市政当局以及荷兰政府,公司投资建设港口公共设施,以高效、安全的航运管理与离岸服务为目标,公司雇员约 1100 名,港口直接、间接雇员达到 14 万人(2011 年)。②面对庞大的港口,管理机构虽是公司制,但注重履行社会承诺(social commitment),公司行政管理与贸易职能并进,其监管经验值得舟山港区借鉴。此外,本书之所以以鹿特丹港的监管经验作为蓝本,尚有下述考量:

1.鹿特丹港与舟山港的功能特色类似。鹿特丹港同样以大型物流园区为特色,各种物流平台交汇,"储—运—销"一条龙。③ 物流产业的监管必然是鹿特丹港的重心,因此能为舟山港提供更多的比较制度资源。

2.鹿特丹港与舟山港同样面对多监管部门联动的问题。鹿特丹港虽由公司管理,但其具备监管职能的机构并不在少数,仅仅在水运监管方面,就有至少八个机构在进行联动作业,如植物保护机构(Plant Protection Service),食品及产品安全管理机构(Food and Consumer Product Safety Authority),房屋及城市规划部门(VROM-Insperctorate)等,甚至警察机构都有若干个(National Police Agency, Divison Water Police, Rotterdam-Rijnmond Seaport Police);监管机构的合作、协同风险评估亦是其工作重心。④ 目前国内港区部分领域多头管理,部分领域监管缺失多被诟病。舟山港可向鹿特丹港学习如何调和各机构的监管职能,确保高效、协同,防止监管资源浪费。

3.《鹿特丹港口管理细则》规定翔实,立法风格体现大陆法系国家的传统,便于移植。谈及监管制度设计,当前国内关于自由贸易区、自由港

---

① 《鹿特丹 2011 年年度报告》,可于以下网址获得:http://annualreport2011. portofrotterdam. com/.

② 参见鹿特丹港官方网站的介绍(Company Profile):http://www. portofrotterdam. com/en/Port-authority/our-company/Pages/company-profile. aspx.

③ 陈勇. 从鹿特丹港的发展看世界港口发展的新趋势. 国际城市规划,2007(1).

④ 参考鹿特丹港官方网站介绍:http://www. portofrotterdam. com/en/Shipping/rules-regulations/Pages/inspections. aspx.

区的研究,大多着眼于比较宏观的层面,对于细致的法条分析则较为薄弱,接下来的研究当中,应当重视具体条文的讨论。《鹿特丹港口管理细则》中的原则与例外规定安排得当,细致翔实但又不显累赘。在下述借鉴要点部分,将着重具体条文的分析。

(二)自由港监管制度借鉴要点

以《鹿特丹港口管理细则》为主要参考,以鹿特丹港的经验为主,辅以其他地区的监管实践,本书归纳下述要点。

1. 提高信任度,加大自主监管力度,同时明确风险通知义务。要提高监管效率,首先要改变的是自由港监管的根本理念:提升对区内企业的信任度,反映在制度上,即从"货物、单证同步监管"向"单证管理"模式转变。对此可参考美国对外贸易园区海关监管制度的变迁:从"海关官员现场监管(on-site supervision)调整为审计稽查(audit-inspection),充分贯彻了'知情守法'的理念,即海关和对外贸易园区参与方应共同承担责任"[①]。该制度的基础是,充分信任园区内经营人及使用人的自律能力,通过对货物的审级核查制度,将"逐单逐票的海关监管模式改变为以对外贸易园区经营人、使用人自律管理为主体,以海关不定期审计核查为保障的方式进行的监管"[②]。区内不再设常驻管理官员,而是以抽检中严格审计执法的方式,控制货物自由流动的管理风险。此外在自主监管的过程中,在风险出现时及时通知监管机关非常重要。《鹿特丹港管理细则》对风险防控予以相当重视,一旦出现潜在风险,如第 4.3 条规定之违禁废物的不慎泄漏情形[③];甚至风险发生可能性较高的情形,如在造船厂外发生的船舶维修活动、远洋油轮进入锚位(见第 5.12 条),都要求船舶方面立即通知管理部门报备。及时畅通的信息流动,使得管理部门对特定风险的反应速度得到提升。在规定中,可能因为各个情形下应

[①] 石良平,周阳.试论中国(上海)自由贸易试验区海关监管制度的改革.上海海关学院学报,2013(4).

[②] 石良平,周阳.试论中国(上海)自由贸易试验区海关监管制度的改革.上海海关学院学报,2013(4).

[③] 该条该款规定:"一旦有违禁物质或物体进入水域,应立即向自由港管理部门汇报,并以合理方式尽快清除污染物。"

当联系的机构有所区别,细则另附有送达通知之详细联系方式,电话、传真、电邮、网址等,一应俱全。我国并不习惯在法律规范,尤其是高位阶的规范中出现详细的有关管理部门的联系方式,在此情形下,必须保证信息获取的便捷和畅通,确保出入自由港的船舶能够及时与风险监管部门取得联系。

2.实行单证管理,减少对货物的有形控制。当前我国海关监管模式还是对单证与货物的一并管理。而美国的对外贸易区、英国的自由区都实行以审计为基础的商业记录检查,对货物则只进行抽检,有形控制虽然存在,但是并不常见。[①]

3.注重安全与环境保护,相关规定细致翔实。港区安全是确保自由港区财产、人员安全的最重要内容;港区环境保护不仅涉及当前自由港的秩序,涉及许多环境保护的国际义务履行,更关切整个港区与周边区域长期的健康发展,因此亦须得到格外重视。《鹿特丹港口管理细则》对于环境保护的重视,体现在其环境保护相关规定非常翔实,发电机(见第4.7条)、港口内主引擎的使用(见第4.8条)、蒸熏(fumigation)(见第4.10条)均被原则性禁止,第7章规定包装及散装危险物质的进入锚位之禁止,第8章规定散装危险液体、固体的处理(如转船),第9章规定供油安全检查表项目。在安全和环境方面,鹿特丹港十分重视细节的规定,甚至对如何入港停船,停入船只应当采取何角度都有详细说明(见第3.3条)。

4.将规制风险分类,尽可能缩小限制的项目与范围。《鹿特丹港口管理细则》的第5和第6条分别给出了汽油(Petroleum)港口和液化天然气(LNG)港口的不同限制性规定,两部分都有对鹿特丹汽油港口与液化天然气港口的总体情况综述,对其中特殊的港口进行列明,之后分别对禁烟、禁止明火、何种船只允许入港、何者及何种入港行动需要通知管理部门等项目做了不同的规定。此种针对不同类型港口、不同类型船舶量体裁衣的方式,确保风险防控体系不至于延展到不必要的部分,尽

① 陆军荣,石建勋.海关特殊监管区域的国际比较研究.经济纵横,2008(9).

可能在安全基础上支持入港活动船舶的行动自由。需补充说明的是，分类管理的思想与上述第一点中所述的诚信评级、自主管理关系密切，经过评级，就可以对更可以信赖的机构组织适度放松监管。本身海关对货物的工作，应脱离商品和报关单为单元的管理模式，实现从"以商品为单元"向"以企业为单元"转变，进而实现通过企业管理来推动货物管理的目标。要实现以企业为单元的风险控制，就需要合理公正的分类监督机制。《中国（上海）自由贸易（试验区）总体方案》也提出要"推进企业运营信息与监管系统对接，通过风险监控、第三方管理、保证金要求等方式实行有效监管，充分发挥上海市诚信体系建设的作用，加快形成企业商务诚信管理和经营活动专属管辖制度"。实际上，舟山市海事局目前对从事油料供应的单位，已经实行分级监督管理，此类政策在自由港区建立后应当保持其延续性。

5. 原则与例外，豁免与禁止之间，形成合理体系。《鹿特丹港口管理细则》对于原则和例外规定的铺设看上去比较复杂，但正是这种原则—例外—例外之例外的风险防控体系，既能满足原则上自由开放的需求，又能在发生风险时及时做出反应。其对于部分需要严格管理的活动，采取事前监管，如第 3.4 条规定："未经允许，禁止搭建任何种类的自升式平台（jack-up）。申请搭建自升式平台的申请应齐备以下材料：a. 申请搭建平台之名称与技术数据；b. 承运人代理人名称；c. 海床情况调查报告；d. 相关活动的性质和期限"，未经申请与许可不能建设，无被豁免的空间。其他大部分的情形，则给大多数禁止行为留出豁免余地，譬如第 3.2 条"停泊与以船占用锚地禁止"，第 3.3 条"安全下锚规定"，第 3.4 条"自升平台搭建禁止""港口设施"，第 4.9 条"维修活动的通知义务"等，不胜枚举。有时，在同一条文中，既有绝对禁止，也有相对禁止，譬如其第 4.1.1—4.1.4 条的一组规定：第 4.1.1 条不允许煤油烟（soot）排出；第 4.1.2 条不允许可能造成损害或危险的物质从船上逸出；第 4.1.3条岸上活动不受上述第 4.1.1 条和 4.1.2 条的拘束；第 4.1.4 条相关部门可以为第 4.1.2 条提供豁免。分析上述条文可见，鹿特丹港对于属于第 4.1.3 条以外的上述第 4.1.2 条的情形，设置了例外的可能性,对该情形下的第4.1.1条则是绝对禁止,没有豁免的机会。同样的,舟山自由港对于环境保护的监管规定,也要分清层次:哪些是必须直接判定违法的,哪些是存在豁免可能性的,哪些是允许的,这三个层次,需建立在科学论证的基础上。层次铺设中待比较的因素包括特定污染物对环境的影响、控制污染源的成本等。

6.将对监管对象的注意义务限定在合理范围内。《鹿特丹港口管理细则》的一项重要思路是,在尽可能实现管制目的的同时,不过分苛求入港船舶方面的注意义务。例如第4.5条,该规定旨在保护港口出入工作人员的安全,维护港口运转秩序。该规定一方面强调,入港船舶可能作为工作与临时生活、社交地点,故船长方面有义务维护登船安全措施。但非常重要的是,另一方面,该规定承认,在货物装卸过程中,以及短时间内入港以便乘客下船时,船只产生一定幅度的位移不可避免,此时确保人员登船安全的义务不应落入船长义务范围。

二、对自由港监管制度的具体立法建议

自由港监管法律制度主要包括海关监管法律制度和商检、动植物检疫和卫生检疫法律制度。在海关监管方面,目前我国海关对保税港区的监管是比较严格的。实际上存在着"一线""二线"和"区内"三重监管。即使是监管最松的"一线"仍然必须实行备案管理。我国应该借鉴国外自由贸易区和自由港的做法,简化海关监管程序,将监管重点放在"二线",体现自由港"境内关外"的特色;做到"一线放开,二线管住,区内不干预",真正发挥自由贸易区的优势。

在商检、动植物检疫和卫生检疫法律制度方面,则和海关监管实行的"一线放开,二线管住"有所不同,应该把检验、检疫的重点放在一线,这是由商检、动植物检疫和卫生检疫的特点所决定的。商检、动植物检疫和卫生检疫本身即具有事前保护的特征,且其危害具有不可逆的特征,将对境内公众的利益造成损害。因此,对境外进入自由贸易区的货物进行检验、检疫应提前到一线,而且不论是进港的货物还是出港的货物,均要接受检查。

在特殊监管方面,可以具体做的方面包括:(1)舟山市口岸海防管理和打击走私办公室对全市口岸、海防和反走私工作的监管。(2)边防检查站对出入境人员及其行李物品、交通运输工具及其载运的货物进行边防检查和监护;打击口岸违法犯罪行为,维护口岸出入境秩序。(3)出入境检验检疫局对辖区内出入境卫生检疫、传染病检测、预防接种和卫生监督进行控制;对出入境动植物及其产品和其他检疫物进行检验检疫和日常监管;对进出口商品进行法定检验和日常监管;对进出口食品、动植物及其产品的生产、加工、存放等程序进行卫生检疫、考核、质量许可等监管;对出入境交通工具、集装箱及容器进行卫生监督、检疫监督和卫生除害等。(4)舟山海事局对辖区水上安全进行监督、防止船舶污染、航海保障管理和行政执法等。(5)港航管理部门对海岸线的监管。(6)海洋局舟山分局对无居民海岛的监管。

第八章
中国"自由港管理法"(草案)

　　笔者以前文一系列的研究和分析为基础,对自由港管理问题进行了系统的梳理和总结,并提升至立法层面加以考察。在此基础上,笔者草拟了"中国自由港管理法"(草案),供立法机关和各界人士参考。草案正文如下。

第一章　总　则

　　第一条(设区及立法依据)

　　为推进国家自由港建设,根据《全国人大常委会关于×××的决定》(待推动),以及其他有关法律、法规,制定本法。

　　立法理由:本条立法首先明确了《自由港管理法》的法律渊源及依据。其次,就法律位阶来说,本法应由全国人大或其常委会单独制定,不单独就自由港区内的其他监管制度制定法律,而是制定统一的自由港管理法,在本法内部分列章节对相关具体问题加以详细展开和规制。如此,则可解决法律位阶低的问题,不仅能提升法律依据的位阶层次、凸显自由港金融制度的重要地位,而且可改变我国保税区面临的法律依据繁杂混乱之困境,统一自由港金融外汇监管问题的法律依据,减少法律规则之间龃龉冲突的现象。

　　第二条(本法之适用范围)

　　本法适用于经批准设立的自由港,范围包括:……(即自由港行政区规划范围)。

立法理由:本条立法,在于明确《自由港管理法》的适用范围及适用对象。《自由港管理法》仅对国家批准的自由港区域有效,其规定内容不具有普适性,因此,必须规定其适用范围和对象。

第三条(目标及定位)

自由港是实施特定经济政策的港口区域,目标是推进服务业扩大化开放和投资管理体制改革,推动贸易转型升级,深化金融领域开放,探索建立与国际投资和贸易规则体系相适应的行政管理体系,培育国际化、法治化的营商环境,发挥示范带动、服务全国的积极作用。

立法理由:本条立法在于明确自由港的经济区域目标,设立目的及发展方向。下面的分则部分,也应当在本条的总体方向的基础上,进行延伸和发展,不得与本条的目标和定位相冲突。当然,在确定自由(港)区性质时,不应规定过细,而应当留有一些余地。此处留白是为国家的政策制定与地方具体实施细则的出台埋下伏笔,其最重要之处在于强调自由港的经济性特质。

第二章　管理体制

第四条(管理机构)

自由港实行政府管制与市场运作相结合的管理体制。

国家自由港管理委员会(以下简称管委会)是全国人民代表大会授权国务院设立的管理全国自由港的最高管理机构。

立法理由:我国特殊的国情,决定了我国行政力量在国家经济制度的各个领域中占据主导地位的局面,我国自由贸易港区制度也不例外,因此建议在确定自由(港)区的管理体制时也应当考虑到我国的国情,以政府管制为核心,兼以市场运作的管理体制。因此,自由港管理体制应遵循"中央统辖、地方分治、政企分开"的原则,设立国家自由港管理委员会作为全国自由港的最高管理机构。

第五条(管委会职责)

管委会依照本法履行以下职责:

(一)制定和调整我国自由港区总体发展规划;

（二）起草自由港区的法律法规，制定自由港区的管理办法与实施细则；

（三）受理自由港区的申请、设立以及注销；

（四）监督和指导地方自由港区的建设和发展；

（五）对地方自由港区的运营、管理和发展进行评估；

（六）国务院赋予的其他职责。

立法理由：根据上述条文对自由港管理委员会的定位，自由港管理委员会应当从宏观层面全面负责我国的自由贸易港区的发展，自由港管理委员会的职责制定也应当从这一角度出发考量。

第六条（地方管理机构）

自由港区所在的地市一级人民政府应该根据地方人民代表大会的决定成立地方自由港区管理办公室（以下简称"管理办公室"），对自由港区进行地方行政上的领导，并接受管委会的指导。

立法理由：自由港管理委员会主要从宏观层面全面负责我国的自由港区的发展。但是，由于自由贸易港区的设立往往会与地方行政区块之间产生重叠，因此需要由自由贸易（港）区所在的地级市根据地方人大的决定设立地方管理办公室，对国家自由港管理委员会的各项政策进行具体操作与执行，并接受地市一级地方人大的监督。

第七条（管理办公室职责）

管理办公室依照本法履行以下职责：

（一）负责推进落实地方自由港建设任务，研究提出并组织实施地方港区的发展规划和政策措施，制定地方港区有关行政管理制度；

（二）负责港区内投资、贸易、金融服务、规划国土、建设、环境保护、劳动人事、文化、卫生等方面的行政管理工作；

（三）领导工商、质监、税务、公安等部门在港区内的行政管理工作；协调海关、检验检疫、海事、金融等部门在港区内的行政管理工作；

（四）负责港区内综合执法工作，组织开展港区内城市管理、文化等领域行政执法；

（五）负责港区内综合服务工作，为港区内企业和相关机构提供指导、咨询和服务；

(六)管委会赋予的其他职责。

立法理由：自由港管理办公室负责地方自由港区的具体建设细节，对国家自由港管理委员会的各项政策进行具体操作与执行，并接受市一级地方人大的监督。自由港管理办公室只对本自由港区内的事务进行处理，如此做到政企分开，分工明确，提高自由(港)区的运作效率。

第八条(管理要求)

自由港按照国际化、法治化的要求，建立高效便捷的管理和服务模式，促进投资和贸易便利化。

管委会和有关部门在履职过程中制作和获取的政策内容、管理规定、办事程序及规则等信息应当公开、透明，方便企业查询。

管委会和有关部门应当按照自由港改革需求，实行以事中、事后监管为主的动态监管，优化管理流程和管理制度。

立法理由：本条主要对自由港的设立条件、设立申请主体、设立和撤销的条件等管理内容制定一个总体的管理要求，在具体执行时各港区根据自身情况指定具体的操作规范，但不得与本管理要求相冲突。同时，在具体程序的操作上，可以参考以下内容：在设立条件上，对自由港区设立的地理位置、区位要求、自由港区面积等做出具体规定。在设立申请主体上，应该规定只有地方政府才能成为自由港的申请者。在设立和撤销的程序方面，为了最大限度地体现社会公众的意见，维护公共利益，可以参照韩国《关于为建设国际物流基地制定或运营关税自由地域的法律》的规定，采用听证的方式。

第三章　税收制度

第九条(免征关税及进口环节流转税的情形)

自境外运入港区内供港区营运使用的货物，免征进口关税及进口环节流转税。

自境外运入自由港区内之自用机器、设备，免征进口关税、进口环节流转税。但其后又运往关内时，应依货物进口的相关规定补征相关税费。

立法理由：在关税及进口环节流转税方面，应遵循基本予以免征的一般原则。这是因为，自由港的本质是"境内关外"。也就是说我们将自由（港）区视同境外，海关主要只在二线实施监管。其他国家和地区的自由（港）的税收制度，普遍对自由（港）区的关税予以免征。我国自由港的立法应该顺应国际惯例，与国际接轨，对进入我国自由港区的货物免征关税及进口环节流转税。

第十条（征收关税及进口环节流转税的情形）

港区内货物运往关内时，依照进口货物或相关规定，征收进口关税及进口环节流转税。

港区内加工企业将区内加工的制成品、副次品或者在加工过程中产生的边角余料运往关内时，应当按照国家有关规定向海关办理进口报关手续，并依法纳税。

立法理由：自由港区为"关外"区，那么境外货物进入自由港区即意味着未入境，则海关就不得对其征收关税及进口环节流转税，只有货物越过自由港进入境内，海关才得以对其征收关税及进口环节流转税。同样的，自由港内企业的货物跨过自由港边境进入境内即意味着进口，需要向海关办理相关进口手续，补交各税。同理，境内货物只要越过了自由港边境即意味着出境，则可申请出口退税。即便境内货物运到自由港区，供自由港营运所用，也视同出口。

第十一条（流转税）

港区内企业在区内加工、生产的货物，凡属于货物直接出口的，免征增值税和消费税。

货物从自由港区进入国内销售，按照货物进口的有关规定办理报关手续，并按照货物实际状态征税。

港区内企业之间的货物交易，不征收增值税和消费税。

立法理由：在流转税方面，上文已提及在自由港区中免征境外货物进入自由港区内的进口环节流转税即进口环节的增值税和消费税。因此，此处的流转税主要针对自由港区内的企业。在增值税和消费税方面，因港区"境内关外"的本质应免征消费税与增值税。

第十二条（所得税）

港区内生产性企业按百分之十五税率计征企业所得税。经营期在十年以上的，从开始获利的年度起，第一年和第二年免征企业所得税，第三年至第五年减半征收企业所得税。

港区内贸易、仓储等非生产性企业，按百分之十五税率计征企业所得税。经营期在十年以上的，从开始获利的年度起，第一年免征企业所得税，第二年至第三年减半征收企业所得税。

立法理由：在所得税方面，所得税包括企业所得税和个人所得税。在个人所得税部分，我国税法对于"境内"或"境外"的收入已作出了充分的规定，在自由（港）内参照执行即可。而对于企业所得税部分，国外自由港税收制度的经验告诉我们应当采取直接优惠和间接优惠相结合的税收制度，同时以间接优惠为主。我国《上海外高桥保税区条例》中已经对区内企业的税收优惠进行了明确规定。自由港是比保税区更加深层次的自由贸易区。因此，保税区实行的关于企业所得税的优惠政策应沿用于自由港。保证自由港区内企业享受不低于保税港区内企业所得税优惠，以此吸引外资。同时，采用减免税收的政策有利于区内企业初创阶段的发展。此外，《中国（上海）自由贸易试验区总体方案》明确指出要实施促进投资的税收政策。综上，在自由港区税收制度初始阶段，可沿用保税区税法的相关税收制度或在此基础上给予更优惠的政策。

第四章 贸易制度

第十三条（贸易转型升级）

自由港推动国际贸易、仓储物流、加工制造等基础业务转型升级，发展离岸贸易、国际贸易结算、国际大宗商品交易、金融租赁、期货保税交割、跨境电子商务等新型贸易业务。

自由港积极发展总部经济，鼓励跨国公司在港区内设立全球或地区总部，建立整合贸易、物流、结算等功能的营运中心。

鼓励港区内企业统筹开展国际国内贸易，实现内外贸易一体化发展。

立法理由：自由港设立的目的是为推动国际贸易等基础业务转型升

级,同时发展离岸贸易、国际贸易结算、国际大宗商品交易等新型贸易业务。因此,在自由港贸易制度立法方面,应按照主要不同类型的金融业务区分立法,再设立一个总体原则性的兜底条款。

第十四条(航运)

自由港发展航运金融、国际船舶运输、国际船舶管理、国际船员管理、国际航运经纪等产业,发展航运运价指数衍生品交易业务,发展航空货邮国际中转,加大航线、航权开放力度。

自由港实行具有竞争力的国际船舶登记政策,建立高效率的船舶登记制度。

立法理由:在航运方面,应在开放国际航运业务的同时,加大航线、航权的开放力度,同时与国际接轨,在诸如船舶登记政策等方面与国际相关制度保持一致,促进航运业务的国际化。

第十五条(出入境)

简化港区内货物流转手续,按照"集中申报、自行运输"的方式,实行港区内企业间货物流转。积极发展国际中转、集拼和分拨业务。推行"一次申报、一次检查、一次放行"模式。

立法理由:在出入境方面,自由港实行的是"境内关外"的管理模式,管理的原则为简化行政程序、促进对外经济发展,因此,在对待出入境的问题上,应在"境内关外"管理标准的基础上,简化自由港内出入境管理程序,弱化行政监管。

第十六条(国际结算)

自由港全面采用人民币国际支付清算系统(CIPS)。自由港国际贸易结算活动应当依照中国人民银行颁布的规章、办法进行。港区内企业应当开设国际贸易结算中心专用外汇账户。

立法理由:在国际贸易结算方面,首先,在清算系统选择方面,国际贸易结算中心专用外汇账户已在上海自贸区的数家企业试点成功,证明其与自由港外汇管理的需求相适应,应当得到完善和推广。因此,可以在自由(港)区开立国际贸易结算中心专用外汇账户,同时要求中国人民银行将人民币国际支付清算系统(CIPS)在自由港进行全面推广。

第十七条（期货交易）

管委会和管理办公室在其职权范围内制定符合本区实情和发展需要的期货交易具体规则。

国际大宗商品交易应当在自由港期货交易所进行。

立法理由：在期货交易方面，在面对国际大宗商品交易时，应建立期货交易所作为大宗商品交易场所，同时在交易规则上，需由各自由港管理办公室在其职权范围内制定具体交易规则。

第十八条（文化贸易）

自由港建立扶持性资助制度，资助中国文化产业的生产、发行和放映等各个环节。

立法理由：在文化产业的税收政策上，可借鉴加拿大对文化产业的税收优惠政策，有利于扶持中国电视台、报纸、期刊等文化产业的发展和影响力的扩大。并且中国文化产业由于享受政府财政资助，故不会因为该条款的设计而失去资金上的竞争优势。

第五章　投资

第十九条（服务业）

自由港在金融服务、航运服务、商贸服务、专业服务、文化服务和社会服务等领域扩大开放、暂停或取消投资者资质要求、股比限制、经营范围等准入限制措施。

根据先行先试的推进情况以及产业发展需要，不断探索扩大开放的领域、试点内容以及相应的制度创新模式。

立法理由：服务业是自由港投资业务中的重要业务之一，在自由港的投资制度方面，应明确自由港投资设置的根本依据（境内关外）、制度运行的根本目标（自由开放与风险防范相均衡＋服务实体经济之需要）、具体执行基本原则（一线放开、二线管住、区内自由）。投资制度是自由港系统工程的一个子项，因而在具体建制上就必须具有系统思维、虑及整体背景，并与该制度系统中的其他相关因素相协调。具体而言，既然自由港本身的法律定位是"境内关外"，那么运行于区内的投资制度也必须在此大背景下展开，并以此作为投资制度建构的根本依据。

第二十条（负面清单）

自由港实行外商投资准入前国民待遇，实施外商投资准入特别管理措施（负面清单）管理模式。

对外商投资准入特别管理措施（负面清单）之外的领域，按照内外资一致的原则，将外商投资项目核准制改为备案制，但国务院规定对国内投资项目保留核准的除外；将外商投资企业合同章程审批制改为备案管理制。

外商投资准入特别管理措施（负面清单）以及外商投资项目和外商投资企业备案办法，由国务院制定和公布。

立法理由：在上述自由开放与风险防范相均衡以及服务实体经济之需要的指导背景的基础上，结合上海自贸区"负面清单"的相关规定，制定我国具体的自由港投资制度。

第二十一条（境外投资）

自由港内企业到境外开办企业，实行以备案制为主的管理方式，对境外投资一般项目实行备案制。

境外投资开办企业和境外投资项目备案办法，由国务院制定。

立法理由：在境外投资方面，在自由开放与风险防范相均衡的基础上，应简化港区内企业到境外投资的程序与行政监管的制度，具体规定如以备案制代替登记制，在投资项目上予以进一步放开等。

第二十二条（公司注册资本）

自由港实行注册资本认缴登记制，公司股东（发起人）对其认缴出资额、出资方式、出资期限等自主约定并记载于公司章程中，但法律、行政法规对特定企业注册资本登记另有规定的除外。公司股东（发起人）对缴纳出资情况的真实性、合法性负责，并以其认缴的出资额或认购的股份为限对公司承担责任。

立法理由：结合我国《公司法》最新修改的相关内容，我国《公司法》在公司的注册程序、最低资本要求、出资方式等方面已放开监管，采用更为宽松、自由的法律规定。因此，对自由港内的公司，可结合我国《公司法》最新规定及其修改导向的规定，进一步放开其管理制度。

第六章　金融

第二十三条（方向、主体）

自由港开展金融领域制度创新、先行先试,积极促进港区金融改革创新。

自由港根据自身建设需要,经国家金融管理部门批准,允许不同层级、不同功能、不同类型的金融机构进入港区,允许金融市场在港区内建立面向国际的交易平台,提供多层次、全方面的金融服务。

立法理由：在自由港的金融制度方面,应遵循国际化、开放化与创新化的原则,本条即对自由港区的金融制度做一个原则性的规定,各港区在根据自身实际情况指定金融开放、创新领域时,应遵循本条原则和方向,不得与之相违背。

第二十四条（资本项目）

港区内的资本项目的国际支付和转移不受限制。符合条件的外国资本可在自由港区内的证券市场自由交易。具体条件由管委会制定。对于不符合条件的外国资本,由管委会撤销其交易资格。符合条件的港区内国内资本经管委会审批可进入外国证券市场交易。

立法理由：在资本项目方面,我国人民币资本项目市场处于间接开放阶段,而外债及对外放贷市场还处在严格管控之中,因此,在自由港区内试行对证券市场的进一步放权具有现实必要性。在自由港资本项目立法中,需对"合格的境内（外）投资者"制度进一步拓展,同时仍保持对境内、境外投资者（资本）的区别对待,对资本流入取消审批,但赋予自由港管委会形式认定和实质撤销权,采取开放资本流入先于开放资本流出的策略,防止大量资本外逃。此外,保留对外国资本的"条件性要求",以避免大量投机性短期资本涌入给自由港金融市场带来的冲击,但将制定及审核条件的权力下放给自由港管委会,增加管委会的自主权和独立性及政策的灵活性。报所在地人民政府备案,旨在为资本市场动荡下政府的调控强力增加一道安全阀。

第二十五条（离岸金融）

自由港区内实行内外业务分离型离岸金融市场模式。

自由港区内之金融机构经向管委会申请批准,可在批准之范围内开展离岸金融业务。

前款获批金融机构得根据港区内实体经济发展之需要,创新金融服务活动之具体形式,并得自由开发相应的外汇金融衍生产品。前款获批金融机构,得自由开展海外市场投资、融资活动以及金融合作活动。

立法理由:在离岸金融方面,应当允许在自由港开展并运作离岸金融业务。离岸金融的吸引力在于:相关的金融机构和金融活动虽在地理位置上处于某国境内,却与该国金融制度无甚联系,且不受该国金融法规的管制和监控。如此一来,自由港区内的金融机构便在开展业务和经营活动上获取了最大限度内的自主性与自由度,亦能根据区内实体经济发展的实际状况,自由开发符合区内企业经营需求的外汇金融衍生产品,并推动区内实体经济市场与金融服务市场更趋活跃。还应允许自由港内的企业根据法定条件和程序直接到海外市场开展投融资活动与国际金融合作活动。其最终效果将是,能吸引更多境外资金到区内投资,使未来的自由港成为外汇资金的聚集地。同时,在离岸金融模式的选择上,我国应选取发展内外分离型离岸金融业务。这样,既可以满足自由港区内金融自由化、开放化、市场化之要求;又能将其与非自由港的国内其他区域区分开来,从而防止自由港金融监管放开对国内金融体制可能产生的冲击,以及国外热钱爆炸式涌入可能引发的金融系统风险。

第二十六条(分账管理)

前条获批准金融机构开展离岸金融业务活动而设立的金融账户应当独立设置与运营,实行分账管理,不得与非自由港的国内金融业务服务活动之账户相混同。

违反前款规定将离岸金融账户与非离岸金融账户混同经营者,管委会有权责令改正,并给予警告;给客户造成损失者,应负赔偿责任。

立法理由:在离岸金融的管理上,应当实行分账管理,这样在不影响离岸金融业务开放的前提下,也能便于国家统计和对宏观经济的调控。

第二十七条(反洗钱和反恐怖融资)

自由港区内各金融机构和支付机构须建立健全与自由港业务有关

的反洗钱内部控制制度,按规定上报大额和可疑交易报告。做好客户身份识别,妥善保存客户身份资料及交易记录,切实防范洗钱和恐怖融资风险。

立法理由:在反洗钱和反恐怖融资方面,由于对自由港区内的贸易和金融的管制放松,加上自由港区内的一些运营业务不属于区外的传统金融业务,这给洗钱和恐怖融资活动提供了很多可乘之机。因为无论是提供结算服务、清算服务、融资服务还是担保、信托等服务,金融机构和支付机构都有条件和能力发现与贸易洗钱等非法活动相关的可疑交易。在目前国家还没有将国际贸易部门纳入反洗钱和反恐怖融资监管主体的前提下,金融机构和支付机构应承担起相应责任。

第二十八条(外汇制度)

自由港区内实行自由的外汇制度,人民币经常项目可自由兑换。适度放宽自由港区内的人民币资本项目管制。母子公司间正常的资金汇出、资金调拨不受资本项目管制的控制。

自由港区内企业间交易,应以人民币作为法定结算货币。自由港区内企业开展国际贸易的,在符合法定条件时,可直接使用外币进行结算和收付活动,但该项国际贸易结算活动应设立外汇专用账户进行,并应将与结算活动有关的合同文本、支付依据、会计凭证等资料妥善存档备查。

立法理由:在外汇制度方面,就外汇制度而言,应实行人民币汇率、利率市场化运作。我国在货币监管上都坚持较为保守谨慎的态度,既然自由港性属"境内关外"之法律定位,且根本使命在于扩大开放、提升自由、尊重市场、减少管制。则港区内的人民币运作机制亦当与此相符,具体而言,即放弃原来由央行强制性规定人民币汇率、利率波动空间和幅度的一贯做法,将人民币汇率与利率的形成、波动交由市场来自主调节,充分尊重市场基础性地位和主导性作用。而中央与地方两级的自由港金融监管机构则仅负责宏观引导和协调,制定涉及自由港货币汇率与利率形成机制及引导思路的宏观监管之法律规则、执行方案等,并明确行政监管机关仅在特定紧急情势下方能介入市场机制,予以干涉。这既是自由港自身的功能定位所决定的,也能为我国践行入世承诺,逐步放开金融外汇货币监管,真正实现人民币国际化,并加强与世界市场的联系积累经验、奠定基础。

第二十九条(金融机构)

符合条件的外来资本可依法定程序在自由港区设立并运营外资金融机构,或者与中方资本合作设立并运营中外合资金融机构。外来资本在自由港区内设立、运营金融机构不受股权比例之限制,并可与中方资本享受同等待遇。

民营资本可依法定条件和程序设立运营民营金融机构,或与外来资本合作设立运营中外合资金融机构。民营资本在自由港区内设立运营机构不受股权比例之限制,并可与国有资本享受同等待遇。

立法理由:在金融机构设立、监管和许可方面,自由港区内应设置更加宽松的金融机构准入门槛和准入政策,不在所有制性质、国籍、股权配置比例等方面设置歧视性或差别性待遇,给予各类主体平等的参与机会和充分的竞争空间。具体政策上,可允许外来资本兴办外资银行或符合条件的民营资本与外资金融机构共同设立中外合资银行,民间资本发起设立民营银行,亦可允许自由港区内设立运营有限牌照银行,并鼓励创设其他形式的金融机构、开展多样化的金融服务业务,如设立金融租赁公司、消费金融公司,或开展网络金融服务等。

第三十条(银行)

外国金融机构申请人的注册资本最低限额为 10 亿元人民币,并符合其所在母国的设立条件;业务范围等同于国内金融机构;吸收自由港区内定期存款额度的下限由管委会确定。

立法理由:对于银行金融机构的设立条件、设立程序等方面,应结合我国《外资银行管理条例》等相关法律法规,在此基础上,予以一定程度的放开,以免放开速度过快、范围过大,对我国内资银行造成太大冲击。

第七章　争端解决

第三十一条(行政纠纷)

当事人对管委会或者管理办公室及有关部门的具体行政行为不服

的,可以依照《中华人民共和国行政复议法》或《中华人民共和国行政诉讼法》的规定,申请行政复议或提起行政诉讼。

立法理由:在自由港的行政纠纷解决方面,因为我国行政诉讼法、行政复议法已对上述纠纷的处理方式进行了规定,此处无需再另行规定,参照上述法律执行即可。

第三十二条(商事纠纷)

港区内企业发生商事纠纷的,可以向人民法院提起诉讼,也可以按照约定,申请仲裁或者商事调解。

鼓励各类商事纠纷专业调解机构依照国际惯例,采取多样形式,解决港区内的各种商事纠纷。

立法理由:在自由港的民事纠纷解决方面,因为我国民事诉讼法等法律法规已对上述纠纷的处理方式进行了规定,此处无需再另行规定,参照上述法律执行即可。需要注意的是,港区内企业多为外资,因此,在解决商事纠纷时,在适用传统民商事纠纷解决机制的基础上,应鼓励和提倡国际纠纷解决惯例和仲裁方式的适用。[1]

第八章　附　则

第三十三条

本法自××年×月×日起施行。

第三十四条

本法由国务院负责解释。

---

[1]　See Charles N. Brower: Is Arbitration a Threat or a Boon to the Legitimacy of International Investment, Chi. J. Int'I l. 471,1-13.

参考文献

一、专著

[1] 陈永山,汪慕恒,郭哲民,等.世界各地的自由港和自由贸易区.厦门:厦门大学出版社,1988.

[2] 刘剑文.税法专题研究.北京:北京大学出版社,2002.

[3] 郭信昌.世界自由港和自由贸易区概论.北京:北京航空学院出版社,1987.

[4] 崔卫杰,袁波.中国自由贸易区发展报告(2011).北京:中国商务出版社,2012.

[5] 宁清同.保税港区法律问题研究.北京:法律出版社,2011.

[6] 王淑敏.保税港区的法律制度研究.北京:知识产权出版社,2011.

[7] 舒立,吴鹏.自由港之谜.北京:人民文学出版社,1997.

[8] 杨贵言.中日韩自由贸易区研究.北京:中国社会科学出版社,2005.

[9] 成思危.从保税区到自由贸易区.北京:经济科学出版社,2003.

[10] 李力.世界自由贸易区研究.北京:改革出版社,1996.

[11] 高海乡.中国保税区转型的模式.上海:上海财经大学出版

社,2006.

[12] 李友华.境外自由贸易区与中国保税区比较研究.长春:吉林大学出版社,2006.

[13] 代中现.中国区域贸易一体化法律制度研究:以北美自由贸易区和东亚自由贸易区为视角.北京:北京大学出版社,2008.

二、期刊文献

(一)CSSCI 期刊文献

[1] 林开展,黄建忠.对厦门特区实施自由港政策的探讨.厦门大学学报:哲学社会科学版,1987(4).

[2] 赵建平.《洋浦经济开发区条例》的修改思考.法学杂志,1994(3).

[3] 刘恩专.论天津建立自由港的方案与政策.南开经济研究,1994(6).

[4] 左正.建设南中国的自由港——广州进一步扩大对外开放的一个思路.暨南学报:哲学社会科学,1994(10).

[5] 金慧华.论我国保税区立法之完善.法学,1995(4).

[6] 郭信昌.关于我国保税区建设与发展的若干思考.南开经济研究,2000(1).

[7] 舒榕怀.从保税区走向自由贸易区:略论我国保税区发展的趋向.世界经济文汇,2000(3).

[8] 宋福铁,金波.厦门象屿保税区向自由贸易区(自由港)转换的策略.国际贸易问题,2004(5).

[9] 刘辉群.自由贸易区:天津港保税区的转型方向.经济体制改革,2008(4).

[10] 王淑敏.保税港区的法律地位及其监管模式.国际贸易问题,2010(3).

[11] 黄志勇.我国保税港区管理体制机制创新研究.宏观经济研究,2012(4).

[12] 唐永红,林子荣,沈蕊.厦门经济特区建设自由经贸区问题研究.台湾研究集刊,2013(1).

（二）非 CSSCI 期刊文献

[1] 张凤清.加入世界贸易组织对我国保税区的影响及其对策.外国经济与管理,2000(5).

[2] 马晓燕.内陆自由港发展模式研究——重庆例证.改革与战略,2011(1).

[3] 祈欣.回顾首批沿海地区 30 年外贸发展成就.中国经贸,2008(8).

[4] 魏德才.保税港区的法律性质与法制完善.西部法学评论,2009(1).

[5] 李建丽,真虹,徐凯.自由港模式在我国的适用性分析.港口经济,2010(7).

[6] 庄倩玮,王健.国外港口物流的发展与启示.物流技术,2005(6).

[7] 刘克崮,王刚,李颖.我国保税区发展的总体设想与税收政策的选择.财经问题研究,1998(10).

[8] 邓利娟.台湾自由贸易港区的进展及其影响.台湾研究,2006(2).

[9] 李九领.建设自由港:我们的差距及改革设想.浦东开发,2011(4).

[10] 周阳.美国对外贸易区制度及对我国保税港区的启示.水运管理,2009(2).

[11] 陈昉.关于创建渤海金融贸易自由港的建议与设想.港口经济,2009(4).

[12] 张凤清.关于我国保税区发展的若干问题思考.外国经济与管理,1996(2).

[13] 李曼.区港联动——天津自由港发展的必由之路.水运工程,2009(10).

[14] 高培新. 论厦门特区实行某些自由港政策问题——香港、汉堡、利物浦自由港发展的启示. 厦门大学学报,1989(1).

[15] 程蕊,王新新. 海峡两岸保税港区与自由贸易港区立法比较研究. 海峡法学,2012(1).

[16] 罗培根,乐美龙. 关于建立宁波液化品自由港的探讨. 中国航海,2006(2).

[17] 祁欣. 我国保税港区的战略布局及未来方向. 港口经济,2008(10).

[18] 王文静. 浅谈我国保税港区向自由港的转型. 交通企业管理,2009(10).

[19] 吕芳. 大连自由贸易港的建设及其目标模式. 辽宁师范大学学报:自然科学版,2011(6).

[20] 朱正清. 保税港区及自由贸易港区立法问题的思考. 港口经济,2011(11).

[21] 钟坚. 美国对外贸易区的发展模式及其运行机制. 特区经济,2000(6).

[22] 佚名. 自由港. 国际经济合作,1994(7).

[23] 谭辉. 自由港:中国开放的新选择. 港澳经济,1990(10).

[24] 王丽明. 香港成为自由港的优势及其在国际贸易中的地位初探. 哈尔滨师范大学自然科学学报,2000(6).

[25] 罗清和,刘晓晗. 我国传统经济特区的新发展:以深圳建设自由港问题为例. 中国经济与管理科学,2009(7).

[26] 徐博龙. 衢山港:长三角理想的自由贸易港区. 港口经济,2005(4).

[27] 秦诗立. 积极探索创建舟山自由港. 今日浙江,2011(23).

[28] 刘明笑. 设立舟山自由贸易港探析. 浙江金融,2011(6).

[29] 魏德才. 保税港区货物流转的法律瓶颈及其对策. 改革与战略,2011(4).

[30] 陈俊. 中国保税区的法律制度构建. 国际经济合作,2005(6).

[31]章进华.比较与借鉴——世界和中国港口管理体制.世界海运，2000(3).

[32]孙秀君.试论中国保税区向 FTZ 转型的法律定位.法学论坛，2006(4).

[33]钟慧.上海港与国际三大港口管理体制的比较分析.中国港口，2004(12).

[34]曾文革,熊燕琼.人民币可自由兑换与外汇管理法规的完善.重庆大学学报(社会科学版),2005(2).

[35]陈钧浩.保税港区发展离岸金融功能研究.宁波大学学报(人文科学版),2010(5).

[36]袁玲,罗妙成,郑开焰.平潭综合实验区税收政策构想.福建行政学院学报,2012(1).

[37]朱宁.上海自由贸易区试验改革风险.股市动态分析,2013(34).

[38]辽宁省人民政府发展研究中心课题组.自由贸易区背景下长兴岛金融体系建设的战略构想.辽宁经济,2012(2).

[39]刘昕.人民币资本项目可兑换及风险防范.硅谷,2009(4).

[40]盛朝晖.从国际经验看利率市场化对我国金融运行的影响.金融理论与实践,2010(7).

[41]马林.保税区税收政策现状及下一步打算.港口经济,2005(2).

三、优秀学位论文

[1] 田开谷.我国保税港区法律制度研究.重庆:西南政法大学,2010.

[2] 王庆.保税区监管法律制度研究.重庆:西南政法大学,2009.

[3] 窦萍.从保税区到自由港.上海:华东师范大学,2006.

[4] 安洪斌.再探我国保税区向自由贸易区转型的模式.贵州:贵州大学,2008.

[5] 萧筑云.两岸自由贸易区法制之比较研究.北京:清华大学,2005.

[6] 王桂英.洋山保税港区转型为自由港关键问题研究.上海:上海交通大学,2012.

[7]张晶.自由贸易港区运行机制与制度创新.天津:天津财经大学,2008.

[8]张爱东.保税区与自由贸易——兼论我国的立法对策.苏州:苏州大学,2003.

[9]魏泓.地主港模式在我国港口应用的研究.上海:上海海事大学,2005.

[10] 甘国栋.人民币资本项目自由兑换可行性研究及政策建议.北京:对外经济贸易大学,2007.

[11] 梁燊.珠海市保税区税收优惠政策分析.广州:中山大学,2008.

[12]凌喜新.我国保税区税收优惠政策研究.北京:中国人民大学,2008.

四、报刊、会议文献

[1] 佚名.自由港.国际商报,2003-5-27.

[2]秦诗立.借鉴国内外经验,积极探索建设舟山自由港.建设浙江海洋经济发展示范区舟山群岛新区研讨会,2011.

[3] 李苑立.自由港模式:港口改制航向.经理日报,2004-2-6.

[4] 佚名.七大保税区转型第一"自由港"花落谁家.中国交通报,2004-8-24.

[5] 徐静波."舟山群岛新区"诞生 打造亚洲物流链核心港.第一财经日报,2011-7-8.

[6] 朱宇.自由贸易港:一个小岛的世界梦想.宁波日报,2010-6-30.

[7] 徐祝君.再造一个舟山新港航.舟山日报,2011-5-23.

[8] 佚名.舟山:群岛连国际物流通四方.浙江日报,2012-6-7.

[9] 佚名.上海自贸区金融创新值得期待.金融时报 http://blog.

ce. cn/html/42/133542-1813943. html.

[10]于舰. 胡怡建：自贸区税收政策重在促投资. 第一财经日报，http：//www. yicai. com/news/2013/09/3035623. html.

[11]驻萨摩亚经商参处. 萨摩亚离岸金融中心简介及分析. http：//ws. mofcom. gov. cn/aarticle/ztdy/200607/20060702584766. html.

[12]驻萨摩亚经商参处. 萨摩亚国家投资政策. http：//ws. mofcom. gov. cn/article/ztdy/200602/20060201564234. shtml.

五、外文文献

[1]Won Kidane，Weidong Zhu. China-Africa Investment Treaties：Old Rules，New Challenges. 37，Formham Int'I l. J. 2014：1035.

[2]Anyuan Yuan. China's Entry into the WTO：Impact on China's Regulating Regime of Foreign Direct Investment. 35 Int'l Law. 2001：195.

[3]James A. R. Nafziger，Ruan Jiafang. Chinese Methods of Resoliving Internatinal Trades，Investment，and Maritime Disputes. 23 Willamette L. Rev. 1987：619.

[4]Susan Tiefenbrun. U. S. Foreign Trade Zones，Tax-Free Trade Zones of the World，and Their Impact on the U. S. Economy. 12 J. Int'l Bus. & L. 2013：149.

[5]Sumeet Jain. "You Say Nano，We Say No-No"：Getting A "Yes" Instead for Special Economic Zones in India. 32 Nw. J. Int'l L. & Bus. 2011：1.

[6]Marcos Valadao，Nara Galeb Porto. Brazilian Response to International Financial Crisis，the Pre-Salt Discoveries by Petrobras and the New Free Trade Areas in the Cities of Brazil. 15 L. & Bus. Rev. Am. 2009：673.

[7]Chi-Yung Ng，John Whalley. Geographical Extension of Free Trade Zones as Trade Liberalization：A Numerical Simulation Approach，

Cesifo Working Paper No. 1147, (http://ssrn.com/abstract=524863).

[8] Rien Van Oeveren. China's Accession to the WTO New Opportunities for European Exporters and Investors. 4(2), Int. T. L. R., 1998:40-46.

[9]John J. Da Ponte. United States Foreign Trade Zones: Adapting to Times and Space. 5 Mar. Law. 1980:197.

[10]Robert J. Heiferty, The Conoco Decision: Exclusive Review of Foreign-Trade Zones Board Determinations by the U. S. Cout of Internationnal Trade. 20 Brook. J. Int'l L. 1995:563.

[11] Michael Andrusk. The Public Interest of the US Foreign Trade Zone. 18, Int. T. L. R., 2012:86-97.

[12]Bashar H. Malkawi. Lessons from the United Stated—Jordan Free Trade Agreement. 14, Int. T. L. R., 2008:26-28.

[13] Martin S. Flaherty. Hong Kong Fifteen Years After the Handover: One country, Which Direction? 51 Colum. J. Transnat'l L. 2013:275.

[14] Miron Mushkat, Roda Mushkat. The Political Economy of Hong Kong's "Open Skies" Legal Regime: An Empirical and Theoretical Exploration. 10 San Diego Int'l L. J. 2009:381.

[15]Sherzod Shadikhodjaev. International Regulation of Free Zones: An Analysis of Multilateral Customs and Trade Rules. 10, World T. R., 2011:189-216.

[16]Thomas Yunlong Man. National Legal Restructuring in Accordance with International Norms: GATT/WTO and China's Foreign Trade Reform. 4, Ind. J. Global Legal Stud. 1997:471.

[17]Zuoxian Zhu. The Legal Status of Port Operatot under Chinese Law. 8, J. B. L., 2011:737-748.

[18]Michael Littlewood. The Hong Kong Tax System: its History, its Future and the Lessons it Holds for the Rest of the World. 40 Hong Kong

L. J. 2010:65.

[19] Ignazio Castellucci. Legal Hybridity in Hong Kong and Macau. 57 McGill L. J. 2012:665.

[20]Zhaodong Jiang. China's Tax Preferences to Foreign Investment: Policy, Culture and Modern Concepts. 18 Nw. J. Int'l L. & Bus. 1998: 549.

[21]Jun Zhao, Timothy Webster. Taking Stock: China's First Decade of Free Trade. 33 U. Pa. J. Int'l L. 2011:65.

[22]Stephan W. Schill. Traring Down the Great Wall: The New Generation Investment Treaties of the People's Republic of China. 15 Cardozo J. Int'l & Comp. L. 2007:73.

[23]Robert Rosas. Trademarks under the North American Free Trade Agreement(NAFTA), with References to the Current Mexican Law. 18 Marq. Intell. Prop. L. Rev. 2014:167.

[24]Melissa Kaye Pang. Hong Kong as A Base for Doing Business in Mainland China, Business Law Today, 1, (June, 2013).

[25]Terry E. Chang. Slow Avalanche: Internationalizing the Renminbi and Liberalizing China's Capital Account. 25 Colum. J. Asian L. 2012:62.

[26]Robert H. Edwards,Jr. ,Simon N. Lester. Towards a More Comprehensive World Trade Organization Agreement on Trade Related Investment Measures. 33 Stan. J. Int'l L. 1997:169.

[27]Anastasia Nesvetailova, Ronen Palan. Offshore Finance and Shadow Banking: Regulation of the Dark Corners of the Financial System. 33 No. 5 Banking & Fin. Services Pol'y Rep. 2013:19.

[28]Richard Gordon, Andrew P. Morriss. Moving Money: International Financial Flows, Taxes , and Money Laundering. 37 Hastings Int'l & Comp. L. Rev. 2014:1.

[29]Schneider B. Issues in Capital Account Convertibility in Developing

Countries，19 Development Policy Review，2001：32-33.

［30］Lauridsen L S. The Financial Crisis in Thailand：Causes，Conduct and Consequences? 26，World Development，1998：1575-1591.

［31］Tony Freyer，Andrew P. Morriss. Creating Cayman as An Offshore Financial Center：Structure & Strategy Since 1960，45 Ariz. St. L. J. 2013：1349.

［32］Laurent L. Jacque. The Asian Financial Crisis：Lessons from Thailand. 23-SPG Fletcher F. World Aff. 1999：87.

［33］Laura Hoffmann. A Critical Look at the Current International Response to Combat Trade-Based Money Laundering：the Risk-Based Customs Audit as A Solution. 48 Tex. Int'l L. J. 2013：325.

［34］Tiefenbrun S. Tax free trade zones of the world and in the United States. Cheltenham：Edward Elgar,2010.

［35］Shen J,Yeung Y. Debelopment and transformation of the free port of Hong Kong. Hong Kong,China：Hong Kong Institute of Asia-Pacific Studies,2004.

［36］Raman T. Free trade zones（FTZs）to special economic zones（SEZs）：the Indian dream. New Delhi：Pentagon Press,2002.

［37］Esther C. Suss, Oral H. Williams, Chandima Mendis. Caribbean Offshore Financial Centers：Past，Present，and Possiblities for the Future. IMF Working Paper. 2002-6-26.

［38］野波静雄. 世界の自由港制度. 東京：平凡社,1925.

［39］日本貿易振興会编. 世界の自由貿易地域と自由港. 東京：日本貿易振興会,1973.

附录

中华人民共和国海关保税港区管理暂行办法

(2007 年 9 月 3 日海关总署令第 164 号发布，根据 2010 年
3 月 15 日海关总署令第 191 号公布的《海关总署关于修改〈中
华人民共和国海关保税港区管理暂行办法〉的决定》修正)

第一章　总　则

第一条　为了规范海关对保税港区的管理，根据《中华人民共和国
海关法》(以下简称海关法)和有关法律、行政法规的规定，制定本办法。

第二条　本办法所称的保税港区是指经国务院批准，设立在国家对
外开放的口岸港区和与之相连的特定区域内，具有口岸、物流、加工等功
能的海关特殊监管区域。

第三条　海关依照本办法对进出保税港区的运输工具、货物、物品
以及保税港区内企业、场所进行监管。

第四条　保税港区实行封闭式管理。保税港区与中华人民共和国
关境内的其他地区(以下称区外)之间，应当设置符合海关监管要求的卡
口、围网、视频监控系统以及海关监管所需的其他设施。

第五条　保税港区内不得居住人员。除保障保税港区内人员正常

工作、生活需要的非营利性设施外,保税港区内不得建立商业性生活消费设施和开展商业零售业务。

海关及其他行政管理机构的办公场所应当设置在保税港区规划面积以内、围网以外的保税港区综合办公区内。

第六条　保税港区管理机构应当建立信息共享的计算机公共信息平台,并通过"电子口岸"实现区内企业及相关单位与海关之间的电子数据交换。

第七条　保税港区的基础和监管设施、场所等应当符合《海关特殊监管区域基础和监管设施验收标准》。经海关总署会同国务院有关部门验收合格后,保税港区可以开展有关业务。

第八条　保税港区内可以开展下列业务:

(一)存储进出口货物和其他未办结海关手续的货物;

(二)国际转口贸易;

(三)国际采购、分销和配送;

(四)国际中转;

(五)检测和售后服务维修;

(六)商品展示;

(七)研发、加工、制造;

(八)港口作业;

(九)经海关批准的其他业务。

第九条　保税港区内企业(以下简称区内企业)应当具有法人资格,具备向海关缴纳税款以及履行其他法定义务的能力。特殊情况下,经保税港区主管海关核准,区外法人企业可以依法在保税港区内设立分支机构,并向海关备案。

第十条　海关对区内企业实行计算机联网管理制度和海关稽查制度。

区内企业应当应用符合海关监管要求的计算机管理系统,提供供海关查阅数据的终端设备和计算机应用的软件接口,按照海关规定的认证方式和数据标准与海关进行联网,并确保数据真实、准确、有效。

海关依法对区内企业开展海关稽查,监督区内企业规范管理和守法自律。

第十一条 区内企业应当依照《中华人民共和国会计法》及有关法律、行政法规的规定,规范财务管理,设置符合海关监管要求的账册和报表,记录本企业的财务状况和有关进出保税港区货物、物品的库存、转让、转移、销售、加工和使用等情况,如实填写有关单证、账册,凭合法、有效的凭证记账和核算。

第十二条 保税港区内港口企业、航运企业的经营和相关活动应当符合有关法律、行政法规和海关监管的规定。

第十三条 国家禁止进出口的货物、物品不得进出保税港区。

第十四条 区内企业的生产经营活动应当符合国家产业发展要求,不得开展高耗能、高污染和资源性产品以及列入《加工贸易禁止类商品目录》商品的加工贸易业务。

第二章 对保税港区与境外之间进出货物的监管

第十五条 保税港区与境外之间进出的货物应当在保税港区主管海关办理海关手续;进出境口岸不在保税港区主管海关辖区内的,经保税港区主管海关批准,可以在口岸海关办理海关手续。

第十六条 海关对保税港区与境外之间进出的货物实行备案制管理,对从境外进入保税港区的货物予以保税,但本办法第十七条、第十八条和第三十九条规定的情形除外。

按照本条前款规定实行备案制管理的,货物的收发货人或者代理人应当如实填写进出境货物备案清单,向海关备案。

第十七条 除法律、行政法规另有规定外,下列货物从境外进入保税港区,海关免征进口关税和进口环节海关代征税:

(一)区内生产性的基础设施建设项目所需的机器、设备和建设生产厂房、仓储设施所需的基建物资;

(二)区内企业生产所需的机器、设备、模具及其维修用零配件;

(三)区内企业和行政管理机构自用合理数量的办公用品。

第十八条 从境外进入保税港区,供区内企业和行政管理机构自用的交通运输工具、生活消费用品，按进口货物的有关规定办理报关手续，海关按照有关规定征收进口关税和进口环节海关代征税。

第十九条　从保税港区运往境外的货物免征出口关税，但法律、行政法规另有规定的除外。

第二十条　保税港区与境外之间进出的货物，不实行进出口配额、许可证件管理，但法律、行政法规和规章另有规定的除外。

对于同一配额、许可证件项下的货物，海关在进区环节已经验核配额、许可证件的，在出境环节不再要求企业出具配额、许可证件原件。

第三章　对保税港区与区外之间进出货物的监管

第二十一条　保税港区与区外之间进出的货物，区内企业或者区外收发货人按照进出口货物的有关规定向保税港区主管海关办理申报手续。需要征税的，区内企业或者区外收货人按照货物进出区时的实际状态缴纳税款；属于配额、许可证件管理商品的，区内企业或者区外收货人还应当向海关出具配额、许可证件。对于同一配额、许可证件项下的货物，海关在进境环节已经验核配额、许可证件的，在出区环节不再要求企业出具配额、许可证件原件。

区内企业在区外从事对外贸易业务且货物不实际进出保税港区的，可以在收发货人所在地或者货物实际进出境口岸地海关办理申报手续。

第二十二条　海关监管货物从保税港区与区外之间进出的，保税港区主管海关可以要求提供相应的担保。

第二十三条　区内企业在加工生产过程中产生的边角料、废品，以及加工生产、储存、运输等过程中产生的包装物料，区内企业提出书面申请并且经海关批准的，可以运往区外，海关按出区时的实际状态征税。属于进口配额、许可证件管理商品的，免领进口配额、许可证件；属于列入《禁止进口废物目录》的废物以及其他危险废物需出区进行处置的，有关企业凭保税港区行政管理机构以及所在地的市级环保部门批件等材料，向海关办理出区手续。

区内企业在加工生产过程中产生的残次品、副产品出区内销的，海关按内销时的实际状态征税。属于进口配额、许可证件管理的，企业应当向海关出具进口配额、许可证件。

第二十四条　经保税港区运往区外的优惠贸易协定项下货物,符合海关总署相关原产地管理规定的,可以申请享受协定税率或者特惠税率。

第二十五条　经海关核准,区内企业可以办理集中申报手续。实行集中申报的区内企业应当对 1 个自然月内的申报清单数据进行归并,填制进出口货物报关单,在次月底前向海关办理集中申报手续。

集中申报适用报关单集中申报之日实施的税率、汇率,集中申报不得跨年度办理。

第二十六条　区外货物进入保税港区的,按照货物出口的有关规定办理缴税手续,并按照下列规定签发用于出口退税的出口货物报关单证明联:

(一)从区外进入保税港区供区内企业开展业务的国产货物及其包装物料,海关按照对出口货物的有关规定办理,签发出口货物报关单证明联。货物转关出口的,启运地海关在收到保税港区主管海关确认转关货物已进入保税港区的电子回执后,签发出口货物报关单证明联;

(二)从区外进入保税港区供保税港区行政管理机构和区内企业使用的国产基建物资、机器、装卸设备、管理设备、办公用品等,海关按照对出口货物的有关规定办理,签发出口货物报关单证明联;

(三)从区外进入保税港区供保税港区行政管理机构和区内企业使用的生活消费用品和交通运输工具,海关不予签发出口货物报关单证明联;

(四)从区外进入保税港区的原进口货物、包装物料、设备、基建物资等,区外企业应当向海关提供上述货物或者物品的清单,按照出口货物的有关规定办理申报手续,海关不予签发出口货物报关单证明联,原已缴纳的关税、进口环节海关代征税不予退还。

第二十七条　经保税港区主管海关批准,区内企业可以在保税港区综合办公区专用的展示场所举办商品展示活动。展示的货物应当在海关备案,并接受海关监管。

区内企业在区外其他地方举办商品展示活动的,应当比照海关对暂时进境货物的管理规定办理有关手续。

第二十八条　保税港区内使用的机器、设备、模具和办公用品等海关监管货物,可以比照进境修理货物的有关规定,运往区外进行检测、维修。区内企业将模具运往区外进行检测、维修的,应当留存模具所生产产品的样品或者图片资料。

运往区外进行检测、维修的机器、设备、模具和办公用品等,不得在区外用于加工生产和使用,并且应当自运出之日起 60 日内运回保税港区。因特殊情况不能如期运回的,区内企业或者保税港区行政管理机构应当在期限届满前 7 日内,以书面形式向海关申请延期,延长期限不得超过 30 日。

检测、维修完毕运回保税港区的机器、设备、模具和办公用品等应当为原物。有更换新零件、配件或者附件的,原零件、配件或者附件应当一并运回保税港区。对在区外更换的国产零件、配件或者附件,需要退税的,由区内企业或者区外企业提出申请,保税港区主管海关按照出口货物的有关规定办理手续,签发出口货物报关单证明联。

第二十九条　区内企业需要将模具、原材料、半成品等运往区外进行加工的,应当在开展外发加工前,凭承揽加工合同或者协议、承揽企业营业执照复印件和区内企业签章确认的承揽企业生产能力状况等材料,向保税港区主管海关办理外发加工手续。

委托区外企业加工的期限不得超过 6 个月,加工完毕后的货物应当按期运回保税港区。在区外开展外发加工产生的边角料、废品、残次品、副产品不运回保税港区的,海关应当按照实际状态征税。区内企业凭出区时委托区外加工申请书以及有关单证,向海关办理验放核销手续。

第四章　对保税港区内货物的监管

第三十条　保税港区内货物可以自由流转。区内企业转让、转移货物的,双方企业应当及时向海关报送转让、转移货物的品名、数量、金额等电子数据信息。

第三十一条　区内企业不实行加工贸易银行保证金台账和合同核

销制度,海关对保税港区内加工贸易货物不实行单耗标准管理。区内企业应当自开展业务之日起,定期向海关报送货物的进区、出区和储存情况。

第三十二条　申请在保税港区内开展维修业务的企业应当具有企业法人资格,并在保税港区主管海关登记备案。区内企业所维修的产品仅限于我国出口的机电产品售后维修,维修后的产品、更换的零配件以及维修过程中产生的物料等应当复运出境。

第三十三条　区内企业需要开展危险化工品和易燃易爆物品生产、经营和运输业务的,应当取得安全监督、交通等相关部门的行政许可,并报保税港区主管海关备案。

有关储罐、装置、设备等设施应当符合海关的监管要求。通过管道进出保税港区的货物,应当配备计量检测装置和其他便于海关监管的设施、设备。

第三十四条　区内企业申请放弃的货物,经海关及有关主管部门核准后,由保税港区主管海关依法提取变卖,变卖收入由海关按照有关规定处理,但法律、行政法规和海关规章规定不得放弃的货物除外。

第三十五条　因不可抗力造成保税港区货物损毁、灭失的,区内企业应当及时书面报告保税港区主管海关,说明情况并提供灾害鉴定部门的有关证明。经保税港区主管海关核实确认后,按照下列规定处理:

(一)货物灭失,或者虽未灭失但完全失去使用价值的,海关予以办理核销和免税手续;

(二)进境货物损毁,失去部分使用价值的,区内企业可以向海关办理退运手续。如不退运出境并要求运往区外的,由区内企业提出申请,经保税港区主管海关核准,按照海关审定的价格进行征税;

(三)区外进入保税港区的货物损毁,失去部分使用价值,且需向出口企业进行退换的,可以退换为与损毁货物相同或者类似的货物,并向保税港区主管海关办理退运手续。

需退运到区外的,属于尚未办理出口退税手续的,可以向保税港区主管海关办理退运手续;属于已经办理出口退税手续的,按照本条第一款第(二)项进境货物运往区外的有关规定办理。

第三十六条　因保管不善等非不可抗力因素造成货物损毁、灭失的,区内企业应当及时书面报告保税港区主管海关,说明情况。经保税港区主管海关核实确认后,按照下列规定办理:

(一)从境外进入保税港区的货物,区内企业应当按照一般贸易进口货物的规定,按照海关审定的货物损毁或灭失前的完税价格,以货物损毁或灭失之日适用的税率、汇率缴纳关税、进口环节海关代征税;

(二)从区外进入保税港区的货物,区内企业应当重新缴纳因出口而退还的国内环节有关税收,海关据此办理核销手续,已缴纳出口关税的,不予以退还。

第三十七条　保税港区货物不设存储期限。但存储期限超过2年的,区内企业应当每年向海关备案。

因货物性质和实际情况等原因,在保税港区继续存储会影响公共安全、环境卫生或者人体健康的,海关应当责令企业及时办结相关海关手续,将货物运出保税港区。

第三十八条　海关对于保税港区与其他海关特殊监管区域或者保税监管场所之间往来的货物,实行保税监管,不予签发用于办理出口退税的出口货物报关单证明联。但货物从未实行国内货物入区(仓)环节出口退税制度的海关特殊监管区域或者保税监管场所转入保税港区的,视同货物实际离境,由转出地海关签发用于办理出口退税的出口货物报关单证明联。

保税港区与其他海关特殊监管区域或者保税监管场所之间的流转货物,不征收进出口环节的有关税收。

承运保税港区与其他海关特殊监管区域或者保税监管场所之间往来货物的运输工具,应当符合海关监管要求。

第五章　对直接进出口货物以及进出保税港区运输工具和个人携带货物、物品的监管

第三十九条　通过保税港区直接进出口的货物,海关按照进出口的有关规定进行监管;出口货物的发货人或者其代理人可以在货物运抵保

税港区前向海关申报;出口货物运抵保税港区,海关接受申报并放行结关后,按照有关规定签发出口货物报关单证明联。

第四十条 运输工具和个人进出保税港区的,应当接受海关监管和检查。

第四十一条 进出境运输工具服务人员及进出境旅客携带个人物品进出保税港区的,海关按照进出境旅客行李物品的有关规定进行监管。

第四十二条 保税港区与区外之间进出的下列货物,经海关批准,可以由区内企业指派专人携带或者自行运输:

(一)价值1万美元以下的小额货物;

(二)因品质不合格复运区外退换的货物;

(三)已办理进口纳税手续的货物;

(四)企业不要求出口退税的货物;

(五)其他经海关批准的货物。

第六章 附 则

第四十三条 从境外运入保税港区的货物和从保税港区运往境外的货物列入海关进出口统计,但法律、行政法规和海关规章另有规定的除外。从区外运入保税港区和从保税港区运往区外的货物,列入海关单项统计。

区内企业之间转让、转移的货物,以及保税港区与其他海关特殊监管区域或者保税监管场所之间往来的货物,不列入海关统计。

第四十四条 违反本办法,构成走私行为、违反海关监管规定行为或者其他违反海关法行为的,由海关依照海关法和《中华人民共和国海关行政处罚实施条例》的有关规定予以处理;构成犯罪的,依法追究刑事责任。

第四十五条 经国务院批准设立在内陆地区的具有保税港区功能的综合保税区,参照本办法进行管理。

第四十六条 本办法由海关总署负责解释。

第四十七条 本办法自2007年10月3日起施行。

保税区海关监管办法

（1997 年 6 月 10 日国务院批准，1997 年 8 月 1 日由海关总署发布。根据国务院 2011 年 1 月 8 日发布的《国务院关于废止和修改部分行政法规的决定》修订）

第一章　总　则

第一条　为了加强与完善海关对保税区的监管，促进保税区的健康发展，根据海关法和其他有关法律的规定，制定本办法。

第二条　在中华人民共和国境内设立保税区，必须经国务院批准。

第三条　保税区是海关监管的特定区域。海关依照本办法对进出保税区的货物、运输工具、个人携带物品实施监管。

保税区与中华人民共和国境内的其他地区（以下简称非保税区）之间，应当设置符合海关监管要求的隔离设施。

第四条　保税区内仅设置保税区行政管理机构和企业。除安全保卫人员外，其他人员不得在保税区内居住。

第五条　在保税区内设立的企业（以下简称区内企业），应当向海关办理注册手续。

区内企业应当依照国家有关法律、行政法规的规定设置账簿、编制报表，凭合法、有效凭证记账并进行核算，记录有关进出保税区货物和物品的库存、转让、转移、销售、加工、使用和损耗等情况。

第六条　保税区实行海关稽查制度。

区内企业应当与海关实行电子计算机联网，进行电子数据交换。

第七条　海关对进出保税区的货物、物品、运输工具、人员及区内有关场所，有权依照海关法的规定进行检查、查验。

第八条　国家禁止进出口的货物、物品，不得进出保税区。

第二章　对保税区与境外之间进出货物的监管

第九条　海关对保税区与境外之间进出的货物，实施简便、有效的监管。

第十条　保税区与境外之间进出的货物,由货物的收货人、发货人或其代理人向海关备案。

第十一条　对保税区与境外之间进出的货物,除实行出口被动配额管理的外,不实行进出口配额、许可证管理。

第十二条　从境外进入保税区的货物,其进口关税和进口环节税收,除法律、行政法规另有规定外,按照下列规定办理:

(一)区内生产性的基础设施建设项目所需的机器、设备和其他基建物资,予以免税;

(二)区内企业自用的生产、管理设备和自用合理数量的办公用品及其所需的维修零配件,生产用燃料,建设生产厂房、仓储设施所需的物资、设备,予以免税;

(三)保税区行政管理机构自用合理数量的管理设备和办公用品及其所需的维修零配件,予以免税;

(四)区内企业为加工出口产品所需的原材料、零部件、元器件、包装物件,予以保税。

前款第(一)项至第(四)项规定范围以外的货物或者物品从境外进入保税区,应当依法纳税。

转口货物和在保税区内储存的货物按照保税货物管理。

第三章　对保税区与非保税区之间进出货物的监管

第十三条　从保税区进入非保税区的货物,按照进口货物办理手续;从非保税区进入保税区的货物,按照出口货物办理手续,出口退税按照国家有关规定办理。

海关对保税区与非保税区之间进出的货物,按照国家有关进出口管理的规定实施监管。

第十四条　从非保税区进入保税区供区内使用的机器、设备、基建物资和物品,使用单位应当向海关提供上述货物或者物品的清单,经海关查验后放行。

前款货物或者物品,已经缴纳进口关税和进口环节税收的,已纳税款不予退还。

第十五条　保税区的货物需从非保税区口岸进出口或者保税区内的货物运往另一保税区的,应当事先向海关提出书面申请,经海关批准后,按照海关转关运输及有关规定办理。

第四章　对保税区内货物的监管

第十六条　保税区内的货物可以在区内企业之间转让、转移;双方当事人应当就转让、转移事项向海关备案。

第十七条　保税区内的转口货物可以在区内仓库或者区内其他场所进行分级、挑选、刷贴标志、改换包装形式等简单加工。

第十八条　区内企业在保税区内举办境外商品和非保税区商品的展示活动,展示的商品应当接受海关监管。

第五章　对保税区加工贸易货物的管理

第十九条　区内加工企业应当向海关办理所需料、件进出保税区备案手续。

第二十条　区内加工企业生产属于被动配额管理的出口产品,应当事先经国务院有关主管部门批准。

第二十一条　区内加工企业加工的制成品及其在加工过程中产生的边角余料运往境外时,应当按照国家有关规定向海关办理手续;除法律、行政法规另有规定外,免征出口关税。

区内加工企业将区内加工的制成品、副次品或者在加工过程中产生的边角余料运往非保税区时,应当按照国家有关规定向海关办理进口报关手续,并依法纳税。

第二十二条　区内加工企业全部用境外运入料、件加工的制成品销往非保税区时,海关按照进口制成品征税。

用含有境外运入料、件加工的制成品销往非保税区时,海关对其制成品按照所含境外运入料、件征税;对所含境外运入料、件的品名、数量、价值申报不实的,海关按照进口制成品征税。

第二十三条　区内加工企业委托非保税区企业或者接受非保税区企业委托进行加工业务,应当事先经海关批准,并符合下列条件:

(一)在区内拥有生产场所,并已经正式开展加工业务;

（二）委托非保税区企业的加工业务，主要工序应当在区内进行。

（三）委托非保税区企业加工业务的期限为 6 个月；有特殊情况需要延长期限的，应当向海关申请展期，展期期限为 6 个月。在非保税区加工完毕的产品应当运回保税区；需要从非保税区直接出口的，应当向海关办理核销手续。

（四）接受非保税区企业委托加工的，由区内加工企业向海关办理委托加工料、件的备案手续，委托加工的料、件及产品应当与区内企业的料、件及产品分别建立账册并分别使用。加工完毕的产品应当运回非保税区企业，并由区内加工企业向海关销案。

第二十四条　海关对区内加工企业进料加工、来料加工业务，不实行加工贸易银行保证金台账制度。

委托非保税区企业进行加工业务的，由非保税区企业向当地海关办理合同登记备案手续，并实行加工贸易银行保证金台账制度。

第六章　对进出保税区运输工具和个人携带物品的监管

第二十五条　运输工具和人员进出保税区，应当经由海关指定的专用通道，并接受海关检查。

第二十六条　进出保税区的运输工具的负责人，应当持保税区主管机关批准的证件连同运输工具的名称、数量、牌照号码及驾驶员姓名等清单，向海关办理登记备案手续。

第二十七条　未经海关批准，从保税区到非保税区的运输工具和人员不得运输、携带保税区内的免税货物、物品，保税货物，以及用保税料、件生产的产品。

第七章　附　则

第二十八条　违反本办法规定的，由海关依照《中华人民共和国海关法》及《中华人民共和国海关行政处罚实施条例》的规定处理；情节严重的，海关可以取消区内企业在海关的注册资格。

第二十九条　本办法规定的有关备案的具体办法，由海关总署制定。

第三十条　本办法自发布之日起施行。《中华人民共和国海关对进出上海外高桥保税区货物、运输工具和个人携带物品的管理办法》同时废止。

国家外汇管理局关于印发《海关特殊监管区域外汇管理办法》的通知

（汇发〔2013〕15 号）

国家外汇管理局各省、自治区、直辖市分局、外汇管理部，深圳、大连、青岛、厦门、宁波市分局：

为完善海关特殊监管区域外汇管理，促进海关特殊监管区域科学发展，根据《中华人民共和国外汇管理条例》《国务院关于促进海关特殊监管区域科学发展的指导意见》（国发〔2012〕58 号）等，国家外汇管理局对《保税监管区域外汇管理办法》（汇发〔2007〕52 号）进行全面修订，形成《海关特殊监管区域外汇管理办法》。现印发你们，请贯彻执行。执行中如遇问题，请及时向国家外汇管理局反馈。

国家外汇管理局

2013 年 4 月 23 日

附 件

海关特殊监管区域外汇管理办法

第一条 为完善海关特殊监管区域外汇管理，促进海关特殊监管区域健康发展，根据《中华人民共和国外汇管理条例》《国务院关于促进海关特殊监管区域科学发展的指导意见》（国发〔2012〕58 号）及其他相关法律、法规，制定本办法。

第二条 本办法所称海关特殊监管区域（以下简称区内）包括保税区、出口加工区、保税物流园区、跨境工业区、保税港区、综合保税区等海关实行封闭监管的特定区域。

第三条 国家外汇管理局及其分支机构（以下简称外汇局）依法对区内机构收汇、付汇、购汇、结汇及外汇账户等（以下简称外汇收支）实施监督和管理。

区内机构包括区内行政管理机关、事业单位、企业及其他经济组织等。

第四条　除国家外汇管理局另有规定外，区内机构外汇收支按照境内海关特殊监管区域外（以下简称境内区外）的外汇管理规定办理。

第五条　区内与境内区外之间货物贸易项下交易，可以以人民币或外币计价结算；服务贸易项下交易应当以人民币计价结算。

区内机构之间的交易，可以以人民币或外币计价结算；区内行政管理机构的各项规费应当以人民币计价结算。

第六条　区内机构采取货物流与资金流不对应的交易方式时，外汇收支应当具有真实、合法的交易基础。银行应当按规定对交易单证的真实性及其与外汇收支的一致性进行合理审查。

第七条　区内与境外之间的资金收付，区内机构应当按规定进行国际收支统计申报；区内与境内区外，以及区内机构之间的资金收付，区内机构、境内区外机构应当按规定填报境内收付款凭证。

第八条　外汇局依法对银行和区内机构的外汇收支进行统计监测，对存在异常或者可疑的情况进行核查或检查。

第九条　保税物流中心（A、B型）、出口监管仓库、保税仓库、钻石交易所等参照适用本办法。

第十条　违反本办法规定办理外汇收支的，外汇局依据《中华人民共和国外汇管理条例》及相关规定予以处罚。

第十一条　本办法由国家外汇管理局负责解释。

第十二条　本办法自 2013 年 6 月 1 日起施行。《国家外汇管理局关于印发〈保税监管区域外汇管理办法〉的通知》（汇发〔2007〕52 号）、《国家外汇管理局综合司关于印发〈保税监管区域外汇管理办法操作规程〉的通知》（汇综发〔2007〕166 号）、《国家外汇管理局关于上海钻石交易所外汇管理有关问题的批复》（汇复〔2002〕261 号）、《关于〈上海钻石交易所外汇管理暂行办法〉的批复》（汇复〔2000〕316 号）同时废止。

中国(上海)自由贸易试验区总体方案

国务院关于印发《中国(上海)自由贸易试验区总体方案》的通知

国发〔2013〕38 号

各省、自治区、直辖市人民政府,国务院各部委、各直属机构:

国务院批准《中国(上海)自由贸易试验区总体方案》(以下简称《方案》),现予印发。

一、建立中国(上海)自由贸易试验区,是党中央、国务院作出的重大决策,是深入贯彻党的十八大精神,在新形势下推进改革开放的重大举措,对加快政府职能转变、积极探索管理模式创新、促进贸易和投资便利化,为全面深化改革和扩大开放探索新途径、积累新经验,具有重要意义。

二、上海市人民政府要精心组织好《方案》的实施工作。要探索建立投资准入前国民待遇和负面清单管理模式,深化行政审批制度改革,加快转变政府职能,全面提升事中、事后监管水平。要扩大服务业开放、推进金融领域开放创新,建设具有国际水准的投资贸易便利、监管高效便捷、法制环境规范的自由贸易试验区,使之成为推进改革和提高开放型经济水平的"试验田",形成可复制、可推广的经验,发挥示范带动、服务全国的积极作用,促进各地区共同发展。有关部门要大力支持,做好协调配合、指导评估等工作。

三、根据《全国人民代表大会常务委员会关于授权国务院在中国(上海)自由贸易试验区暂时调整有关法律规定的行政审批的决定》,相应暂时调整有关行政法规和国务院文件的部分规定。具体由国务院另行印发。

《方案》实施中的重大问题,上海市人民政府要及时向国务院请示报告。

国务院

2013 年 9 月 18 日

(此件公开发布)

中国(上海)自由贸易试验区总体方案

建立中国(上海)自由贸易试验区(以下简称试验区)是党中央、国务院作出的重大决策,是深入贯彻党的十八大精神,在新形势下推进改革开放的重大举措。为全面有效推进试验区工作,制定本方案。

一、总体要求

试验区肩负着我国在新时期加快政府职能转变、积极探索管理模式创新、促进贸易和投资便利化,为全面深化改革和扩大开放探索新途径、积累新经验的重要使命,是国家战略需要。

(一)指导思想

高举中国特色社会主义伟大旗帜,以邓小平理论、"三个代表"重要思想、科学发展观为指导,紧紧围绕国家战略,进一步解放思想,坚持先行先试,以开放促改革、促发展,率先建立符合国际化和法治化要求的跨境投资和贸易规则体系,使试验区成为我国进一步融入经济全球化的重要载体,打造中国经济升级版,为实现中华民族伟大复兴的中国梦作出贡献。

(二)总体目标

经过两至三年的改革试验,加快转变政府职能,积极推进服务业扩大开放和外商投资管理体制改革,大力发展总部经济和新型贸易业态,加快探索资本项目可兑换和金融服务业全面开放,探索建立货物状态分类监管模式,努力形成促进投资和创新的政策支持体系,着力培育国际化和法治化的营商环境,力争建设成为具有国际水准的投资贸易便利、货币兑换自由、监管高效便捷、法制环境规范的自由贸易试验区,为我国扩大开放和深化改革探索新思路和新途径,更好地为全国服务。

(三)实施范围

试验区的范围涵盖上海外高桥保税区、上海外高桥保税物流园区、洋山保税港区和上海浦东机场综合保税区等4个海关特殊监管区域,并根据先行先试推进情况以及产业发展和辐射带动需要,逐步拓展实施范围和试点政策范围,形成与上海国际经济、金融、贸易、航运中心建设的联动机制。

二、主要任务和措施

紧紧围绕面向世界、服务全国的战略要求和上海"四个中心"建设的战略任务,按照先行先试、风险可控、分步推进、逐步完善的方式,把扩大开放与体制改革相结合、把培育功能与政策创新相结合,形成与国际投资、贸易通行规则相衔接的基本制度框架。

(一)加快政府职能转变

1.深化行政管理体制改革。加快转变政府职能,改革创新政府管理方式,按照国际化、法治化的要求,积极探索建立与国际高标准投资和贸易规则体系相适应的行政管理体系,推进政府管理由注重事先审批转为注重事中、事后监管。建立一口受理、综合审批和高效运作的服务模式,完善信息网络平台,实现不同部门的协同管理机制。建立行业信息跟踪、监管和归集的综合性评估机制,加强对试验区内企业在区外经营活动全过程的跟踪、管理和监督。建立集中统一的市场监管综合执法体系,在质量技术监督、食品药品监管、知识产权、工商、税务等管理领域,实现高效监管,积极鼓励社会力量参与市场监督。提高行政透明度,完善体现投资者参与、符合国际规则的信息公开机制。完善投资者权益有效保障机制,实现各类投资主体的公平竞争,允许符合条件的外国投资者自由转移其投资收益。建立知识产权纠纷调解、援助等解决机制。

(二)扩大投资领域的开放

2.扩大服务业开放。选择金融服务、航运服务、商贸服务、专业服务、文化服务以及社会服务领域扩大开放(具体开放清单见附件),暂停或取消投资者资质要求、股比限制、经营范围限制等准入限制措施(银行业机构、信息通信服务除外),营造有利于各类投资者平等准入的市场环境。

3.探索建立负面清单管理模式。借鉴国际通行规则,对外商投资试行准入前国民待遇,研究制订试验区外商投资与国民待遇等不符的负面清单,改革外商投资管理模式。对负面清单之外的领域,按照内外资一致的原则,将外商投资项目由核准制改为备案制(国务院规定对国内投资项目保留核准的除外),由上海市负责办理;将外商投资企业合同章程审批改为由上海市负责备案管理,备案后按国家有关规定办理相关手续;工商登记与商事登记制度改革相衔接,逐步优化登记流程;完善国家安全审查制度,在试验区内试点开展涉及外资的国家安全审查,构建安全高效的开放型经济体系。在总结试点经验的基础上,逐步形成与国际接轨的外商投资管理制度。

4. 构筑对外投资服务促进体系。改革境外投资管理方式,对境外投资开办企业实行以备案制为主的管理方式,对境外投资一般项目实行备案制,由上海市负责备案管理,提高境外投资便利化程度。创新投资服务促进机制,加强境外投资事后管理和服务,形成多部门共享的信息监测平台,做好对外直接投资统计和年检工作。支持试验区内各类投资主体开展多种形式的境外投资。鼓励在试验区设立专业从事境外股权投资的项目公司,支持有条件的投资者设立境外投资股权投资母基金。

(三)推进贸易发展方式转变

5. 推动贸易转型升级。积极培育贸易新型业态和功能,形成以技术、品牌、质量、服务为核心的外贸竞争新优势,加快提升我国在全球贸易价值链中的地位。鼓励跨国公司建立亚太地区总部,建立整合贸易、物流、结算等功能的营运中心。深化国际贸易结算中心试点,拓展专用账户的服务贸易跨境收付和融资功能。支持试验区内企业发展离岸业务。鼓励企业统筹开展国际国内贸易,实现内外贸一体化发展。探索在试验区内设立国际大宗商品交易和资源配置平台,开展能源产品、基本工业原料和大宗农产品的国际贸易。扩大完善期货保税交割试点,拓展仓单质押融资等功能。加快对外文化贸易基地建设。推动生物医药、软件信息、管理咨询、数据服务等外包业务发展。允许和支持各类融资租赁公司在试验区内设立项目子公司并开展境内外租赁服务。鼓励设立第三方检验鉴定机构,按照国际标准采信其检测结果。试点开展境内外高技术、高附加值的维修业务。加快培育跨境电子商务服务功能,试点建立与之相适应的海关监管、检验检疫、退税、跨境支付、物流等支撑系统。

6. 提升国际航运服务能级。积极发挥外高桥港、洋山深水港、浦东空港国际枢纽港的联动作用,探索形成具有国际竞争力的航运发展制度和运作模式。积极发展航运金融、国际船舶运输、国际船舶管理、国际航运经纪等产业。加快发展航运运价指数衍生品交易业务。推动中转集拼业务发展,允许中资公司拥有或控股拥有的非五星旗船,先行先试外贸进出口集装箱在国内沿海港口和上海港之间的沿海捎带业务。支持浦东机场增加国际中转货运航班。充分发挥上海的区域优势,利用中资"方便旗"船税收优惠政策,促进符合条件的船舶在上海落户登记。在试验区实行已在天津试点的国际船舶登记政策。简化国际船舶运输经营许可流程,形成高效率的船籍登记制度。

（四）深化金融领域的开放创新

7.加快金融制度创新。在风险可控前提下,可在试验区内对人民币资本项目可兑换、金融市场利率市场化、人民币跨境使用等方面创造条件进行先行先试。在试验区内实现金融机构资产方价格实行市场化定价。探索面向国际的外汇管理改革试点,建立与自由贸易试验区相适应的外汇管理体制,全面实现贸易投资便利化。鼓励企业充分利用境内外两种资源、两个市场,实现跨境融资自由化。深化外债管理方式改革,促进跨境融资便利化。深化跨国公司总部外汇资金集中运营管理试点,促进跨国公司设立区域性或全球性资金管理中心。建立试验区金融改革创新与上海国际金融中心建设的联动机制。

8.增强金融服务功能。推动金融服务业对符合条件的民营资本和外资金融机构全面开放,支持在试验区内设立外资银行和中外合资银行。允许金融市场在试验区内建立面向国际的交易平台。逐步允许境外企业参与商品期货交易。鼓励金融市场产品创新。支持股权托管交易机构在试验区内建立综合金融服务平台。支持开展人民币跨境再保险业务,培育发展再保险市场。

（五）完善法制领域的制度保障

9.完善法制保障。加快形成符合试验区发展需要的高标准投资和贸易规则体系。针对试点内容,需要停止实施有关行政法规和国务院文件的部分规定的,按规定程序办理。其中,经全国人民代表大会常务委员会授权,暂时调整《中华人民共和国外资企业法》、《中华人民共和国中外合资经营企业法》和《中华人民共和国中外合作经营企业法》规定的有关行政审批,自2013年10月1日起在三年内试行。各部门要支持试验区在服务业扩大开放、实施准入前国民待遇和负面清单管理模式等方面深化改革试点,及时解决试点过程中的制度保障问题。上海市要通过地方立法,建立与试点要求相适应的试验区管理制度。

三、营造相应的监管和税收制度环境

适应建立国际高水平投资和贸易服务体系的需要,创新监管模式,促进试验区内货物、服务等各类要素自由流动,推动服务业扩大开放和货物贸易深入发展,形成公开、透明的管理制度。同时,在维护现行税制公平、统一、规范的前提下,以培育功能为导向,完善相关政策。

(一)创新监管服务模式

1.推进实施"一线放开"。允许企业凭进口舱单将货物直接入区,再凭进境货物备案清单向主管海关办理申报手续,探索简化进出境备案清单,简化国际中转、集拼和分拨等业务进出境手续;实行"进境检疫,适当放宽进出口检验"模式,创新监管技术和方法。探索构建相对独立的以贸易便利化为主的货物贸易区域和以扩大服务领域开放为主的服务贸易区域。在确保有效监管的前提下,探索建立货物状态分类监管模式。深化功能拓展,在严格执行货物进出口税收政策的前提下,允许在特定区域设立保税展示交易平台。

2.坚决实施"二线安全高效管住"。优化卡口管理,加强电子信息联网,通过进出境清单比对、账册管理、卡口实货核注、风险分析等加强监管,促进二线监管模式与一线监管模式相衔接,推行"方便进出,严密防范质量安全风险"的检验检疫监管模式。加强电子账册管理,推动试验区内货物在各海关特殊监管区域之间和跨关区便捷流转。试验区内企业原则上不受地域限制,可到区外再投资或开展业务,如有专项规定要求办理相关手续,仍应按照专项规定办理。推进企业运营信息与监管系统对接。通过风险监控、第三方管理、保证金要求等方式实行有效监管,充分发挥上海市诚信体系建设的作用,加快形成企业商务诚信管理和经营活动专属管辖制度。

3.进一步强化监管协作。以切实维护国家安全和市场公平竞争为原则,加强各有关部门与上海市政府的协同,提高维护经济社会安全的服务保障能力。试验区配合国务院有关部门严格实施经营者集中反垄断审查。加强海关、质检、工商、税务、外汇等管理部门的协作。加快完善一体化监管方式,推进组建统一高效的口岸监管机构。探索试验区统一电子围网管理,建立风险可控的海关监管机制。

(二)探索与试验区相配套的税收政策

4.实施促进投资的税收政策。注册在试验区内的企业或个人股东,因非货币性资产对外投资等资产重组行为而产生的资产评估增值部分,可在不超过5年期限内,分期缴纳所得税。对试验区内企业以股份或出资比例等股权形式给予企业高端人才和紧缺人才的奖励,实行已在中关村等地区试点的股权激励个人所得税分期纳税政策。

5.实施促进贸易的税收政策。将试验区内注册的融资租赁企业或金融租赁公司在试验区内设立的项目子公司纳入融资租赁出口退税试点范围。对试验区内注册的国内租赁公司或租赁公司设立的项目子公司,经国家有关部门批准从境外购买空载重量在25吨以上并租赁给国内航空公司使用的飞机,享受相关进口环节增值税优惠政策。对设在试验区内的企业生产、加工并经"二线"销往内地的货物照章征收进口环节增值税、消费税。根据企业申请,试行对该内销货物按其对应进口料件或按实际报验状态征收关税的政策。在现行政策框架下,对试验区内生产企业和生产性服务业企业进口所需的机器、设备等货物予以免税,但生活性服务业等企业进口的货物以及法律、行政法规和相关规定明确不予免税的货物除外。完善启运港退税试点政策,适时研究扩大启运地、承运企业和运输工具等试点范围。

此外,在符合税制改革方向和国际惯例,以及不导致利润转移和税基侵蚀的前提下,积极研究完善适应境外股权投资和离岸业务发展的税收政策。

四、扎实做好组织实施

国务院统筹领导和协调试验区推进工作。上海市要精心组织实施，完善工作机制，落实工作责任，根据《方案》明确的目标定位和先行先试任务，按照"成熟的可先做，再逐步完善"的要求，形成可操作的具体计划，抓紧推进实施，并在推进过程中认真研究新情况、解决新问题，重大问题要及时向国务院请示报告。各有关部门要大力支持，积极做好协调配合、指导评估等工作，共同推进相关体制机制和政策创新，把试验区建设好、管理好。

附件：中国（上海）自由贸易试验区服务业扩大开放措施

一、金融服务领域

1.银行服务（国民经济行业分类：J 金融业——6620 货币银行服务）

开放措施：（1）允许符合条件的外资金融机构设立外资银行，符合条件的民营资本与外资金融机构共同设立中外合资银行。在条件具备时，适时在试验区内试点设立有限牌照银行。（2）在完善相关管理办法，加强有效监管的前提下，允许试验区内符合条件的中资银行开办离岸业务。

2.专业健康医疗保险（国民经济行业分类：J 金融业——6812 健康和意外保险）

开放措施：试点设立外资专业健康医疗保险机构。

3.融资租赁（国民经济行业分类：J 金融业——6631 金融租赁服务）

开放措施：（1）融资租赁公司在试验区内设立的单机、单船子公司不设最低注册资本限制。（2）允许融资租赁公司兼营与主营业务有关的商业保理业务。

二、航运服务领域

4.远洋货物运输（国民经济行业分类：G 交通运输、仓储和邮政业——5521 远洋货物运输）

开放措施：（1）放宽中外合资、中外合作国际船舶运输企业的外资股比限制，由国务院交通运输主管部门制定相关管理试行办法。（2）允许中资公司拥有或控股拥有的非五星旗船,先行先试外贸进出口集装箱在国内沿海港口和上海港之间的沿海捎带业务。

5.国际船舶管理(国民经济行业分类:G 交通运输、仓储和邮政业——5539 其他水上运输辅助服务)

开放措施:允许设立外商独资国际船舶管理企业。

三、商贸服务领域

6.增值电信(国民经济行业分类:I 信息传输、软件和信息技术服务业——6319 其他电信业务,6420 互联网信息服务,6540 数据处理和存储服务,6592 呼叫中心)

开放措施:在保障网络信息安全的前提下,允许外资企业经营特定形式的部分增值电信业务,如涉及突破行政法规,须国务院批准同意。

7.游戏机、游艺机销售及服务(国民经济行业分类:F 批发和零售业——5179 其他机械及电子商品批发)

开放措施:允许外资企业从事游戏游艺设备的生产和销售,通过文化主管部门内容审查的游戏游艺设备可面向国内市场销售。

四、专业服务领域

8.律师服务(国民经济行业分类:L 租赁和商务服务业——7221 律师及相关法律服务)

开放措施:探索密切中国律师事务所与外国(港澳台地区)律师事务所业务合作的方式和机制。

9.资信调查(国民经济行业分类:L 租赁和商务服务业——7295 信用服务)

开放措施:允许设立外商投资资信调查公司。

10.旅行社(国民经济行业分类:L 租赁和商务服务业——7271 旅行社服务)

开放措施:允许在试验区内注册的符合条件的中外合资旅行社,从事除台湾地区以外的出境旅游业务。

11.人才中介服务(国民经济行业分类:L 租赁和商务服务业——7262 职业中介服务)

开放措施：(1)允许设立中外合资人才中介机构，外方合资者可以拥有不超过70％的股权；允许港澳服务提供者设立独资人才中介机构。(2)外资人才中介机构最低注册资本金要求由30万美元降低至12.5万美元。

12.投资管理（国民经济行业分类：L租赁和商务服务业——7211企业总部管理）

开放措施：允许设立股份制外资投资性公司。

13.工程设计（国民经济行业分类：M科学研究与技术服务企业——7482工程勘察设计）

开放措施：对试验区内为上海市提供服务的外资工程设计（不包括工程勘察）企业，取消首次申请资质时对投资者的工程设计业绩要求。

14.建筑服务（国民经济行业分类：E建筑业——47房屋建筑业，48土木工程建筑业，49建筑安装业，50建筑装饰和其他建筑业）

开放措施：对试验区内的外商独资建筑企业承揽上海市的中外联合建设项目时，不受建设项目的中外方投资比例限制。

五、文化服务领域

15.演出经纪（国民经济行业分类：R文化、体育和娱乐业——8941文化娱乐经纪人）

开放措施：取消外资演出经纪机构的股比限制，允许设立外商独资演出经纪机构，为上海市提供服务。

16.娱乐场所（国民经济行业分类：R文化、体育和娱乐业——8911歌舞厅娱乐活动）

开放措施：允许设立外商独资的娱乐场所，在试验区内提供服务。

六、社会服务领域

17.教育培训、职业技能培训（国民经济行业分类：P教育——8291职业技能培训）

开放措施：(1)允许举办中外合作经营性教育培训机构。(2)允许举办中外合作经营性职业技能培训机构。

18.医疗服务（国民经济行业分类：Q卫生和社会工作——8311综

合医院,8315 专科医院,8330 门诊部〔所〕)

开放措施:允许设立外商独资医疗机构。

注:以上各项开放措施只适用于注册在中国(上海)自由贸易试验区内的企业。

中华人民共和国海域使用管理法

第一章 总 则

第一条 为了加强海域使用管理,维护国家海域所有权和海域使用权人的合法权益,促进海域的合理开发和可持续利用,制定本法。

第二条 本法所称海域,是指中华人民共和国内水、领海的水面、水体、海床和底土。

本法所称内水,是指中华人民共和国领海基线向陆地一侧至海岸线的海域。

在中华人民共和国内水、领海持续使用特定海域三个月以上的排他性用海活动,适用本法。

第三条 海域属于国家所有,国务院代表国家行使海域所有权。任何单位或者个人不得侵占、买卖或者以其他形式非法转让海域。

单位和个人使用海域,必须依法取得海域使用权。

第四条 国家实行海洋功能区划制度。海域使用必须符合海洋功能区划。

国家严格管理填海、围海等改变海域自然属性的用海活动。

第五条 国家建立海域使用管理信息系统,对海域使用状况实施监视、监测。

第六条 国家建立海域使用权登记制度,依法登记的海域使用权受法律保护。

国家建立海域使用统计制度,定期发布海域使用统计资料。

第七条 国务院海洋行政主管部门负责全国海域使用的监督管理。沿海县级以上地方人民政府海洋行政主管部门根据授权,负责本行政区毗邻海域使用的监督管理。

渔业行政主管部门依照《中华人民共和国渔业法》，对海洋渔业实施监督管理。

海事管理机构依照《中华人民共和国海上交通安全法》，对海上交通安全实施监督管理。

第八条　任何单位和个人都有遵守海域使用管理法律、法规的义务，并有权对违反海域使用管理法律、法规的行为提出检举和控告。

第九条　在保护和合理利用海域以及进行有关的科学研究等方面成绩显著的单位和个人，由人民政府给予奖励。

第二章　海洋功能区划

第十条　国务院海洋行政主管部门会同国务院有关部门和沿海省、自治区、直辖市人民政府，编制全国海洋功能区划。

沿海县级以上地方人民政府海洋行政主管部门会同本级人民政府有关部门，依据上一级海洋功能区划，编制地方海洋功能区划。

第十一条　海洋功能区划按照下列原则编制：

（一）按照海域的区位、自然资源和自然环境等自然属性，科学确定海域功能；

（二）根据经济和社会发展的需要，统筹安排各有关行业用海；

（三）保护和改善生态环境，保障海域可持续利用，促进海洋经济的发展；

（四）保障海上交通安全；

（五）保障国防安全，保证军事用海需要。

第十二条　海洋功能区划实行分级审批。

全国海洋功能区划，报国务院批准。

沿海省、自治区、直辖市海洋功能区划，经该省、自治区、直辖市人民政府审核同意后，报国务院批准。

沿海市、县海洋功能区划，经该市、县人民政府审核同意后，报所在的省、自治区、直辖市人民政府批准，报国务院海洋行政主管部门备案。

第十三条　海洋功能区划的修改，由原编制机关会同同级有关部门提出修改方案，报原批准机关批准；未经批准，不得改变海洋功能区划确定的海域功能。

经国务院批准,因公共利益、国防安全或者进行大型能源、交通等基础设施建设,需要改变海洋功能区划的,根据国务院的批准文件修改海洋功能区划。

第十四条 海洋功能区划经批准后,应当向社会公布;但是,涉及国家秘密的部分除外。

第十五条 养殖、盐业、交通、旅游等行业规划涉及海域使用的,应当符合海洋功能区划。

沿海土地利用总体规划、城市规划、港口规划涉及海域使用的,应当与海洋功能区划相衔接。

第三章 海域使用的申请与审批

第十六条 单位和个人可以向县级以上人民政府海洋行政主管部门申请使用海域。

申请使用海域的,申请人应当提交下列书面材料:

(一)海域使用申请书;

(二)海域使用论证材料;

(三)相关的资信证明材料;

(四)法律、法规规定的其他书面材料。

第十七条 县级以上人民政府海洋行政主管部门依据海洋功能区划,对海域使用申请进行审核,并依照本法和省、自治区、直辖市人民政府的规定,报有批准权的人民政府批准。

海洋行政主管部门审核海域使用申请,应当征求同级有关部门的意见。

第十八条 下列项目用海,应当报国务院审批:

(一)填海五十公顷以上的项目用海;

(二)围海一百公顷以上的项目用海;

(三)不改变海域自然属性的用海七百公顷以上的项目用海;

(四)国家重大建设项目用海;

(五)国务院规定的其他项目用海。

前款规定以外的项目用海的审批权限,由国务院授权省、自治区、直辖市人民政府规定。

第四章　海域使用权

第十九条　海域使用申请经依法批准后,国务院批准用海的,由国务院海洋行政主管部门登记造册,向海域使用申请人颁发海域使用权证书;地方人民政府批准用海的,由地方人民政府登记造册,向海域使用申请人颁发海域使用权证书。海域使用申请人自领取海域使用权证书之日起,取得海域使用权。

第二十条　海域使用权除依照本法第十九条规定的方式取得外,也可以通过招标或者拍卖的方式取得。招标或者拍卖方案由海洋行政主管部门制订,报有审批权的人民政府批准后组织实施。海洋行政主管部门制订招标或者拍卖方案,应当征求同级有关部门的意见。

招标或者拍卖工作完成后,依法向中标人或者买受人颁发海域使用权证书。中标人或者买受人自领取海域使用权证书之日起,取得海域使用权。

第二十一条　颁发海域使用权证书,应当向社会公告。

颁发海域使用权证书,除依法收取海域使用金外,不得收取其他费用。

海域使用权证书的发放和管理办法,由国务院规定。

第二十二条　本法施行前,已经由农村集体经济组织或者村民委员会经营、管理的养殖用海,符合海洋功能区划的,经当地县级人民政府核准,可以将海域使用权确定给该农村集体经济组织或者村民委员会,由本集体经济组织的成员承包,用于养殖生产。

第二十三条　海域使用权人依法使用海域并获得收益的权利受法律保护,任何单位和个人不得侵犯。

海域使用权人有依法保护和合理使用海域的义务;海域使用权人对不妨害其依法使用海域的非排他性用海活动,不得阻挠。

第二十四条　海域使用权人在使用海域期间,未经依法批准,不得从事海洋基础测绘。

海域使用权人发现所使用海域的自然资源和自然条件发生重大变化时,应当及时报告海洋行政主管部门。

第二十五条　海域使用权最高期限,按照下列用途确定:

(一)养殖用海十五年;

(二)拆船用海二十年;

(三)旅游、娱乐用海二十五年;

(四)盐业、矿业用海三十年;

(五)公益事业用海四十年;

(六)港口、修造船厂等建设工程用海五十年。

第二十六条　海域使用权期限届满,海域使用权人需要继续使用海域的,应当至迟于期限届满前二个月向原批准用海的人民政府申请续期。除根据公共利益或者国家安全需要收回海域使用权的外,原批准用海的人民政府应当批准续期。准予续期的,海域使用权人应当依法缴纳续期的海域使用金。

第二十七条　因企业合并、分立或者与他人合资、合作经营,变更海域使用权人的,需经原批准用海的人民政府批准。

海域使用权可以依法转让。海域使用权转让的具体办法,由国务院规定。

海域使用权可以依法继承。

第二十八条　海域使用权人不得擅自改变经批准的海域用途;确需改变的,应当在符合海洋功能区划的前提下,报原批准用海的人民政府批准。

第二十九条　海域使用权期满,未申请续期或者申请续期未获批准的,海域使用权终止。

海域使用权终止后,原海域使用权人应当拆除可能造成海洋环境污染或者影响其他用海项目的用海设施和构筑物。

第三十条　因公共利益或者国家安全的需要,原批准用海的人民政府可以依法收回海域使用权。

依照前款规定在海域使用权期满前提前收回海域使用权的,对海域使用权人应当给予相应的补偿。

第三十一条 因海域使用权发生争议,当事人协商解决不成的,由县级以上人民政府海洋行政主管部门调解;当事人也可以直接向人民法院提起诉讼。

在海域使用权争议解决前,任何一方不得改变海域使用现状。

第三十二条 填海项目竣工后形成的土地,属于国家所有。

海域使用权人应当自填海项目竣工之日起三个月内,凭海域使用权证书,向县级以上人民政府土地行政主管部门提出土地登记申请,由县级以上人民政府登记造册,换发国有土地使用权证书,确认土地使用权。

第五章 海域使用金

第三十三条 国家实行海域有偿使用制度。

单位和个人使用海域,应当按照国务院的规定缴纳海域使用金。海域使用金应当按照国务院的规定上缴财政。

对渔民使用海域从事养殖活动收取海域使用金的具体实施步骤和办法,由国务院另行规定。

第三十四条 根据不同的用海性质或者情形,海域使用金可以按照规定一次缴纳或者按年度逐年缴纳。

第三十五条 下列用海,免缴海域使用金:

(一)军事用海;

(二)公务船舶专用码头用海;

(三)非经营性的航道、锚地等交通基础设施用海;

(四)教学、科研、防灾减灾、海难搜救打捞等非经营性公益事业用海。

第三十六条 下列用海,按照国务院财政部门和国务院海洋行政主管部门的规定,经有批准权的人民政府财政部门和海洋行政主管部门审查批准,可以减缴或者免缴海域使用金:

(一)公用设施用海;

(二)国家重大建设项目用海;

(三)养殖用海。

第六章　监督检查

第三十七条　县级以上人民政府海洋行政主管部门应当加强对海域使用的监督检查。

县级以上人民政府财政部门应当加强对海域使用金缴纳情况的监督检查。

第三十八条　海洋行政主管部门应当加强队伍建设,提高海域使用管理监督检查人员的政治、业务素质。海域使用管理监督检查人员必须秉公执法,忠于职守,清正廉洁,文明服务,并依法接受监督。

海洋行政主管部门及其工作人员不得参与和从事与海域使用有关的生产经营活动。

第三十九条　县级以上人民政府海洋行政主管部门履行监督检查职责时,有权采取下列措施:

(一)要求被检查单位或者个人提供海域使用的有关文件和资料;

(二)要求被检查单位或者个人就海域使用的有关问题作出说明;

(三)进入被检查单位或者个人占用的海域现场进行勘查;

(四)责令当事人停止正在进行的违法行为。

第四十条　海域使用管理监督检查人员履行监督检查职责时,应当出示有效执法证件。

有关单位和个人对海洋行政主管部门的监督检查应当予以配合,不得拒绝、妨碍监督检查人员依法执行公务。

第四十一条　依照法律规定行使海洋监督管理权的有关部门在海上执法时应当密切配合,互相支持,共同维护国家海域所有权和海域使用权人的合法权益。

第七章　法律责任

第四十二条　未经批准或者骗取批准,非法占用海域的,责令退还非法占用的海域,恢复海域原状,没收违法所得,并处非法占用海域期间内该海域面积应缴纳的海域使用金五倍以上十五倍以下的罚款;对未经批准或者骗取批准,进行围海、填海活动的,并处非法占用海域期间内该海域面积应缴纳的海域使用金十倍以上二十倍以下的罚款。

第四十三条　无权批准使用海域的单位非法批准使用海域的,超越批准权限非法批准使用海域的,或者不按海洋功能区划批准使用海域的,批准文件无效,收回非法使用的海域;对非法批准使用海域的直接负责的主管人员和其他直接责任人员,依法给予行政处分。

第四十四条　违反本法第二十三条规定,阻挠、妨害海域使用权人依法使用海域的,海域使用权人可以请求海洋行政主管部门排除妨害,也可以依法向人民法院提起诉讼;造成损失的,可以依法请求损害赔偿。

第四十五条　违反本法第二十六条规定,海域使用权期满,未办理有关手续仍继续使用海域的,责令限期办理,可以并处一万元以下的罚款;拒不办理的,以非法占用海域论处。

第四十六条　违反本法第二十八条规定,擅自改变海域用途的,责令限期改正,没收违法所得,并处非法改变海域用途的期间内该海域面积应缴纳的海域使用金五倍以上十五倍以下的罚款;对拒不改正的,由颁发海域使用权证书的人民政府注销海域使用权证书,收回海域使用权。

第四十七条　违反本法第二十九条第二款规定,海域使用权终止,原海域使用权人不按规定拆除用海设施和构筑物的,责令限期拆除;逾期拒不拆除的,处五万元以下的罚款,并由县级以上人民政府海洋行政主管部门委托有关单位代为拆除,所需费用由原海域使用权人承担。

第四十八条　违反本法规定,按年度逐年缴纳海域使用金的海域使用权人不按期缴纳海域使用金的,限期缴纳;在限期内仍拒不缴纳的,由颁发海域使用权证书的人民政府注销海域使用权证书,收回海域使用权。

第四十九条　违反本法规定,拒不接受海洋行政主管部门监督检查、不如实反映情况或者不提供有关资料的,责令限期改正,给予警告,可以并处二万元以下的罚款。

第五十条　本法规定的行政处罚,由县级以上人民政府海洋行政主管部门依据职权决定。但是,本法已对处罚机关作出规定的除外。

第五十一条　国务院海洋行政主管部门和县级以上地方人民政府

违反本法规定颁发海域使用权证书,或者颁发海域使用权证书后不进行监督管理,或者发现违法行为不予查处的,对直接负责的主管人员和其他直接责任人员,依法给予行政处分;徇私舞弊、滥用职权或者玩忽职守构成犯罪的,依法追究刑事责任。

第八章　附　则

第五十二条　在中华人民共和国内水、领海使用特定海域不足三个月,可能对国防安全、海上交通安全和其他用海活动造成重大影响的排他性用海活动,参照本法有关规定办理临时海域使用证。

第五十三条　军事用海的管理办法,由国务院、中央军事委员会依据本法制定。

第五十四条　本法自 2002 年 1 月 1 日起施行。

中国(舟山)大宗商品交易中心交易市场
监督管理暂行办法

第一章　总　则

第一条　为将中国(舟山)大宗商品交易中心(以下简称交易中心)建成多品种、多模式和影响力强的全国一流的大宗商品综合性交易平台和结算、定价中心,打造大宗商品物流基地和国际物流岛,规范交易中心及交易参与者的行为,促进交易中心的持续、健康、稳定发展,根据有关法律法规,结合省、市及交易中心实际情况,制定本办法。

第二条　交易中心的建设、运营和监管,以及入驻交易中心从事大宗商品交易活动、提供相关配套服务的企业和合格的自然人现货投资者,适用本办法。

第三条　交易中心由中国(舟山)大宗商品交易中心管理委员会(下简称管理委员会)、浙江舟山大宗商品交易所有限公司(下简称交易所)、授权服务中心、交易商及其他服务机构等主体组成。其中,管理委员会主要负责监督、管理、指导和协调交易中心,确保交易中心公开、公平、公正和规范运营。交易所是交易中心的市场运作主体,具体负责交易中心的运营和市场发展。授权服务中心是经交易所审批核准,在授权范围内从事市场开发等授权服务的企业法人或者其他经济组织。

第四条　本办法所称中国(舟山)大宗商品交易中心交易市场,是指由交易所组织的大宗商品交易场所。

本办法所称大宗商品是指石油、成品油、石化商品等大宗石油化工商品,铁矿石及钢铁商品、金属商品、煤炭商品、稀土资源商品、纸浆、纺织原材料、塑料粒子等原材料、木材商品、大宗农副商品等大宗商品及交易所推出的其他上市商品。

本办法所称大宗商品交易,是指按照本办法和交易所相关规则的规定,进行的各种大宗商品交易活动。

本办法所称交易商,是指经由交易所认可,获得中国(舟山)大宗商品交易中心交易商资格,取得交易中心交易席位的投资者。同时,交易商还应具有规定的相应经营资质,具体资质由交易所进行审核。

第二章　浙江舟山大宗商品交易所有限公司

第五条　中国(舟山)大宗商品交易中心是按照省政府确定的"一个中心、两个平台"思路建设的全省大宗商品交易综合性平台。交易所是采用公司制的组织形式,依据《中华人民共和国公司法》设立股东会、董事会、监事会和经营班子,具体负责交易中心运作管理的法人主体。

第六条　公司章程不仅要符合国家的法律规定,还应明确其经营定位,即组织开展石油、成品油、石化商品等大宗石油化工商品,铁矿石及钢铁商品、金属商品、煤炭商品、稀土资源商品、纸浆、纺织原材料、塑料粒子等原材料、木材商品、大宗农副商品等大宗商品及交易所推出的其他上市商品合同交易的市场管理和中介服务;组织相关商品交易的资金清算,商品交割市场管理服务;以上业务相关的咨询服务。章程制定和修改,应报管理委员会备案。

第七条　公司董事会选举的董事长、监事会选举的监事会主席、董事会聘任的总经理及其他高级管理人员名单应当报管理委员会备案。公司董事长、监事会主席、总经理按照《中华人民共和国公司法》及公司章程的规定开展工作。

第八条　依据本办法,交易所推出上市产品,以及制定具体的交易、交割、结算、风险控制等业务规则,必须上报管委会备案;制定大宗商品交易管理办法必须报管委会审批。

第九条　交易所应当为大宗商品交易提供场所、设施,组织大宗商品交易,发布市场信息等服务;应当建立大宗商品交易市场公共信息发布平台,形成可供上网查询的信息网站和数据库系统,及时提供大宗商品交易的信息、管理制度、交易规则和相关的法律、法规、规章及政策规定;应当为大宗商品交易提供信息、货款结算和交割等服务。

第十条　具有独立法人资格,独立从事大宗商品交易活动的企业,以及合格的自然人现货投资者,承诺遵守本办法及其他有关规定,书面申请并经交易所审核批准,可以成为交易中心的交易商。

第十一条　申请交易商资格的企业法人,应当向交易所提供下列材料:

(一)经法定代表人签字的申请书;

(二)工商行政管理部门核发的《企业法人营业执照》副本复印件、税务部门核发的《税务登记证》副本复印件;

(三)经会计师事务所或审计师事务所审计的最近一年的年度会计报告;

(四)其他相关材料。

第十二条　申请交易商资格的合格自然人现货投资者,应向浙江舟山大宗商品交易所有限公司提供下列材料:

(一)身份证复印件;

(二)资信证明;

(三)其他相关材料。

第三章　交易监督管理

第十三条　非交易商的企业法人和合格的自然人现货投资者,可以委托交易中心的交易商在交易中心进行大宗商品交易活动。鼓励发展授权服务中心协助交易所开发、培训交易商。

第十四条　交易商对其向交易所提供材料的完整性、真实性、准确性和合法性负责。交易所应当对交易商提供的相关材料进行审查。

第十五条　交易所应公开发布大宗商品交易信息。交易所对本交易市场产生的各种信息享有所有权,且有权对大宗商品交易信息进行分类、整理,并在约定的期限内,通过交易中心信息网络发布平台发布,还可以同时通过媒体等形式对外公布。

第十六条　交易所应当有严格的风险控制制度、办法及完善的风险控制和监督体系。交易所应当建立履约担保金、涨跌停板、代为转让、交易商限仓、风险警示、窗口指导、大户报告、交易商自律等风险管理制度和办法。

第十七条　交易所为交易商提供交易中介、交割、结算、咨询、信息等服务并同时明示收费标准,交易服务费的收取可采取按年收取和按次收取相结合的办法。交易所要采取措施,努力降低交易服务成本,提高服务质量和水平。

第十八条　交易所的大宗商品交易价格是指在指定时间、指定交割仓库交割单位数量该商品的含税价格,也是交易商开具增值税发票依据的商品销售价格。

交易所的大宗商品交易价格应是由交易商充分利用交易中心交易市场的价格发现机制,兼顾市场的供求状况,由交易商充分竞争形成的价格。

第十九条　交易所组织的大宗商品交易,可以采取现场现货交易、竞买竞卖现货交易、即期现货交易、连续现货交易等现货交易方式。

第二十条　为保障交易商的资金安全,交易所应当委托银行执行三方存管方式,对交易商的资金进行存放和划拨,确保交易商交易保证金的安全。

第二十一条　大宗商品现场现货交易合同由交易商双方协商确定相应条款,报交易所备案;大宗商品竞买竞卖现货交易、大宗商品即期现货交易合同内容须包括商品名称、质量标准、数量标准、交割期等,可以采用电子交易合同的形式,并具有相应的法律效力;大宗商品连续现货交易合同内容须包括商品名称、质量标准、数量标准等,可以选择交易日当天交割,也可以通过支付一定延期补偿费在日后进行交割。

第二十二条　交易商可以签订大宗商品现场现货交易合同、大宗商品即期现货交易合同。买卖双方合同一经签订,向第三方转让时须经对方同意。合同的履约方式是买卖双方(或经对方认可的第三方)按照合同的规定履行合同。

交易商可以签订大宗商品连续现货交易合同。买卖双方合同签订,即视为已同意另一方向第三方转让。合同的履约方式是买卖双方按照合同的规定履行合同,或在合同规定的履约日前向第三方转让,合同权益转让的损益由合同的转让方承担。

第二十三条 为了保证交易的正常进行,中国(舟山)大宗商品交易中心应当对交易商的交易行为进行全程的复核,确认交易结果,并向交易商出具交易凭证。

交易所出具的交易凭证是交易商经营情况的真实记录,交易商应据此进行会计核算。

第二十四条 出现下列情形之一的,经由交易商单方、双方或相关第三方向交易所提出申请,可以中止交易:

(一)买卖双方协商一致;

(二)因地震、水灾、火灾等不可抗力,或者计算机系统故障等不可归责于交易所的原因致使大宗商品交易活动不能按约定的期限和程序进行的。

因交易商出现结算、交割危机,对市场产生或即将产生巨大影响,交易所有权中止交易并向管理委员会报告备案。

第二十五条 交易所应当定期向管理委员会报告大宗商品交易情况,在大宗商品交易过程中,发现有重大异常情况的,应当及时报告管理委员会。

第二十六条 交易所及其员工不得参与中国(舟山)大宗商品交易中心的大宗商品交易活动。

交易商不得采取胁迫、欺诈、贿赂、恶意串通等手段进行大宗商品交易,或操纵大宗商品交易价格扰乱市场交易秩序。交易所应制定相应实施细则,对交易商的违规交易行为进行处罚。

第二十七条 交易所可制定相应政策鼓励交易商诚实守信地开展大宗商品经营活动。

第四章 争议处理和法律责任

第二十八条 大宗商品交易双方在大宗商品交易过程中发生纠纷,可以向交易所申请调解;也可以向仲裁机构申请仲裁或向交易中心所在地人民法院提起诉讼。

第二十九条 交易所对交易市场中违反规定的大宗商品交易,经调查并确认的,按照有关法律法规追究处理,造成相关损失的,由违反规定的相关主体承担相应的赔偿责任。

第三十条　对于严重违规进行大宗商品交易的,应由有关职能部门追究相关责任人员的责任。

第三十一条　交易所及其工作人员违反本办法及有关规定的,由管理委员会责令改正;情节严重,造成损失重大的,除根据有关法律、法规承担民事责任外,按照相关规定追究有关责任人员的责任;构成犯罪的,依法追究刑事责任。

第五章　附　则

第三十二条　根据国务院关于推进浙江舟山群岛新区建设的发展定位,以及省政府关于大宗商品交易平台建设的有关意见,鼓励交易所先行先试,对大宗商品的交易模式进行探索和创新,对本办法有突破的,报管理委员会、市政府和省级有关部门批准。

第三十三条　舟山海关、边检、检验检疫等口岸通关部门和相关机构在交易中心设立服务窗口,为交易商提供“一站式”服务、“零距离”服务。

第三十四条　为鼓励交易中心交易市场发展,市政府出台的大宗商品交易相关政策,由管理委员会按照有关规定协调落实。

第三十五条　本办法由管理委员会负责解释和说明。

第三十六条　本办法自发布之日起 30 日后施行。

上海外高桥保税区条例

第一章　总　则

第一条　为了扩大对外开放，发展国际贸易，促进经济繁荣，根据国家有关法律、法规，借鉴国际自由贸易区通行规则，结合本市实际情况，制定本条例。

第二条　经国务院批准设立的上海外高桥保税区（以下简称保税区，对外译称自由贸易区），位于上海市浦东新区的外高桥地区，是设有隔离设施的实行特殊管理的经济贸易区域。

货物可以在保税区与境外之间自由出入，免征关税和进口环节税，免验许可证件，免于常规的海关监管手续，国家禁止进出口和特殊规定的货物除外。

第三条　保税区主要发展进出口贸易、转口贸易、加工贸易、货物储存、货物运输、商品展示、商品交易以及金融等业务。

第四条　保税区由上海市人民政府（以下简称市人民政府）领导，海关实施海关业务监管。

第五条　保税区内的企业、机构、个人及其相关的经济活动，必须遵守本条例。

第六条　保税区内投资者的合法权益受法律保护。

第二章　管理与服务机构

第七条　上海外高桥保税区管理委员会（以下简称管委会）是市人民政府的派出机构，统一管理保税区的行政事务，实行独立核算的财政收支管理。

管委会主任由市人民政府任命。

第八条　管委会行使以下职责：

（一）负责法律、法规和本条例在保税区的实施，制定和发布保税区的具体管理规定；

（二）制订保税区的发展规划和产业政策，经市人民政府批准后组织实施；

（三）负责保税区的计划、规划、国有资产、投资、对外经济贸易、财政、地方税务、统计、工商行政、公安、劳动人事、外事、运输、基础设施、土地房产、环境保护、环境卫生、公用事业等方面的管理工作；

（四）协调保税区内海关、国家税务、金融、商品检验等部门的工作；

（五）市人民政府授予的其他职权。

前款第（三）项行政管理工作中涉及核发证照的，由市有关主管部门委托管委会的相关行政管理部门办理。

第九条　保税区海关对保税区实施特殊的监管方式：对保税区与境外之间进出的货物、物品以及保税区内流转的货物实行备案、稽核制度；对保税区与国内非保税区（以下简称非保税区）之间进出的货物、运输工具、物品实施常规的监督管理。

第十条　外高桥港区与保税区实行一体化管理，由港口管理机构负责港口管理。

第十一条　受管委会委托的保税区开发公司，应当承担保税区内的市政建设和管理，为保税区企业、机构提供服务。

第十二条　保税区可以依法设立报关、检验、劳务、公证、律师等机构，为保税区企业、机构提供服务。

第三章　企业设立

第十三条　投资者依照法律、法规和本条例，可以申请在保税区设立企业。

禁止在保税区内设立污染环境、危害国家安全或者损害社会公共利益的项目。

第十四条　投资者在保税区设立外商投资企业，应当向管委会提出申请。管委会应当在收到齐全、合法的申请文件（以下简称申请文件）之日起二十日内，会同有关部门作出是否批准的决定，在作出批准决定之日起三日内,由管委会的工商行政管理部门发给营业执照。

投资者在保税区设立其他企业,应当向管委会的工商行政管理部门提出申请。管委会的工商行政管理部门应当会同有关部门,在收到申请文件之日起十五日内作出是否核准登记的决定。对核准登记的,发给营业执照。

管委会的工商行政管理部门对审核权限以外的申请,应当报管委会审批。管委会对审批权限以外的申请,应当在收到申请文件之日起十日内转报市主管部门审批。

企业应当在领取营业执照后三十日内办理海关、税务、外汇管理、商品检验等登记手续。

投资者应当按期出资,并履行验资手续。

第十五条　保税区企业应当按照核定的经营范围,依法经营。

企业应当健全统计、财务、会计制度,并建立货物的专门账簿,依法定期向管委会、海关等有关部门报送有关报表。

企业在建设、生产、运营中应当符合环境保护的规定,并依法向管委会办理有关手续。

第四章　经营规则

第十六条　保税区企业可以自由从事保税区与境外之间的贸易,免配额,免许可证,国家另有规定的除外。

保税区企业可以自由从事保税区内贸易。

保税区企业依照国家有关规定,可以从事保税区与非保税区、保税区与国内其他保税区之间的贸易。

保税区企业经国家对外经贸主管部门批准的,可以代理非保税区企业的进出口贸易。

第十七条　国内外企业(包括保税区企业)可以在保税区内举办国际商品展示活动。

保税区企业可以设立商品交易市场,自由参加保税区内进出口商品展销会,从事商品展示、批发等业务;可以自由参加非保税区的进出口商品展销会、博览会。

经批准,保税区企业可以在非保税区开展保税商品展示活动。

第十八条　鼓励国内外企业在保税区内储存货物。货物储存期限不受限制。

企业可以在保税区内对货物进行分级、包装、挑选、分装、刷贴标志等商业性加工。

第十九条　保税区企业生产的产品应当以销往境外为主。

原材料来自境外、产品销往境外的加工项目在区内不受限制,国家产业政策禁止的除外。

经批准,保税区企业可以将境外运入的料件委托非保税区企业加工,也可以接受非保税区企业的委托,开展加工业务。

第二十条　鼓励保税区企业开展国际货物转运、分拨业务。

经批准,保税区企业可以从事通过保税区进出的集装箱运输、货运代理、船舶代理以及保税运输等业务。

第二十一条　保税区内可以开展其他国际服务贸易。

第五章　出入管理

第二十二条　货物、物品从境外直接运入保税区,或者从保税区直接运往境外,应当向保税区海关备案。影响安全、卫生、环境保护的货物,应当接受法定检验。

货物、物品从保税区运往非保税区视同进口,由非保税区运入保税区视同出口,并办理进出口手续。

从非保税区运入供保税区内使用的机器、设备、零部件、原材料、运输工具、建筑材料及办公用品等,由保税区海关登记放行。

第二十三条　机动车出入保税区,凭管委会的公安部门签发的通行证件在指定的卡口出入,并接受卡口检查站的检查。承运保税货物的货车还应当符合海关规定的监管条件。

第二十四条　国际航行船舶停靠或者驶离外高桥港区码头,应当事先向港口管理机构提出申请,并接受口岸检查。

第二十五条　人员出入保税区,凭管委会的公安部门准予使用的有效证件,在指定的卡口进出。

第二十六条　未经管委会批准的人员不得在保税区内居住。

第六章　金融管理

第二十七条　经国家金融主管部门批准,允许指定外币在保税区内使用。

第二十八条　保税区企业可以按照规定开立外汇现汇账户。

贸易项目下进出保税区的货物,应当以外币计价结算;区内行政管理机构的各项规费,应当以人民币计价结算;其余费用可以用外币计价结算,也可以用人民币计价结算。

第二十九条　货物在保税区与非保税区之间进出,由非保税区企业办理出口收汇和进口付汇核销手续。

货物在保税区与境外之间进出,保税区企业不办理外汇核销手续,但须办理国际收支统计申报。

第三十条　经国家金融主管部门或者其授权机构批准,国内外金融机构可以在保税区内设立经营性分支机构,经营有关金融业务。

第三十一条　经国家金融主管部门或者其授权机构批准,保税区外资银行可以经营人民币业务,保税区内的中外资金融机构可以经营离岸金融、境外融资、对外担保和其他特许业务。

第七章　建设与房地产管理

第三十二条　保税区企业、机构需要使用土地,应当与保税区开发公司签订土地使用转让合同,并向管委会办理土地使用手续。

第三十三条　保税区企业、机构需要建设工程,应当依照法律、法规规定,向管委会的规划管理部门申请建设工程规划许可证。管委会的规划管理部门应当在收到申请文件之日起二十五日内作出是否同意的决定。经审核同意的,发给建设工程规划许可证。

保税区内建设工程管理,依照有关法律、法规办理。

第三十四条　保税区企业、机构应当在建设工程竣工验收合格后三十日内向管委会的房地产管理部门依法申请登记。管委会的房地产管理部门应当在收到申请文件之日起十日内发给房地产权证书。

第三十五条　保税区企业、机构依法取得的房地产可以转让、租赁、抵押,但应当向管委会的房地产管理部门办理登记手续,并依法纳税。

第三十六条　保税区内的建筑物自交付使用之日起三十日内,业主应当成立物业管理机构,报管委会的房地产管理部门批准后,依法进行物业管理,或者委托其他具备一定资质的物业管理公司进行物业管理。

第八章　税收规定

第三十七条　从境外运入保税区的下列货物、物品,除国家另有规定外,免征关税和进口环节税:

(一)进口货物;

(二)转口货物;

(三)保税区内储存货物;

(四)保税区内企业生产所需原材料、零部件、包装物件;

(五)保税区内建设项目所需机器、设备和基建物资;

(六)保税区内企业、机构自用的机器、设备和合理数量的办公用品、燃料、维修零配件。

第三十八条　从保税区运往境外的货物,免征关税,国家另有规定的除外。

经保税区出口的货物,依照国家有关出口退税的规定予以退税。

第三十九条　从保税区运往非保税区的货物,除国家另有规定外,参照国家货物进口的规定,征收关税和进口环节税。

第四十条　保税区企业生产供区内销售或者运往境外的产品,免征生产环节税。对销往非保税区的产品征收产品的生产环节税,按照产品所含境外料、件的比例征收关税、进口环节税。

第四十一条　保税区生产性企业按百分之十五税率计征企业所得税。经营期在十年以上的,从开始获利的年度起,第一年和第二年免征企业所得税,第三年至第五年减半征收企业所得税。

第四十二条　保税区贸易、仓储等非生产性企业,按百分之十五税率计征企业所得税。经营期在十年以上的,从开始获利的年度起,第一年免征企业所得税,第二年至第三年减半征收企业所得税。

第四十三条　除第三十七条至第四十二条规定外,其他经营活动依照国家和本市对浦东新区的税收规定执行。

第九章 劳动管理

第四十四条 保税区企业可以根据生产经营需要,自行确定机构设置、人员编制,依法确定职工招聘条件、工资标准和分配形式。

企业应当实行劳动合同制。

第四十五条 保税区企业应当依照国家和本市有关规定,做好劳动安全卫生工作;对职工实行社会保险,保障职工的合法权益。

第十章 法律责任

第四十六条 保税区企业、机构、个人违反本条例规定,应当予以行政处罚的,由管委会的有关行政管理部门或者海关等部门按照各自职责依法处罚。

第四十七条 管委会和其他机关工作人员玩忽职守、滥用职权、徇私舞弊的,由其所在单位或者上级机关给予行政处分;构成犯罪的,依法追究刑事责任。

第四十八条 当事人对管委会的有关行政管理部门或者海关等部门的具体行政行为不服的,可以依照《行政复议条例》或者《中华人民共和国行政诉讼法》的规定,申请行政复议或者提起行政诉讼。

第十一章 附 则

第四十九条 香港、澳门、台湾地区的投资者和在国外定居的中国公民在保税区设立企业以及保税区与香港、澳门、台湾地区之间的经济贸易活动,参照本条例执行。

第五十条 本条例的具体应用问题由市人民政府负责解释。

第五十一条 本条例自 1997 年 1 月 1 日起施行。

珠海市珠海保税区条例

第一章 总则

第一条 为了创造良好的投资环境,保护投资者的合法权益,办好珠海保税区,根据国务院《关于设立珠海保税区的批复》和《保税区海关监管办法》等的规定,制定本条例。

第二条 本条例所称保税区,是指经国务院批准设立的珠海保税区,位于珠海市洪湾工业区内,是由海关监管的特定区域。

第三条 保税区主要发展出口加工、保税仓储、转口贸易等业务。

第四条 保税区内的企业、机构、个人必须遵守中华人民共和国的法律、法规。

第五条 保税区内投资者的合法权益受法律保护。

第二章 管理与服务机构

第六条 珠海保税区管理委员会(以下简称管委会)是市人民政府的派出机构,统一管理保税区的行政事务,行使市政府授予的经济管理职权,实行独立核算的财政收支管理。

管委会主任由市政府任命。

第七条 管委会行使以下职权:

(一)负责法律、法规和本条例在保税区的实施,制定和发布保税区行政事务方面的管理规定;

(二)制定保税区的发展规划和产业规划,经市政府批准后组织实施;

(三)负责保税区的计划、国有资产、投资、对外经济贸易、财政、统计、治安、劳动人事、运输、基础设施、环境卫生、公用事业等方面的管理工作;

（四）市政府授予的其他职权。

第八条　保税区建设、规划、土地房产、环境保护等方面的管理事项,由市政府有关行政管理部门依法协调管理;有关部门应当根据关于保税区的特殊政策对保税区管委会的工作给予特别支持,涉及报建审批、核发证件的,可以委托或者授权办理,具体办法由市政府规定。

工商行政管理方面的事项,由市工商行政管理部门设立派出机构进行管理。

税务机关应当根据法律、法规的规定,做好保税区的税务工作。

第九条　海关依据国务院批准的《保税区海关监管办法》对保税区实施特殊监管。

第十条　保税区可以依法设立劳务、公证、审计、会计、律师等服务机构,为保税区企业、机构提供服务。

第十一条　管委会对市政府负责并报告工作,管委会行使本条例规定的职权所作出的重要决定应当报市政府及有关行政管理部门备案。

管委会的工作机构对管委会负责,并接受市政府有关行政管理部门的指导。

第三章　企业设立及管理

第十二条　市政府鼓励投资者在保税区举办高科技和技术先进型工业企业,并给予优惠待遇。

第十三条　投资者在保税区内经批准可以设立贸易企业,与境外企业从事贸易活动。

第十四条　投资者在保税区内可以设立仓储企业,开展保税仓业务。

第十五条　国内外信息机构在保税区内可以设立分支机构或者办事处,开展咨询业务。

第十六条　经金融主管部门批准,国内外金融、保险机构可以在保税区内设立营业机构或者办事处,开展金融、保险业务和联系、咨询服务。

第十七条　投资者可以在保税区内申办交通运输、通讯等国家法律、法规允许的企业。

第十八条 投资者在保税区内设立企业或者代表机构,按照下列程序办理:

(一)投资者提出申请,由工商行政管理部门按照管委会发布的投资导向目录,依法予以核准登记;

(二)设立经营特定业务的企业,由管委会批准后到工商行政管理部门依法登记;

(三)企业应当在领取营业执照之日起 30 日内,向海关、税务、外汇管理等部门办理注册、备案、登记、开户手续;

(四)投资者应当按期出资,并履行验资手续,验资报告应报有关部门备案。

第十九条 保税区内的企业应当依照国家有关法律、行政法规的规定设置账簿、编制报表,凭合法、有效凭证记账并进行核算,记录有关进出保税区货物和物品的库存、转让、转移、销售、加工、使用和损耗等情况。

保税区内的企业应当与海关实行电子计算机联网,进行电子数据交换。

第二十条 保税区内的企业应当按照核定的经营范围,依法经营。

企业在建设、生产、运营中应当遵守环境保护法律、法规的规定,并向管委会办理有关手续。

第四章 经营规则

第二十一条 对保税区与境外之间进出口的货物,除实行出口被动配额管理的以外,不实行进出口配额、许可证管理。

保税区内的企业可以按国家有关规定,从事保税区与非保税区、保税区与国内其他保税区之间的贸易。

国家禁止进出口的货物、物品,不得进出保税区。

第二十二条 保税区内的转口货物可以在区内仓库或者区内其他场所进行分级、挑选、刷贴标志、改换包装等简单加工。

第二十三条 保税区内的企业加工贸易进口料件不实行银行保证

金台账制度。

经海关批准,保税区内的企业可以将境外运入的料件委托非保税区企业加工,也可以接受非保税区企业的委托,开展加工业务。

第二十四条　保税区内的企业在保税区内举办境外商品和非保税区商品的展示活动,展示的商品应当接受海关监管。

第二十五条　保税区与境外之间进出的货物由货物的收货人、发货人或其代理人向海关备案。

第二十六条　鼓励保税区内的企业开展国际货物转运、分拨业务。

经有关主管部门批准,保税区内的企业可以从事通过保税区进出的集装箱运输、货运代理等业务。

第五章　出入管理

第二十七条　从保税区进入非保税区的货物,按照进口货物办理手续;从非保税区进入保税区的货物,按照出口货物办理手续,出口退税按照国家有关规定办理。

海关对保税区与非保税区之间进出的货物,按照国家有关进出口管理的规定实施监管。

第二十八条　从非保税区进入保税区供区内使用的机器、设备、基建物资和物品,使用单位应当向海关提供上述货物或者物品的清单,经海关查验后放行。

第二十九条　运输工具和人员进出保税区,应当经由海关指定的专用通道,并接受海关检查。

第三十条　进出保税区的运输工具的负责人,应当持管委会批准的证件连同运输工具的名称、数量、牌照号码及驾驶员姓名等清单,向海关办理登记备案手续。

第三十一条　除经管委会批准的安全保卫人员外,其他人员不得在保税区内居住。

第六章　金融管理

第三十二条　保税区内机构及个人的外汇收支,依照《保税区外汇管理办法》的规定办理。

第三十三条　经中国人民银行批准在保税区设立的金融机构,可以依法办理外币及人民币业务。

第三十四条　经证券主管部门批准,保税区内的企业可以依照国家有关证券管理法律、法规,在国内外发行股票、债券。

第三十五条　保税区内企业之间可以以外币计价结算。

第七章　建设与房地产管理

第三十六条　保税区内的企业、机构需要使用土地的,应当签订土地使用权出让合同,并向规划国土部门办理土地使用手续。

第三十七条　保税区内的企业、机构需要进行工程建设的,应当依照法律、法规办理有关手续。

第三十八条　保税区内的企业、机构应当在建设工程竣工验收合格后3个月内向房地产管理部门依法申请登记,经审查合格的,房地产管理部门应当在收到申请文件之日起15日内发给房地产权证书。

第三十九条　保税区内的企业、机构依法取得的房地产可以依法转让、租赁、抵押,但应当向房地产管理部门办理登记手续,并依法纳税。

第八章　税收规定

第四十条　从境外进入保税区的货物,其进口关税和进口环节税收,除法律、行政法规另有规定外,按照下列规定办理:

(一)保税区内生产性的基础设施建设项目所需的机器、设备和其他基建物资,予以免税;

(二)保税区内的企业自用的生产、管理设备和自用合理数量的办公用品及其所需的维修零配件,生产用燃料,建设生产厂房、仓储设施所需的物资、设备,予以免税;

(三)保税区行政管理机构自用合理数量的管理设备和办公用品及其所需的维修零配件,予以免税;

(四)保税区内的企业为加工出口产品所需的原材料、零部件、元器件、包装物件,予以保税。

前款第(一)项至第(四)项规定范围以外的货物或者物品从境外进入保税区,应当依法纳税。

转口货物和在保税区内储存的货物按照保税货物管理。

第四十一条 保税区内的企业生产、加工的产品在区内销售的,不征消费税、增值税。

第四十二条 保税区加工运往境外的产品,除国家另有规定的外,免征关税。

从境外免税进入保税区的货物、物品再运往境内非保税区的,照章征收关税和进口环节税。

第四十三条 保税区内加工企业的制成品及其在加工过程中产生的边角余料运往境外时,应当按照国家有关规定向海关办理手续;除法律、行政法规另有规定外,免征出口关税。

第四十四条 保税区内的企业按 15% 计征所得税,经营期 10 年以上的生产性外商投资企业,从开始获利年度起,第 1 年和第 2 年免征企业所得税,第 3 年至第 5 年减半征收企业所得税;经营期 10 年以上的非生产性外商投资企业,可以依法从开始获利年度起,第 1 年免征企业所得税,第 2 年至第 3 年减半征收企业所得税。

第四十五条 保税区内外商投资企业所得利润再投资(原企业增资或者新办企业),经营期不少于 5 年的,经申请税务机关核准,退还其再投资部分已缴纳所得税的 40% 税款。再投资举办、扩建产品出口企业或者先进技术企业,经营期不少于 5 年的,经申请税务机关核准,全部退还其再投资部分已缴纳的企业所得税税款。

第九章 法律责任

第四十六条 违反本条例规定的,由海关、工商、税务等部门依法处罚。

第四十七条 管委会和有关部门的工作人员滥用职权、玩忽职守、徇私舞弊,构成犯罪的,依法追究刑事责任;不构成犯罪的,依法给予行政处分。

第十章 附 则

第四十八条 本条例自 1998 年 7 月 1 日起施行。

山东省青岛前湾保税港区条例

第一章　总　则

第一条　为了促进青岛前湾保税港区建设和发展,发挥保税港区功能优势和辐射带动作用,推进山东半岛蓝色经济区建设,提高全省经济发展水平,根据国家有关法律、行政法规,结合本省实际,制定本条例。

第二条　本条例适用于青岛前湾保税港区(以下简称保税港区)的管理、开发、建设和经营活动。

第三条　保税港区是经国家批准的、具有国际自由贸易区性质的海关特殊监管区域,主要开展国际中转、国际配送、国际采购、国际分销、国际转口贸易、仓储物流、商品展示、出口加工、港口作业以及与之配套的金融、保险等业务。

第四条　保税港区的建设和发展,应当坚持先行先试、体制创新、统一协调、精简高效的原则。

省和所在市人民政府应当采取措施,把保税港区建设成为功能完善、环境优化、竞争力强的经济开放示范区。

第五条　鼓励境内外企业及其他经济组织和个人在保税港区投资、兴办企业或者设立机构。

保税港区内企业、机构和个人依法享受国家和省有关优惠政策,其合法权益受法律保护。

保税港区内企业、机构和个人应当遵守国家法律和社会公德,诚实守信,依法经营。

第二章　机构与职责

第六条　青岛前湾保税港区管理委员会(以下简称保税港区管委会)为省人民政府的派出机构,负责保税港区的管理工作。

保税港区管委会应当根据工作需要,按照精简、统一、效能的原则,设置相应的行政管理机构;按程序报经省级公务员主管部门批准,可以对专业性较强的职位和辅助性职位实行聘任制。

第七条 保税港区管委会履行下列职责:

(一)组织编制保税港区总体规划,并按法定程序报经批准;

(二)制定保税港区经济发展规划和年度计划并组织实施;

(三)根据国家和省有关产业政策,组织编制产业发展目录,统筹产业布局,对投资项目实施管理;

(四)管理保税港区的发展改革、科技、财政、建设、交通运输、人力资源和社会保障、环境保护、商务和安全生产等工作;

(五)根据省和所在市人民政府授权或者接受有关部门的委托,负责土地、规划等方面的管理工作;

(六)协调配合海关、检验检疫、边防检查、海事、外汇管理以及工商行政管理、税务、质量技术监督等有关部门的工作;

(七)省和所在市人民政府赋予的其他行政管理职责。

第八条 工商行政管理、税务、质量技术监督、海关、检验检疫等部门,可以在保税港区设立办事机构,负责相关的行政管理工作。

保税港区的治安、消防、港航等事项,由相关部门按照有关法律、法规、规章实施管理。

第九条 保税港区管委会可以根据经批准的保税港区总体规划,编制控制性详细规划,按法定程序报经批准后组织实施。

保税港区内的专项规划,由保税港区管委会编制并组织实施。

第十条 根据省和所在市人民政府授权或者接受有关部门的委托,保税港区管委会可以集中行使下列行政许可权:

(一)外商投资项目的审批;

(二)投资项目的核准、备案及可行性研究报告的审批;

(三)建设项目选址意见书、建设用地规划许可证和建设工程规划许可证的审批;

(四)除新增建设用地以外的建设项目用地审批;

（五）除填海以外的用海审批；

（六）建设工程施工以及户外广告设施设置的审批；

（七）临时占用道路、挖掘道路、建筑垃圾和工程渣土排放、处置的审批；

（八）人力资源和社会保障、环境保护、安全生产、人防、地震、气象、房管等事项的审批。

保税港区管委会应当按规定向委托的行政管理部门报送实施行政许可的情况；委托的行政管理部门应当对保税港区管委会实施的行政许可事项进行监督和指导。

第十一条　保税港区实行独立核算的财政收支管理。

第三章　投资与经营

第十二条　境内外企业及其他经济组织和个人在保税港区投资、设立企业，应当符合保税港区产业发展目录和布局要求。

第十三条　在保税港区内设立企业，应当依法到驻区的工商行政管理部门办理工商登记手续，在取得营业执照后，向驻区的税务、海关等部门办理有关登记手续。

第十四条　境内外企业及其他经济组织和个人，在保税港区可以依法取得土地使用权或者承租、购置房产，并可对其取得的土地使用权和购置的房产，依法转让、出租或者抵押。

第十五条　保税港区内的企业应当遵守劳动法律、法规，依法与职工签订劳动合同，及时足额为职工缴纳社会保险费，实施最低工资保障制度，保障职工的合法权益。

第四章　口岸监管

第十六条　保税港区实行口岸联合监管协调制度。保税港区管委会应当会同海关、检验检疫、边防检查、海事、税务、外汇管理等部门建立口岸联合监管协调机制，协调保税港区的口岸监管工作。

第十七条　对保税港区与境外之间进出的货物实行备案制管理，由海关办理相关手续。

对保税港区与区外之间进出的货物，由区内企业或者区外收发货人按照进出口货物的有关规定向海关办理申报手续。

对通过保税港区直接进出口的货物，由海关按照有关规定进行监管。

对保税港区与其他海关特殊监管区域之间销售、转移的货物，海关应当提供通关便利。

第十八条　在保税港区内货物可以自由流转。区内企业转让、转移货物的，双方企业应当及时向驻区的海关报送转让或者转移货物的品名、数量、金额等电子数据信息。

第十九条　保税港区实行封闭管理。运输工具和人员进出保税港区，应当经由驻区的海关指定的专用通道，并接受驻区的海关检查。

未经海关批准，从保税港区到非保税港区的运输工具和人员不得运输、携带海关监管货物及物品。

第二十条　对进入保税港区的货物，统一由驻区的检验检疫机构受理报检、检验检疫和签证，并实施集中检验检疫、分批核销等便利措施。

对境外进入保税港区的货物按照一线检疫、二线检验原则，实行入区检疫、出区检验；法律、法规另有规定的，从其规定。

境外经保税港区中转出口的货物免予实施检验。

第二十一条　对保税港区与其他海关特殊监管区域之间销售、转移的货物，免予实施检验检疫。

对进入保税港区的国际航行船舶，可以实施电讯检疫或者码头检疫。

第二十二条　保税港区内应当依法划定边检口岸限定区域，设置明显标识，由边防检查机关依法对进出边检口岸限定区域的人员、国际航行船舶进行检查。

第二十三条　海事部门应当依照有关法律、法规对进出保税港区的船舶实施监管，对保税港区水域实施监控，为进出保税港区的船舶提供优质服务。

第二十四条　保税港区建立联合查验中心，对需要查验的进出货物，海关、检验检疫等部门可以根据需要进行联合查验。

第五章　税收与金融

第二十五条　从境外进入保税港区的货物按照国家有关规定予以保税或者免税,从保税港区运往境外的货物免征出口关税;但法律、行政法规另有规定的除外。

从保税港区进入国内的货物,按照货物实际状态征税。

第二十六条　保税港区企业生产的供区内销售或者运往境外的产品,免征相应的增值税和消费税。

第二十七条　国内货物进入保税港区视同出口,按照规定实行退免税;保税港区内企业之间的货物交易免征增值税和消费税。

第二十八条　保税港区与境外之间进出的货物,不实行进出口配额、许可证件管理,但法律、行政法规另有规定的除外。

第二十九条　金融、保险机构经批准,可以在保税港区设立营业机构,从事金融、保险业务。

第三十条　保税港区内企业的外汇收支,按国家外汇管理的有关规定执行。

第三十一条　保税港区内企业可以按国家有关规定在境内外发行债券、股票。

第六章　服务与保障

第三十二条　保税港区管委会应当制定保税港区统一的行政管理工作规范和服务标准,为区内企业提供高效、便捷服务。

保税港区管委会应当设立集中办理行政许可事项的场所,对境内外企业及其他经济组织和个人投资经营活动所涉及的行政许可事项,实行一个窗口受理、集中办理、限时办结、跟踪服务等制度。

第三十三条　保税港区管委会设立支持企业发展专项资金,对符合区域功能和产业政策的企业给予扶持。

第三十四条　对保税港区内因业务需要经常出国、出境的人员,可以按照有关规定实行一次审批、一年内多次有效的出国审批办法,或者办理一定期间多次往返香港、澳门特别行政区的手续。

第三十五条　保税港区管委会应当会同海关、检验检疫、海事、边防检查、公安、工商行政管理、税务、质量技术监督、金融等部门推进信息化建设，及时发布公共信息，实现保税港区信息资源的整合与共享。

第三十六条　在保税港区建立企业诚信监管体系，由保税港区管委会组织相关部门对企业诚信等级进行评定。

企业诚信等级评定应当遵循公平、公开、公正的原则。评定结果应当在公共信息平台上予以公布。

海关、检验检疫、边防检查、海事、工商行政管理、质量技术监督、税务、金融等部门，应当结合企业诚信等级评定结果，在各自职责范围内依法对区内企业实施守信激励和失信惩戒制度。

第三十七条　保税港区管委会可以设立行政执法机构，对保税港区行政管理事项和接受委托的行政管理事项，依法集中行使行政处罚权。

第三十八条　保税港区管委会及有关行政管理部门，应当依照法定程序履行行政执法职责，文明执法，方便企业，接受监督，不得干扰企业的正常生产经营活动。

保税港区管委会应当组织协调驻区行政管理部门开展日常执法检查活动，规范行政执法行为。驻区行政管理部门应当定期将行政执法检查情况向保税港区管委会报告。

保税港区以外的行政管理部门入区进行行政执法检查，应当通过保税港区管委会作统一安排。

第三十九条　省和有关市人民政府应当充分利用保税港区功能政策优势，建设保税港区功能配套园区，实现内外联动、互利共赢、协调发展。

保税港区所在市人民政府应当在保税港区外规划一定区域，建设保税港区生活配套区。

第七章　附　则

第四十条　本条例自 2011 年 10 月 1 日起施行。1994 年 1 月 17 日山东省第八届人民代表大会常务委员会第五次会议通过，2002 年 11 月 22 日山东省第九届人民代表大会常务委员会第三十二次会议修正的《山东省青岛保税区管理条例》同时废止。

宁波保税区条例

第一条 为加快宁波保税区的发展，扩大对外开放，促进对外贸易和经济技术合作，根据有关法律、法规，结合本市实际，制定本条例。

第二条 宁波保税区（以下简称保税区）是经国务院批准设立的由海关实施监管的对外开放的特定经济区域。

市人民政府设立宁波保税区管理委员会（以下简称保税区管委会），作为其派出机构，管理保税区的行政事务。

第三条 保税区具有国际贸易、保税仓储、进出口加工、商品展示等功能，发展进出口贸易、转口贸易、物流、高新技术等产业和金融、保险、信息、咨询等服务业。

保税区的发展应当紧密联系本市海港、空港实际，并与毗邻港区实现优势互补、资源整合及功能联动，促进港航产业、物流产业和出口加工业的发展。

保税区发展规划应当与保税区邻近岸线规划相衔接，经国家有关部门批准，在保税区内可以设立码头、泊位。

第四条 投资者在保税区内的资产、应得利润和其他合法权益，受法律、法规和本条例保护。

保税区内的单位和个人必须遵守法律、法规和本条例，不得损害国家和社会公共利益。

第五条 保税区管委会主要履行下列职责：

（一）贯彻实施有关法律、法规，制定并组织实施保税区的具体行政管理规定；

（二）编制保税区的经济社会发展规划和产业发展目录，经市人民政府批准后负责组织实施；

（三）按规定权限对政府投资项目进行审批，对其他投资项目进行核准或备案；

（四）负责保税区的计划、经济、贸易、科技、财政、国有资产、统计、物价、审计、外事、人事、劳动和社会保障、环境保护、安全生产、建设、房产、城管、社会治安综合治理等经济和社会行政管理工作；

（五）协调保税区内的海关、检验检疫、外汇管理、边检、海事、工商、税务、国土资源、规划、公安、交通等部门的工作；

（六）根据有关规定，接受委托做好文化、卫生、质量技术监督等管理工作，履行市人民政府授予的其他职责。

前款第（三）、（四）项行政管理职责中，属于市级行政管理部门非行政许可事项需要核发证照的，可以由市级有关行政管理部门根据实际情况委托保税区管委会的相关行政管理机构办理。

第六条　保税区管委会应当按照精简、统一、效能的原则，设立和调整行政管理机构，具体负责保税区的经济和社会行政管理事务。

第七条　保税区内的行政管理机构及其工作人员应当依法行政，参照国际通行规则和惯例，加强和改善服务，提高行政效能，保守投资者和企业的商业秘密，创造良好的投资发展环境。

第八条　保税区的信息化建设应当符合市信息化建设的总体规划，适应保税区发展的需要，合理开发、利用信息资源。

保税区内的行政管理机构应当建立项目信息、中介服务信息、统计数据信息等公共信息库，及时公开政务信息和服务信息，接受社会公众查询。

第九条　保税区内的行政管理机构权限内的行政许可实行限时办理制度，除可以当场作出决定的外，应当自受理之日起三个工作日内作出行政许可决定。对符合条件的，依法作出准予行政许可的书面决定；对不符合条件的，依法作出不予行政许可的书面决定，并说明理由。

在前款规定的期限内不能作出行政许可决定的，经行政管理机构负责人批准，可以延长不超过十个工作日的办理期限，延长期限的理由应当告知申请人。

法律、法规对作出行政许可决定的期限有特别规定的,从其规定。

第十条　保税区管委会可以根据国家有关规定,设立产业发展资金,对符合区域产业发展目录的企业给予扶持。

第十一条　在保税区设立内资企业,具备条件的,工商行政管理部门应当依法予以登记。设立外商投资企业按照有关外商投资企业的法律、法规规定执行。

第十二条　在保税区设立公司,可以依法分期缴付注册资本。

投资人可以用货币出资,也可以用实物、知识产权、土地使用权等可以用货币估价并可以依法转让的非货币财产作价出资,但法律、行政法规规定不得作为出资的财产除外。对作为出资的非货币财产,应当依法评估作价,核实财产。涉及国有资产的,按照国家有关规定办理。

第十三条　经国家金融主管部门或者其授权机构批准,境内外银行和非银行金融机构可以在保税区内设立经营性机构,经营有关金融业务。

第十四条　按照国家有关规定,保税区内企业生产经营所需的进口机器设备、基建物资和办公用品,免征进口关税和进口环节税;保税货物在保税区内或向境外销售的,免征增值税和消费税;对加工出口产品所需的进口原材料、零部件和仓储在保税区的境外货物,实行保税,货物仓储、加工的期限不受限制;境外货物进出保税区免领进出口配额及许可证。

保税区内的海关监管、检验检疫、外汇、税务等方面的具体管理办法,按照有关法律、法规和规章执行。

第十五条　保税区内新建、改建、扩建各类建筑物、构筑物以及其他工程设施,应当符合保税区控制性详细规划,并经依法批准。

第十六条　有关行政管理部门依法需要对保税区内的企业实施行政执法检查的,除依照规定需要保密等特殊情况外,应当预先告知保税区管委会,保税区管委会应当予以配合。

第十七条　保税区内的单位和个人违反有关法律、法规应当给予行政处罚的,由保税区管委会所属行政管理机构和其他有关行政管理机构按照各自职权依法处罚。

第十八条　保税区内的行政管理机构及其工作人员有玩忽职守、滥用职权、徇私舞弊等违法行为的,由其所在单位或者上级机关责令改正,对直接责任人员和直接负责的主管人员,由其所在单位或者上级机关给予行政处分;构成犯罪的,依法追究刑事责任。

第十九条　经国家有关部门批准、由保税区管委会在保税区外设立的保税物流区域的行政管理,参照本条例执行。

保税区管委会与浙江宁波出口加工区管委会合署办公,浙江宁波出口加工区的行政管理参照本条例执行。

第二十条　本条例自 2006 年 5 月 1 日起施行。

美国对外贸易区法

(*U.S. Foreign Trade Zones Act*)

19 U.S.C. 81a–81u–Foreign-Trade Zones

81a. Definitions

When used in this chapter–

· (a) The term "Secretary" means the Secretary of Commerce;

· (b) The term "Board" means the Board which is established to carry out the provisions of this chapter. The Board shall consist of the Secretary of Commerce, who shall be chairman and executive officer of the Board, and the Secretary of the Treasury;

· (c) The term "State" includes any State, the District of Columbia, and Puerto Rico;

· (d) The term "corporation" means a public corporation and a private corporation, as defined in this chapter;

· (e) The term "public corporation" means a State, political subdivision thereof, a municipality, a public agency of a State, political subdivision thereof, or municipality, or a corporate municipal instrumentality of one or more States;

· (f) The term "private corporation" means any corporation (other than a public corporation) which is organized for the purpose of establishing, operating, and maintaining a foreign-trade zone and which is chartered under special Act enacted after June 18, 1934, of the State or States within which it is to operate such zone;

· (g) The term "applicant" means a corporation applying for the right to establish, operate, and maintain a foreign-trade zone;

· (h) The term "grantee" means a corporation to which the privilege of establishing, operating, and maintaining a foreign-trade zone has been granted;

- (i) The term "zone" means a "foreign-trade zone" as provided in this chapter.

AMENDMENTS

1996-Subsec. (b). Pub. L. 104-201, Sec. 910 (1), substituted "and the Secretary of the Treasury" for "the Secretary of the Treasury, and the Secretary of War".

Subsec. (c). Pub. L. 104-201, Sec. 910(2), struck out "Alaska, Hawaii," after "Columbia,".

SHORT TITLE

This chapter is popularly known as the "Foreign-Trade Zones Act".

FLOOR STOCKS TAX TREATMENT OF ARTICLES IN FOREIGN-TRADE ZONES

Notwithstanding this chapter, articles located in a Foreign-trade zone on the effective date of increases in tax under specific amendments by Pub. L. 101-508 subject to floor stocks taxes under certain circumstances, see section 11218 of Pub. L. 101-508, set out as a note under section 5001 of Title 26, Internal Revenue Code.

81b. Establishment of zones

- (a) Board authorization to grant zones

The Board is authorized, subject to the conditions and restrictions of this chapter and of the rules and regulations made thereunder, upon application as hereinafter provided, to grant to corporations the privilege of establishing, operating, and maintaining foreign-trade zones in or adjacent to ports of entry under the jurisdiction of the United States.

- (b) Number of zones per port of entry

Each port of entry shall be entitled to at least one zone, but when a port of entry is located within the confines of more than one State such port of entry shall be entitled to a zone in each of such States, and when two cities separated by water are embraced in one port of entry, a zone may be authorized in each of said cities or in territory adjacent thereto. Zones in addition to those to which a port of entry is entitled shall be authorized only if the Board finds that existing or authorized zones will not adequately serve the convenience of commerce.

- (c) Preference to public corporations

In granting applications preference shall be given to public corporations.

- (d) Ownership of harbor facilities by State

In case of any State in which harbor facilities of any port of entry are owned and controlled by the State and in which State harbor facilities of any other port of entry are owned and controlled by a municipality, the Board shall not grant an application by any public corporation for the establishment of any zone in such State, unless such application has been authorized by an Act of the legislature of such State (enacted after June 18, 1934).

81c. Exemption from customs laws of merchandise brought into foreign trade zone

(a) Handling of merchandise in zone; shipment of foreign merchandise into customs territory; appraisal; reshipment to zone Foreign and domestic merchandise of every description, except such as is prohibited by law, may, without being subject to the customs laws of the United States, except as otherwise provided in this chapter, be brought into a zone and may be stored, sold, exhibited, broken up, repacked, assembled, distributed, sorted, graded, cleaned, mixed with foreign or domestic merchandise, or otherwise manipulated, or be manufactured except as otherwise provided in this chapter, and be exported, destroyed, or sent into customs territory of the United States therefrom, in the original package or otherwise; but when foreign merchandise is so sent from a zone into customs territory of the United States it shall be subject to the laws and regulations of the United States affecting imported merchandise:

Provided, That whenever the privilege shall be requested and there has been no manipulation or manufacture effecting a change in tariff classification, the appropriate customs officer shall take under supervision any lot or part of a lot of foreign merchandise in a zone, cause it to be appraised and taxes determined and duties liquidated thereon. Merchandise so taken under supervision may be stored, manipulated, or manufactured under the supervision and regulations prescribed by the Secretary of the Treasury, and whether mixed or manufactured with domestic merchandise or not may, under regulations prescribed by the Secretary of the Treasury, be exported or destroyed, or may be sent into customs territory upon the payment of such liquidated duties and determined taxes thereon. If merchandise so taken under supervision has been manipulated or manufactured, such duties and taxes shall be payable on the quantity of such foreign merchandise used in the manipulation or manufacture of the entered article. Allowance shall be made for recoverable and irrecoverable waste; and if recoverable waste is sent into customs territory, it shall be dutiable and taxable in its condition and quantity and at its weight at the time of entry. Where two or more products result from the manipulation or manufacture of merchandise in a zone the liquidated duties and determined taxes shall be distributed to the several products in accordance with their relative value at the time of separation with due allowance for waste as provided for above:

Provided further, That subject to such regulations respecting identity and the safeguarding of the revenue as the Secretary of the Treasury may deem necessary, articles, the growth, product, or manufacture of the United States, on which all internal-revenue taxes have been paid, if subject thereto, and articles previously imported on which duty and/or tax has been paid, or which have been admitted free of duty and tax, may be taken into a zone from the customs territory of the United States, placed under the supervision of the appropriate customs officer, and whether or not they have been combined with or made part, while in such zone, of other articles, may be brought back thereto free of quotas, duty, or tax:

Provided further, That if in the opinion of the Secretary of the Treasury their identity has been lost, such articles not entitled to free entry by reason of noncompliance with the requirements made hereunder by the Secretary of the Treasury shall be treated when they reenter customs territory of the United States as foreign merchandise under the provisions of the tariff and internal-revenue laws in force at that time:

Provided further, That under the rules and regulations of the controlling Federal agencies, articles which have been taken into a zone from customs territory for the sole purpose of exportation, destruction (except destruction of distilled spirits, wines, and fermented malt liquors), or storage shall be considered to be exported for the purpose of-

◇ (1) the draw-back, warehousing, and bonding, or any other provisions of the Tariff Act of 1930, as amended, and the regulations thereunder; and

◇ (2) the statutes and bonds exacted for the payment of draw-back, refund, or exemption from liability for internal-revenue taxes and for the purposes of the internal-revenue laws generally and the regulations thereunder. Such a transfer may also be considered an exportation for the purposes of other Federal laws insofar as Federal agencies charged with the enforcement of those laws deem it advisable. Such articles may not be returned to customs territory for domestic consumption except where the Foreign-Trade Zones Board deems such return to be in the public interest, in which event the articles shall be subject to the provisions of paragraph 1615(f) of section 1201 of this title:

Provided further, That no operation involving any foreign or domestic merchandise brought into a zone which operation would be subject to any provision or provisions of section 1807, chapter 15, chapter 16, chapter 17, chapter 21, chapter 23, chapter 24, chapter 25, chapter 26, or chapter 32 of the Internal Revenue Code if performed in customs territory, or involving the manufacture of any article provided for in paragraphs 367 or 368 of section 1001 of this title, shall be permitted in a zone except those operations (other than rectification of distilled spirits and wines, or the manufacture or production of alcoholic products unfit for beverage purposes) which were permissible under this chapter prior to July 1, 1949:

Provided further, That articles produced or manufactured in a zone and exported therefrom shall on subsequent importation into the customs territory of the United States be subject to the import laws applicable to like articles manufactured in a foreign country, except that articles produced or manufactured in a zone exclusively with the use of domestic merchandise, the identity of which has been maintained in accordance with the second proviso of this section may, on such importation, be entered as American goods returned:

Provided, further, That no merchandise that consists of goods subject to NAFTA drawback, as defined in section 3333 (a) of this title, that is manufactured or otherwise changed in condition shall be exported to a NAFTA country, as defined in section 3301(4) of this title, without an assessment of a duty on the merchandise in its condition and quantity, and at its weight, at the time of its exportation (or if the privilege in the first proviso to this subsection was requested, an assessment of a duty on the merchandise in its condition and quantity, and at its weight, at the time of its admission into the zone) and the payment of the assessed duty before the 61st day after the date of exportation of the article, except that upon the presentation, before such 61st day, of satisfactory evidence of the amount of any customs duties paid or owed to the NAFTA country on the article, the customs duty may be waived or reduced (subject to section 508(b)(2)(B) of the Tariff Act of 1930 (19 U.S.C. 1508(b) (2)(B))) in an amount that does not exceed the lesser of (1) the total amount of customs duties paid or owed on the merchandise on importation into the United States, or (2) the total amount of customs duties paid on the article to the NAFTA country:

Provided, further, That, if Canada ceases to be a NAFTA country and the suspension of the operation of the United States-Canada Free-Trade Agreement thereafter terminates, with the exception of drawback eligible goods under section 204(a) of the United States-Canada Free-Trade Agreement Implementation Act of 1988, no article manufactured or otherwise changed in condition (except a change by cleaning, testing or repacking) shall be exported to Canada during the period such Agreement is in operation without the payment of a duty that shall be payable on the article in its condition and quantity, and at its weight, at the time of its exportation to Canada unless the privilege in the first proviso to this subsection was requested. (FOOTNOTE 1)

(FOOTNOTE 1) So in original.

• (b) Applicability to bicycle component parts

The exemption from the customs laws of the United States provided under subsection (a) of this section shall not be available on or before December 31, 1992, to bicycle component parts unless such parts are reexported from the United States, whether in the original package, as components of a completely assembled bicycle, or otherwise.

• (c) Articles manufactured or produced from denatured distilled spirits withdrawn free of tax from distilled spirits plant; products unfit for beverage purposes

◇ (1) Notwithstanding the provisions of the fifth proviso of subsection (a) of this section, any article (within the meaning of section 5002(a)(14) of title 26) may be manufactured or produced from denatured distilled spirits which have been withdrawn free of tax from a distilled spirits plant (within the meaning of section 5002(a)(1) of title 26), and articles thereof, in a zone.

◇ (2) Notwithstanding the provisions of the fifth proviso of subsection (a) of this section, distilled spirits which have been removed from a distilled spirits plant (as defined in section 5002 (a) (1) of title 26) upon payment or determination of tax may be used in the manufacture or production of medicines, medicinal preparation, food products, flavors, or flavoring extracts, which are unfit for beverage purposes, in a zone. Such products will be eligible for drawback under the internal revenue laws under the same conditions applicable to similar manufacturing or production operations occurring in customs territory.

- （d）Foreign trade zones

In regard to the calculation of relative values in the operations of petroleum refineries in a foreign trade zone, the time of separation is defined as the entire manufacturing period. The price of products required for computing relative values shall be the average per unit value of each product for the manufacturing period. Definition and attribution of products to feedstocks for pet roleum manufacturing may be either in accordance with Industry Standards of Potential Production on a Practical Operating Basis as verified and adopted by the Secretary of the Treasury （known as producibility） or such other inventory control method as approved by the Secretary of the Treasury that protects the revenue.

- （e）Production equipment

（1）In general

Notwithstanding any other provision of law, if all applicable customs laws are complied with （except as otherwise provided in this subsection）, merchandise which is admitted into a Foreign-trade zone for use within such zone as production equipment or as parts for such equipment, shall not be subject to duty until such merchandise is completely assembled, installed, tested, and used in the production for which it was admitted.

（2）Admission procedures

The person who admits the merchandise described in paragraph （1）into the zone shall, at the time of such admission, certify to the Customs Service that the merchandise is admitted into the zone pursuant to this subsection for use within the zone as production equipment or as parts for such equipment and that the merchandise will be entered and estimated duties deposited when use of the merchandise in production begins.

（3）Entry procedures

At the time use of the merchandise in production begins, the merchandise shall be entered, as provided for in section 484 of the Tariff Act of 1930 （19 U.S. C. 1484）, and estimated duties shall be deposited with the Customs Service. The merchandise shall be subject to tariff classification according to its character, condition, and quantity, and at the rate of duty applicable, at the time use of the merchandise in production begins.

(4) Foreign-trade zone

For purposes of this subsection, the term "Foreign-trade zone" includes a subzone.

(June 18, 1934, ch. 590, Sec. 3, 48 Stat. 999; June 17, 1950, ch. 296, Sec. 1, 64 Stat. 246; June 2, 1970, Pub. L. 91-271, title III, Sec. 309, 84 Stat. 292; Oct. 30, 1984, Pub. L. 98-573, title II, Sec. 231(a)(2), 98 Stat. 2990; Oct. 22, 1986, Pub. L. 99-514, title XVIII, Sec. 1894, 100 Stat. 2931; Aug. 23, 1988, Pub. L. 100-418, title I, Sec. 1783(f), 102 Stat. 1300; Sept. 28, 1988, Pub. L. 100-449, title II, Sec. 204(c)(5), 102 Stat. 1863; Nov. 10, 1988, Pub. L. 100-647, title IX, Sec. 9002, 102 Stat. 3808; Aug. 20, 1990, Pub. L. 101-382, title III, Sec. 481, 484F, 104 Stat. 706, 710; Dec. 8, 1993, Pub. L. 103-182, title II, Sec. 203(b)(5), 107 Stat. 2091; Oct. 11, 1996, Pub. L. 104-295, Sec. 31(a), 110 Stat. 3536.)

REFERENCES IN TEXT

The customs laws, referred to in text, are classified generally to this title. The Tariff Act of 1930, as amended, referred to in subsec. (a)(1), is act June 17, 1930, ch. 497, 46 Stat. 590, as amended, which is classified generally to chapter 4 (Sec. 1202 et seq.) of this title. For complete classification of this Act to the Code, see Tables.

Sections 1001 and 1201 of this title, referred to in subsec. (a), which comprised the dutiable and free lists for articles imported into the United States, were repealed by Pub. L. 87-456, title I, Sec. 101(a), May 24, 1962, 76 Stat. 72, which act also revised the Tariff Schedules of the United States. The Tariff Schedules of the United States were replaced by the Harmonized Tariff Schedule of the United States which is not set out in the Code. See Publication of Harmonized Tariff Schedule note set out under section 1202 of this title.

References in subsec. (a) to section and chapters of the Internal Revenue Code are references to section and chapters of the Internal Revenue Code, 1939, which was repealed by section 7851 of Title 26, I.R.C. 1954. The Internal Revenue Code of 1954 was redesignated the Internal Revenue Code of 1986 by Pub. L. 99-514, Sec. 2, Oct. 22, 1986, 100 Stat. 2095. Corresponding sections of I.R.C. 1986 to section and chapters of I.R.C. 1939 referred to in the text are set out below. For provision deeming a reference in other laws to a provision of I.R.C. 1939, also as a reference to corresponding provision of I.R.C. 1986, see section 7852(b) of Title 26, I.R.C. 1986.

I.R.C. 1939	I.R.C. 1986
Sec. 1807	Omitted
Chapter 15	Sec. 5701 et seq.
Chapter 16	Sec. 4591 et seq., Sec. 4811 et seq.
Chapter 17	Sec. 4831 et seq.
Chapter 21	Omitted
Chapter 23	Sec. 4701 et seq.
Chapter 24	Sec. 4801 et seq.
Chapter 25	Sec. 4181, 4182, and 5811 et seq.
Chapter 26	Sec. 5001 et seq.
Chapter 32	Sec. 4501 et seq.

Section 204 of the United States-Canada Free-Trade Agreement Implementation Act of 1988, referred to in subsec. (a), is section 204 of Pub. L. 100-449, which is set out in a note under section 2112 of this title.

The internal revenue laws, referred to in subsec. (c)(2), are classified generally to Title 26, Internal Revenue Code.

AMENDMENTS

1999-Subsec. (a). Pub. L. 106-36 struck out second period at end of last sentence.

1996-Subsec. (e). Pub. L. 104-295 added subsec. (e).

1993-Subsec. (a). Pub. L. 103-182, in provisions following par. (2), inserted second proviso relating to goods subject to NAFTA drawback, and in last proviso inserted "if Canada ceases to be a NAFTA country and the suspension of the operation of the United States-Canada Free-Trade Agreement thereafter terminates，" after "That" and substituted "during the period such Agreement is in operation" for "on or after January 1，1994，or such later date as may be proclaimed by the President under section 204(b)(2)(B) of such Act of 1988，".

1990-Subsec. (b). Pub. L. 101-382，Sec. 481，substituted "on or before December 31，1992" for "before January 1，1991".

Subsec. (c). Pub. L. 101-382，Sec. 484F，designated existing provisions as par. (1)，struck out "domestic" before "denatured distilled"，inserted provisions relating to withdrawal free of tax from a distilled spirits plant，and added par. (2).

1988-Subsec. (a). Pub. L. 100-449 inserted provision directing that，"with the exception of drawback eligible goods under section 204(a) of the United States-Canada Free-Trade Agreement Implementation Act of 1988，no article manufactured or otherwise changed in condition (except a change by cleaning，testing or repacking) shall be exported to Canada on or after January 1，1994，or such later date as may be proclaimed by the President under section 204(b) (2)(B) of such Act of 1988，without the payment of a duty that shall be payable on the article in its condition and quantity，and at its weight，at the time of its exportation to Canada unless the privilege in the first proviso to this subsection was requested."

Subsec. (b). Pub. L. 100-418 substituted "January 1，1991" for "June 30，1986".

Subsec. (d). Pub. L. 100-647 added subsec. (d).

1986-Subsec. (c). Pub. L. 99-514 added subsec. (c).

1984-Subsec. (a). Pub. L. 98-573 designated existing provisions as subsec. (a)，

redesignated former pars. (a) and (b) as pars. (1) and (2)，respectively，of subsec. (a)，and added subsec. (b).

1970-Pub. L. 91-271 substituted references to the appropriate customs officers for references to the collector of customs wherever appearing.

1950-Act June 17, 1950, amended section generally to remove the prohibition against, and to authorize specifically, manufacture and exhibition within a zone.

EFFECTIVE DATE OF 1996 AMENDMENT

Section 31(b) of Pub. L. 104-295 provided that: "The amendment made by this section (amending this section) shall apply with respect to merchandise admitted into a Foreign-trade zone after the date that is 15 days after the date of the enactment of this Act (Oct. 11, 1996)."

EFFECTIVE DATE OF 1993 AMENDMENT

Amendment by Pub. L. 103-182 applicable (1) with respect to exports from the United States to Canada on Jan. 1, 1996, if Canada is a NAFTA country on that date and after such date for so long as Canada continues to be a NAFTA country and (2) with respect to exports from the United States to Mexico on Jan. 1, 2001, if Mexico is a NAFTA country on that date and after such date for so long as Mexico continues to be a NAFTA country, see section 213(c) of Pub. L. 103-182, set out as an Effective Date note under section 3331 of this title.

EFFECTIVE DATE OF 1990 AMENDMENT

Section 485(a) of title III (Sec. 301-485) of Pub. L. 101-382 provided that: "Except as otherwise provided in this title, the amendments made by this title (amending this section and sections 1309, 1313, 1466, and 1553 of this title and enacting provisions set out as notes under sections 1309, 1466, and 1553 of this title), shall apply with respect to articles entered, or withdrawn from warehouse for consumption, on or after October 1, 1990."

EFFECTIVE AND TERMINATION DATES OF 1988 AMENDMENTS

Amendment by Pub. L. 100-449 effective on date the United States-Canada Free-Trade Agreement enters into force (Jan. 1, 1989), and to cease to have effect on date Agreement ceases to be in force, see section 501(a), (c) of Pub. L. 100-449, set out in a note under section 2112 of this title.

Amendment by section 1783(f) of Pub. L. 100-418 applicable with respect to articles entered or withdrawn from warehouse for consumption, after Sept. 30, 1988, pursuant to section 1831(a) of Pub. L. 100-418.

EFFECTIVE DATE OF 1984 AMENDMENT

Section 231(a)(3) of Pub. L. 98-573 provided that: "The amendments made by paragraph (2) (amending this section) shall take effect on the fifteenth day after the date of the enactment of this Act (Oct. 30, 1984)."

EFFECTIVE DATE OF 1970 AMENDMENT

Amendment by Pub. L. 91-271 effective with respect to articles entered, or withdrawn from warehouse for consumption, on or after Oct. 1, 1970, and such other articles entered or withdrawn from warehouse for consumption prior to such date, or with respect to which a protest has not been disallowed in whole or in part before Oct. 1, 1970, see section 203 of Pub. L. 91-271, set out as a note under section 1500 of this title.

TRANSFER OF FUNCTIONS

All offices of collector of customs, comptroller of customs, surveyor of customs, and appraiser of merchandise in Bureau of Customs of Department of the Treasury to which appointments were required to be made by President with advice and consent of Senate ordered abolished with such offices to be terminated not later than December 31, 1966, by Reorg. Plan No. 1 of 1965, eff. May 25, 1965, 30 F.R. 7035, 79 Stat. 1317, set out as a note under section 1 of this title. All functions of offices eliminated were already vested in Secretary of the Treasury by Reorg. Plan No. 26 of 1950, eff. July 31, 1950, 15 F.R. 4935, 64 Stat. 1280, set out in the Appendix to Title 5, Government Organization and Employees.

FLOOR STOCKS TAX TREATMENT OF ARTICLES IN FOREIGN-TRADE ZONES

Notwithstanding this chapter, articles located in a Foreign-trade zone on the effective date of increases in tax under specific amendments by Pub. L. 101-508 subject to floor stocks taxes under certain circumstances, see section 11218 of Pub. L. 101-508, set out as a note under section 5001 of Title 26, Internal Revenue Code.

PLAN AMENDMENTS NOT REQUIRED UNTIL JANUARY 1, 1989

For provisions directing that if any amendments made by subtitle A or subtitle C of title XI (Sec. 1101-1147 and 1171-1177) or title XVIII (Sec. 1801-1899A) of Pub. L. 99-514 require an amendment to any plan, such plan amendment shall not be required to be made before the first plan year beginning on or after Jan. 1, 1989, see section 1140 of Pub. L. 99-514, as amended, set out as a note under section 401 of Title 26, Internal Revenue Code.

SECTION REFERRED TO IN OTHER SECTIONS

This section is referred to in sections 58c, 1508 of this title; title 26 sections 5003, 5214.

81d. Customs officers and guards

The Secretary of the Treasury shall assign to the zone the necessary customs officers and guards to protect the revenue and to provide for the admission of foreign merchandise into customs territory.

TRANSFER OF FUNCTIONS

Functions of all officers of Department of the Treasury and functions of all agencies and employees of such Department transferred, with certain exceptions, to Secretary of the Treasury, with power vested in him to authorize their performance or performance of any of his functions, by any of such officers, agencies, and employees, by Reorg. Plan No. 26 of 1950, Sec. 1, 2, eff. July 31, 1950, 15 F.R. 4935, 64 Stat. 1280, set out in the Appendix to Title 5, Government Organization and Employees.

81e. Vessels entering or leaving zone; coastwise trade

Vessels entering or leaving a zone shall be subject to the operation of all the laws of the United States，except as otherwise provided in this chapter，and vessels leaving a zone and arriving in customs territory of the United States shall be subject to such regulations to protect the revenue as may be prescribed by the Secretary of the Treasury. Nothing in this chapter shall be construed in any manner so as to permit vessels under foreign flags to carry goods or merchandise shipped from one foreign trade zone to another zone or port in the protected coastwise trade of the United States.

（June 18，1934，ch. 590，Sec. 5，48 Stat. 1000.）

81f. Application for establishment and expansion of zone

• （a）Application for establishment; requirements

Each application shall state in detail-

◇ （1）The location and qualifications of the area in which it is proposed to establish a zone，showing （A）the land and water or land or water area or land area alone if the application is for its establishment in or adjacent to an interior port;（B）the means of segregation from customs territory;（C）the fitness of the area for a zone; and （D）the possibilities of expansion of the zone area;

◇ （2）The facilities and appurtenances which it is proposed to provide and the preliminary plans and estimate of the cost thereof，and the existing facilities and appurtenances which it is proposed to utilize;

◇ （3）The time within which the applicant proposes to commence and complete the construction of the zone and facilities and appurtenances;

◇ （4）The methods proposed to finance the undertaking;

◇ （5）Such other information as the Board may require.

• （b）Amendment of application; expansion of zone

The Board may upon its own initiative or upon request permit the amendment of the application. Any expansion of the area of an established zone shall be made and approved in the same manner as an original application.

（June 18，1934，ch. 590，Sec. 6，48 Stat. 1000.）

81g. Granting of application

If the Board finds that the proposed plans and location are suitable for the accomplishment of the purpose of a foreign trade zone under this chapter, and that the facilities and appurtenances which it is proposed to provide are sufficient it shall make the grant.

(June 18, 1934, ch. 590, Sec. 7, 48 Stat. 1000.)

81h. Rules and regulations

The Board shall prescribe such rules and regulations not inconsistent with the provisions of this chapter or the rules and regulations of the Secretary of the Treasury made hereunder and as may be necessary to carry out this chapter.

(June 18, 1934, ch. 590, Sec. 8, 48 Stat. 1000.)

81i. Cooperation of Board with other agencies

The Board shall cooperate with the State, subdivision, and municipality in which the zone is located in the exercise of their police, sanitary, and other powers in and in connection with the free zone. It shall also cooperate with the United States Customs Service, the United States Postal Service, the Public Health Service, the Immigration and Naturalization Service, and such other Federal agencies as have jurisdiction in ports of entry described in section 81b of this title.

(Ex. Ord. No. 6166, Sec. 14, June 10, 1933; June 18, 1934, ch. 590, Sec. 9, 48 Stat. 1000; Aug. 12, 1970, Pub. L. 91-375, Sec. 4(a), 6(o), 84 Stat. 773, 783.)

CHANGE OF NAME

"United States Postal Service" substituted in text for "Post Office Department" pursuant to Pub. L. 91-375, Sec. 4(a), 6(o), Aug. 12, 1970, 84 Stat. 773, 783, which are set out as notes preceding section 101 of Title 39, Postal Service, and under section 201 of Title 39, respectively, which abolished Post Office Department, transferred its functions to United States Postal Service, and provided that references in other laws to Post Office

Department shall be considered a reference to United States Postal Service.

TRANSFER OF FUNCTIONS

Functions of Public Health Service，Surgeon General of Public Health Service，and of all other officers and employees of Public Health Service，and functions of all agencies of or in Public Health Service transferred to Secretary of Health，Education，and Welfare by Reorg. Plan No. 3 of 1966，31 F.R. 8855，80 Stat. 1610，effective June 25，1966，set out in the Appendix to Title 5，Government Organization and Employees. Secretary of Health，Education，and Welfare redesignated Secretary of Health and Human Services by section 509(b) of Pub. L. 96-88，title V，Oct. 17，1979，93 Stat. 695，which is classified to section 3508(b) of Title 20，Education.

Functions of all other officers of Department of Justice and functions of all agencies and employees of such Department transferred，with a few exceptions，to Attorney General，with power vested in him to authorize their performance or performance of any of his functions by any of such officers，agencies，and employees，by former sections 1 and 2 of Reorg. Plan No. 2 of 1950，eff. May 24，1950，15 F.R. 3173，64 Stat. 1261，set out in the Appendix to Title 5. The Immigration and Naturalization Service，referred to in this section，is in Department of Justice.

Functions of all other officers of Department of the Treasury and functions of all agencies and employees of such Department transferred，with certain exceptions，to Secretary of the Treasury，with power vested in him to authorize their performance or performance of any of his functions，by any of such officers，agencies，and employees，by Reorg. Plan No. 26 of 1950，Sec. 1，2，eff. July 31，1950，15 F.R. 4935，64 Stat. 1280，set out in the Appendix to Title 5. Customs Service is under Department of the Treasury.

Bureaus of Immigration and Naturalization consolidated as an Immigration and Naturalization Service by Ex. Ord. No. 6166，set out as a note under section 901 of Title

81j. Cooperation of other agencies with Board

For the purpose of facilitating the investigations of the Board and its work in the granting of the privilege, in the establishment, operation, and maintenance of a zone, the President may direct the executive departments and other establishments of the Government to cooperate with the Board, and for such purpose each of the several departments and establishments is authorized, upon direction of the President, to furnish to the Board such records, papers, and information in their possession as may be required by him, and temporarily to detail to the service of the Board such officers, experts, or engineers as may be necessary.

(June 18, 1934, ch. 590, Sec. 10, 48 Stat. 1001.)

81k. Agreements as to use of property

If the title to or right of user of any of the property to be included in a zone is in the United States, an agreement to use such property for zone purposes may be entered into between the grantee and the department or officer of the United States having control of the same, under such conditions, approved by the Board and such department or officer, as may be agreed upon.

(June 18, 1934, ch. 590, Sec. 11, 48 Stat. 1001.)

81l. Facilities to be provided and maintained

Each grantee shall provide and maintain in connection with the zone-

- (a) Adequate slips, docks, wharves, warehouses, loading and unloading and mooring facilities where the zone is adjacent to water; or, in the case of an inland zone, adequate loading, unloading, and warehouse facilities;

- (b) Adequate transportation connections with the surrounding territory and with all parts of the United States, so arranged as to permit of proper guarding and inspection for the protection of the revenue;

- (c) Adequate facilities for coal or other fuel and for light and power;

- (d) Adequate water and sewer mains;

- (e) Adequate quarters and facilities for the officers and employees of the

United States, State, and municipality whose duties may require their presence within the zone;

- (f) Adequate enclosures to segregate the zone from customs territory for protection of the revenue, together with suitable provisions for ingress and egress of persons, conveyances, vessels, and merchandise;

- (g) Such other facilities as may be required by the Board.

(June 18, 1934, ch. 590, Sec. 12, 48 Stat. 1001.)

81m. Permission to others to use zone

The grantee may, with the approval of the Board, and under reasonable and uniform regulations for like conditions and circumstances to be prescribed by it, permit other persons, firms, corporations, or associations to erect such buildings and other structures within the zone as will meet their particular requirements: Provided, That such permission shall not constitute a vested right as against the United States, nor interfere with the regulation of the grantee or the permittee by the United States, nor interfere with or complicate the revocation of the grant by the United States: And provided further, That in the event of the United States or the grantee desiring to acquire the property of the permittee no good will shall be considered as accruing from the privilege granted to the zone: And provided further, That such permits shall not be granted on terms that conflict with the public use of the zone as set forth in this chapter.

(June 18, 1934, ch. 590, Sec. 13, 48 Stat. 1001.)

81n. Operation of zone as public utility; cost of customs service

Each zone shall be operated as a public utility, and all rates and charges for all services or privileges within the zone shall be fair and reasonable, and the grantee shall afford to all who may apply for the use of the zone and its facilities and appurtenances uniform treatment under like conditions, subject to such treaties or commercial conventions as are now in force or may hereafter be made from time to time by the United States with foreign governments and the cost of maintaining the additional customs service required under this chapter shall be paid by the operator of the zone.

(June 18, 1934, ch. 590, Sec. 14, 48 Stat. 1001.)

81o. Residents of zone

• (a) Persons allowed to reside in zone

No person shall be allowed to reside within the zone except Federal, State, or municipal officers or agents whose resident presence is deemed necessary by the Board.

• (b) Rules and regulations for employees entering and leaving zone

The Board shall prescribe rules and regulations regarding employees and other persons entering and leaving the zone. All rules and regulations concerning the protection of the revenue shall be approved by the Secretary of the Treasury.

• (c) Exclusion from zone of goods or process of treatment

The Board may at any time order the exclusion from the zone of any goods or process of treatment that in its judgment is detrimental to the public interest, health, or safety.

• (d) Retail trade within zone

No retail trade shall be conducted within the zone except under permits issued by the grantee and approved by the Board. Such permittees shall sell no goods except such domestic or duty-paid or duty-free goods as are brought into the zone from customs territory.

• (e) Exemption from State and local ad valorem taxation of tangible personal property

Tangible personal property imported from outside the United States and held in a zone for the purpose of storage, sale, exhibition, repackaging, assembly, distribution, sorting, grading, cleaning, mixing, display, manufacturing, or processing, and tangible personal property produced in the United States and held in a zone for exportation, either in its original form or as altered by any of the above processes, shall be exempt from State and local ad valorem taxation.

(June 18, 1934, ch. 590, Sec. 15, 48 Stat. 1002; Oct. 30, 1984, Pub. L. 98-

573，title Ⅱ，Sec. 231(b)(1)，98 Stat. 2991.)

AMENDMENTS

1984-Subsec. (e). Pub. L. 98-573 added subsec. (e).

EFFECTIVE DATE OF 1984 AMENDMENT

Section 231(b)(2) of Pub. L. 98-573 provided that: "The amendment made by paragraph (1) (amending this section) shall take effect on January 1，1983."

81p. Accounts and recordkeeping

● (a) Manner of keeping accounts

The form and manner of keeping the accounts of each zone shall be prescribed by the Board.

● (b) Annual report by grantee

Each grantee shall make to the Board annually，and at such other times as it may prescribe，reports on zone operations.

● (c) Report to Congress

The Board shall make a report to Congress annually containing a summary of zone operations.

(June 18，1934，ch. 590，Sec. 16，48 Stat. 1002; Dec. 28，1980，Pub. L. 96-609，title Ⅱ，Sec. 204，94 Stat. 3561; Aug. 22，1986，Pub. L. 99-386，title Ⅱ，Sec. 203(b)，100 Stat. 823.)

AMENDMENTS

1986-Subsec. (b). Pub. L. 99-386, Sec. 203(b)(1)，substituted "reports on zone operations" for "reports containing a full statement of all the operations，receipts，and expenditures，and such other information as the Board may require". Subsec. (c). Pub. L. 99-386，Sec. 203(b)(2)，added subsec. (c) and struck out former subsec. (c) which required the Board to make an annual report to Congress containing a summary of the operation and fiscal condition of each zone，and transmit copies of the annual report of each grantee. 1980-Subsec. (c). Pub. L. 96-609 substituted "by April 1 of each year" for "on the first day of each regular session".

81q. Transfer of grant

The grant shall not be sold, conveyed, transferred, set over, or assigned.

(June 18, 1934, ch. 590, Sec. 17, 48 Stat. 1002.)

81r. Revocation of grant

- (a) Procedure for revocation

In the event of repeated willful violations of any of the provisions of this chapter by the grantee, the Board may revoke the grant after four months' notice to the grantee and affording it an opportunity to be heard. The testimony taken before the Board shall be reduced to writing and filed in the records of the Board together with the decision reached thereon.

- (b) Attendance of witnesses and production of evidence

In the conduct of any proceeding under this section for the revocation of a grant the Board may compel the attendance of witnesses and the giving of testimony and the production of documentary evidence, and for such purpose may invoke the aid of the district courts of the United States.

- (c) Nature of order of revocation; appeal

An order under the provisions of this section revoking the grant issued by the Board shall be final and conclusive, unless within ninety days after its service the grantee appeals to the court of appeals for the circuit in which the zone is located by filing with the clerk of said court a written petition praying that the order of the Board be set aside. Such order shall be stayed pending the disposition of appellate proceedings by the court. The clerk of the court in which such a petition is filed shall immediately cause a copy thereof to be delivered to the Board and it shall thereupon file in the court the record in the proceedings held before it under this section, as provided in section 2112 of title 28. The testimony and evidence taken or submitted before the Board, duly certified and filed as a part of the record, shall be considered by the court as the evidence in the case.

(June 18, 1934, ch. 590, Sec. 18, 48 Stat. 1002; June 25, 1948, ch. 646, Sec. 32(a), 62 Stat. 991; May 24, 1949, ch. 139, Sec. 127, 63 Stat. 107; Aug. 28, 1958, Pub. L. 85-791, Sec. 11, 72 Stat. 945.)

AMENDMENTS

1958-Subsec. (c). Pub. L. 85-791 substituted "thereupon file in the court" for "forthwith prepare, certify, and file in the court a full and accurate transcript of" and "as provided in section 2112 of title 28" for "the charges, the evidence, and the order revoking the grant" in third sentence.

CHANGE OF NAME

Act June 25, 1948, eff. Sept. 1, 1948, as amended by act May 24, 1949, substituted "court of appeals" for "circuit court of appeals".

81s. Offenses

In case of a violation of this chapter, or any regulation under this chapter, by the grantee, any officer, agent or employee thereof responsible for or permitting any such violation shall be subject to a fine of not more than $1,000. Each day during which a violation continues shall constitute a separate offense.

(June 18, 1934, ch. 590, Sec. 19, 48 Stat. 1003.)

81t. Separability

If any provision of this chapter or the application of such provision to certain circumstances be held invalid, the remainder of this chapter and the application of such provisions to circumstances other than those as to which it is held invalid shall not be affected thereby.

(June 18, 1934, ch. 590, Sec. 20, 48 Stat. 1003.)

81u. Right to alter, amend, or repeal chapter

The right to alter, amend, or repeal this chapter is reserved.

(June 18, 1934, ch. 590, Sec. 21, 48 Stat. 1003.)

新加坡裕廊港管理公司法

Contents

13 Borrowing powers

14 Loan conditions

14A Issue of shares，etc.

15 Budget

16 Approval of budget by Minister

17 Supplemental budgets

18 Accounts

19 Appointment and powers of Corporation's auditor

20 Auditor's report

21 Presentation of financial statements

22 Annual report

23 Bank account and accounting records

24 Payments to be made in accordance with budget

25 Transfer of sums from one item to another

26 Power of investment

27—30 (Repealed)

31 Special provisions relating to sale of land by Corporation

32 Regulations

33 Obstruction of officer of Corporation

34 Transfer to Corporation of assets and liabilities of Economic Development Board

35 Corporation's symbols

35A Furnishing of information

35B Request for information from Inland Revenue Authority of Singapore and Urban Redevelopment Authority

35C Preservation of secrecy

35D Entry on premises to obtain statistical information

JURONG TOWN CORPORATION ACT

(CHAPTER 150)

(Original Enactment: Act 5 of 1968)

REVISED EDITION 1998

(30th May 1998)

PART I

PRELIMINARY

Short title

1. This Act may be cited as the Jurong Town Corporation Act.

Interpretation

2. In this Act, unless the context otherwise requires —

"authorised occupier" means a person who is named in an application made to the Corporation as the person who intends to reside in the flat, house or building sold or to be sold by the Corporation under Part IV or any person who is authorised in writing by the Corporation to reside therein;

"Chairman" means the Chairman of the Corporation appointed under section 4;

"commercial property" means any flat, house or building or any part thereof which I permitted to be used pursuant to the Planning Act 1998 (Act 3 of 1998) or an other written law for the purpose of carrying on any business or which is lawfull so used, and includes any industrial property;

"common property" means so much of the developed land and all parts of the building as are not comprised in the flats in a building;

"Corporation" means the Jurong Town Corporation established under section 3;

"developed land" means any land of the Corporation upon which a building has been erected;

"financial year" means a period of 12 months beginning on 1st April in each year and ending on 31st March in the following year;

"flat" means a horizontal stratum of a building or part thereof, whether the stratum is on one or more levels or is partially or wholly below the surface of the ground, which is used or intended to be used as a complete and separate unit for the purpose of human habitation or business or for any other purpose;

"industrial property" means —

(a) any building or other premises which is permitted by or under the Planning Act (Cap. 232) or any other written law for use solely for an industrial purpose, or for mixed purposes the predominant purpose of which is an industrial purpose;

(b) any building or other premises used solely for an industrial purpose, or for mixed purposes the predominant purpose of which is an industrial purpose, being a use to which the building or premises was put on 1st February 1960, and the building or premises has not been put to any other use since that date; or

(c) any land zoned in the Master Plan (within the meaning of section 6 of the Planning Act) solely for an industrial purpose, or for mixed purposes the predominant purpose of which is an industrial purpose;

"industrial purpose" means —

(a) general industry, such as the manufacturing, altering, repairing, ornamenting, finishing, cleaning, washing, laundry, packing, canning, adapting, breaking up or demolishing any article or part thereof, the getting, processing or treatment of minerals, or the manufacturing or packing of goods or foodstuff, whether or not the processes carried on are dangerous or offensive;

(b) light industry where the processes in paragraph (a) or the machinery installed for such processes are such as can be carried on or installed in any residential area without detriment to the amenity of the area by reason of noise, vibration, smell, fumes, smoke, soot, ash, dust or grit and are not dangerous or offensive;

(c) warehousing, storage of goods or foodstuff, or freight and logistics operations;

(d) research and development activities, business park activities or science park activities; or

(e) such other activity of an industrial nature as the Minister may, by notification published in the *Gazette*, specify to be an industrial purpose;

"Inland Revenue Authority of Singapore" means the Inland Revenue Authority of Singapore established under the Inland Revenue Authority of Singapore Act (Cap. 138A);

"lease" includes an agreement for a lease;

"officer" includes the Chairman, members and employees of the Corporation;

"owner", in relation to immovable property, includes a person who has purchased a leasehold interest in any property sold by the Corporation and also includes a purchaser under an agreement for lease;

"Urban Redevelopment Authority" means the Urban Redevelopment Authority established under the Urban Redevelopment Authority Act (Cap. 340).

PART II

ESTABLISHMENT AND INCORPORATION OF CORPORATION

Establishment of Jurong Town Corporation

3.—(1) There shall be established a body to be called the Jurong Town Corporation.

(2) The Corporation shall be a body corporate with perpetual succession and a common seal with power, subject to the provisions of this Act, to acquire, hold or dispose of property, both movable and immovable, to enter into contracts, to sue and be sued in its corporate name and to perform such other acts as bodies corporate may by law perform.

Chairman of Corporation

4. The Minister, with the President's concurrence under Article 22A(1) (b) of the Constitution, shall appoint a Chairman of the Corporation who shall, subject to the provisions of this Act, hold office for such period and on such terms as the Minister may determine.

Constitution of Corporation

5.—(1) The Corporation shall consist of —

(a) a Chairman; and

(b) not fewer than 4 and not more than 14 other members to be appointed by the Minister with the President's concurrence under Article 22A(1)(b) of the Constitution.

(1A) The Minister may, with the President's concurrence, appoint one of the members of he Corporation as Deputy Chairman.

(2) The quorum at all meetings of the Corporation shall be 4 or one-third of the total number of members in office, whichever is the higher.

(3) The Chairman or any officer authorised by him to act on his behalf may call a meeting of the Corporation at least once in every 2 months or as often as he thinks fit.

(4) The members of the Corporation, other than the Chairman, shall, unless their appointment is revoked by the Minister under subsection (9) or unless they resign during heir period of office, hold office for a period of 3 years or for such shorter period as the Minister may in any case determine.

(5) If for any reason the Chairman is absent or unable to act or the office of Chairman is vacant, the Deputy Chairman or, in the absence of both the Chairman and the Deputy Chairman, any member of the Corporation duly appointed by the members present at any meeting of the Corporation may exercise all or any of the powers conferred, or perform all or any of the duties imposed, on the Chairman under this Act.

(6) The Chairman or the person lawfully acting as Chairman at any meeting of the Corporation shall have an original as well as a casting vote.

(7) A member of the Corporation shall not, at any meeting of the Corporation, participate in any discussion relating to, and shall not vote in respect of, any business in which he is interested, and if he does so his vote shall not be counted nor shall he be counted in the quorum present at such

meeting.

（8）The members of the Corporation shall be paid out of the funds of the Corporation such salaries，fees or allowances as the President may determine.

（9）The Minister with the President's concurrence under Article 22A(1) (b) of the Constitution may at any time revoke the appointment of the Chairman，the Deputy Chairman or any other member of the Corporation.

Direction by Minister

6.—(1) The Minister may give to the Corporation such directions，not inconsistent with the provisions of this Act，as he considers fit，as to the exercise and performance by the Corporation of its powers，duties and functions under this Act and the Corporation shall give effect to all such directions.

（2）The Corporation shall furnish the Minister with such information with respect to its property and activities as he may from time to time require.

Appointment of chief executive officer and other employees

7.—(1) After consulting the Public Service Commission，the Corporation may，with the approval of the Minister and the President's concurrence under Article 22A(1)(b) of the Constitution，appoint a chief executive officer on such terms and conditions as it may determine.

（2）The chief executive officer shall —

（a）be known by such designation as the Corporation may determine;

（b）be responsible to the Corporation for the proper administration and management of the functions and affairs of the Corporation in accordance with the policy laid down by the Corporation; and

（c）not be removed from office without the consent of the Minister and the President's concurrence under Article 22A(1)(b) of the Constitution.

（3）If the chief executive officer is temporarily absent from Singapore，or is temporarily unable to perform his duties by reason of illness or otherwise, another person may be appointed by the Corporation to act in the place of the chief executive officer during any such period of absence from duty.

(4) The Corporation may from time to time appoint and employ such other employees and agents as it thinks fit for the effective performance of its functions on such terms and conditions as the Corporation may determine.

Appointment of committees and delegation of powers

8.—(1) The Corporation may, in its discretion, appoint from among its own members or other persons who are not members of the Corporation such number of committees as it thinks fit consisting of members or other persons or members and other persons for purposes which, in the opinion of the Corporation, would be better regulated and managed by means of those committees.

(2) The Corporation may, subject to such conditions or restrictions as it thinks fit, delegate to any such committee or the Chairman all or any of the powers, functions and duties by this Act vested in the Corporation, except the power to borrow money or to raise loans by the issue of bonds and debentures; and any power, function or duty so delegated may be exercised or performed by that committee or the Chairman in the name and on behalf of the Corporation.

(3) The Corporation may, subject to such conditions or restrictions as it thinks fit, delegate to any employee thereof all or any of the powers, functions and duties by this Act vested in the Corporation, except the power to borrow money or to raise loans; and any power, function or duty so delegated may be exercised or performed by the employee in the name and on behalf of the Corporation.

(4) The Corporation may continue to exercise any power conferred upon it, or perform any function or duty under this Act, notwithstanding the

delegation of such power, function or duty under this section.

Protection from personal liability

9.—(1) No matter or thing done and no contract of any kind entered into by the Corporation and no matter or thing done by any member of the Corporation or by any employee thereof or any other person whomsoever acting under the direction of the Corporation shall, if the matter or thing was done or the contract was entered into bona fide for the purpose of executing the provisions of this Act, subject any such member or employee or any person acting under the direction of the Corporation personally to any action, liability, claim or demand whatsoever in respect thereof.

(2) Any expense incurred by the Corporation or any member, employee or other person so acting under the direction of the Corporation shall be borne by and repaid out of the funds of the Corporation.

Members and officers of Corporation deemed to be public servants

10. The members of the Corporation and the employees thereof, of every description, shall be deemed to be public servants within the meaning of the Penal Code (Cap. 224).

PART Ⅲ

PROVISIONS RELATING TO CORPORATION

Provision of working capital

11. For the purpose of enabling the Corporation to carry out its objects and to defray expenditure properly chargeable to capital account, including defraying initial expenses, and for the provision of working capital, the Minister may authorise payment to the Corporation of such sums as he may determine.

Functions and powers of Corporation

12.—(1) The functions of the Corporation are —

(a) to develop and manage sites, parks, estates, townships and other premises for industries and businesses in Singapore or elsewhere;

(b) to provide facilities to enhance the operations of industries and businesses including social amenities for the advancement and the well-being of persons living and working in such sites, parks, estates and townships or otherwise;

(c) to participate in overseas ventures and developments which the Corporation has the expertise to engage or undertake in; and

(d) to collect, compile and analyse information of a statistical nature relating to industrial property in Singapore, and to publish and disseminate the results of any such compilation or analysis or abstracts of those results.

(1A) In addition to the functions and duties imposed by this section, the Corporation may undertake such other functions and duties as the Minister may, by notification published in the *Gazette*, assign to the Corporation and in so doing, the Corporation shall be deemed to be fulfilling the purposes of this Act, and the provisions of this Act shall apply to the Corporation in respect of such functions and duties.

(1B) Nothing in subsection (1) or (1A) shall be construed as imposing on the Corporation, directly or indirectly, any form of duty or liability enforceable by proceedings before any court to which it would not otherwise be subject.

(2) The Corporation shall have power to do anything for the purpose of the discharge of its functions under this Act or which is incidental or conducive to the discharge of those functions and, in particular, may —

(a) act in combination or association with other persons or organisations for the discharge of any of its functions;

(b) promote the carrying on of any activities for the discharge of its functions by other persons or organisations;

(c) purchase, acquire or lease any land and premises required for the purpose of the discharge of its functions under this Act;

(d) sell or lease land and premises for the purpose of the discharge of its functions under this Act upon such terms as the Corporation may determine;

(e) provide technical, managerial and other specialist services for industrial, business and other development and build up a corps of engineering, managerial and other specialist staff to provide such services;

(f) prepare and execute proposals, plans and projects for the erection, conversion, improvement and extension of any building for sale, lease, rental or other purpose;

(g) provide and maintain housing accommodation including convalescent or holiday houses for employees of the Corporation, provide and maintain for those employees clubs and playing fields and provide educational facilities for them;

(ga) grant loans to employees or to act as guarantor for loans taken by them, to enable them to purchase their own houses, furniture, fittings, home appliances and vehicles;

(gb) award scholarships or give loans to employees to obtain professional, technical or other training;

(h) sell or lease flats, houses or other living accommodation and land for the housing of persons living and working in industrial and business sites, parks, estates and townships;

(i) provide loans on mortgage at such interest as may be prescribed to enable persons, other than employees of the Corporation, to purchase any flat, house or building which is used or intended to be used solely for the purpose of human habitation;

(j) with the written approval of the Minister, form or participate in the formation of a company or companies or enter into any joint venture or partnership in Singapore or elsewhere;

(k) with the written approval of the Minister, grant loans to any company in which the Corporation or any of its subsidiary companies holds any shares;

(l) with the written approval of the Minister and the President, guarantee the repayment of loans given to any company in which the Corporation or any of its subsidiary companies holds any shares; and

(m) provide and maintain adequate and efficient port services and facilities in the Jurong Port.

Borrowing powers

13.—(1) The Corporation may, from time to time, for the purposes of this Act raise loans —

(a) from the Government;

(b) with the approval of the Minister and subject to the provisions of any written law, by any of the methods set out in section 14; or

(c) from such other source as the Minister may direct.

(2) The Corporation shall pay interest on those loans at such rate and at such times, and shall make such provisions for the mode and time or times of repayment of principal as may be approved by the Minister.

(3) The Corporation may, from time to time, borrow by way of temporary loan or overdraft from a bank or otherwise any sum which it may temporarily require —

(a) for the purpose of defraying expenses pending the receipt of revenues receivable by it in respect of the period of account in which those expenses are chargeable;or

(b) for the purpose of defraying, pending the receipt of money due in respect of any loan authorised to be raised under subsection (1), expenses intended to be defrayed by any such loan.

(4) Bonds and debentures of the Corporation issued before the

commencement of subsection (5) shall be guaranteed by the Government as to the repayment of principal and the payment of interest at such rate as may be approved by the Minister.

(5) Bonds and debentures of the Corporation issued on or after the commencement of this subsection shall be guaranteed by the Government as to the repayment of principal and the payment of interest at such rate as may be approved by the Minister if the President, acting in his discretion, concurs with the giving of such guarantee.

(6) For the purposes of subsection (1), the power to raise loans shall include the power to make any financial agreement whereby credit facilities are granted to the Corporation for the purchase of goods, materials or things.

Loan conditions

14.—(1) Where the Corporation is authorised to borrow money, the Corporation may, subject to the approval or direction of the Minister, raise money in any manner and, in particular, raise it by —

(a) mortgage;

(b) charge, whether legal or equitable, on any property vested in the Corporation or on any revenue receivable by the Corporation under this Act or any other written law; and

(c) debentures, stocks, bonds or other instruments or securities issued by the Corporation.

(2) The Corporation may, with the approval or direction of the Minister, fix such rates of interest and such terms, conditions and periods to secure the repayment of the sums borrowed as it thinks fit.

Issue of shares, etc.

14A. As a consequence of the vesting of any property, rights or liabilities of the Government in the Corporation under this Act, or of any capital injection or other investment by the Government in the Corporation in accordance with any written law, the Corporation shall issue such shares or other securities to the Minister for Finance as that Minister may from time to time direct.

Budget

15. The Corporation shall in every financial year cause to be prepared in a form to be approved by the Minister a budget to be forwarded to the Minister not later than 31st January containing estimates of income and expenditure of the Corporation for the ensuingyear —

(a) on capital account;

(b) relating to the management and maintenance of industrial sites, housing andancillary services; and

(c) relating to the execution of its powers, functions and duties.

Approval of budget by Minister

16.—(1) The Minister may approve or disallow any item or portion of any item shown in the budget, and shall return the budget as amended by him to the Chairman.

(2) The Corporation shall present the budget which has been approved by the Minister to the President for his approval under Article 22B of the Constitution.

(3) The budget when approved by the President shall be published in the *Gazette*.

Supplemental budgets

17.—(1) The Corporation may at any time cause to be prepared a supplemental budget toprovide，subject to section 24(2)(d)，for unforeseen or urgently required expenditure

containing —

(a)a revised estimate of the income for the current financial year;

(b)a revised estimate of the expenditure for the current financial year; and

(c)a statement showing how provision is therein made to meet additional expenditure.

(2) A supplemental budget shall be dealt with in the manner provided in section 16 for the annual budget.

Accounts

18.—(1) The accounts of the Corporation shall be kept by a chief financial officer appointed by and responsible to the Corporation.

(2) The chief financial officer shall prepare in respect of each financial year a statement of accounts in a form approved by the Minister.

(3) The chief financial officer shall keep proper accounts and records of the transactions and affairs of the Corporation and shall do all things necessary to ensure that all paymentsout of its moneys are correctly made and properly authorised and that adequate control ismaintained over the assets of，or in the custody of，the Corporation and over the expenditure incurred by the Corporation.

Appointment and powers of Corporation's auditor

19.—(1) The accounts of the Corporation shall be audited by the Auditor-General or byan auditor appointed annually by the Minister in consultation with the Auditor-General.

(2) The Corporation's auditor shall be paid out of the funds of the

Corporation suchremuneration, expenses or fees as the Minister, after consultation with the Corporation, shall direct.

(3) The Corporation's auditor shall be entitled to full and free access to all accounting and other records relating, directly or indirectly, to the financial transactions of the Corporation and may make copies of or extracts from any such accounting or other records.

(4) The Corporation's auditor or a person authorised by him may require any person to furnish him with such information which that person possesses or has access to as the auditor or the duly authorised person considers necessary for the purposes of the functions of the auditor under this Act.

(5) An officer of the Corporation who refuses or fails without any reasonable cause to allow the Corporation's auditor or a person authorised by him access to any accounting and other records of the Corporation in his custody or power or to give any information possessed by him as and when required or who otherwise hinders, obstructs or delays the Corporation's auditor or any person authorised by him in the performance of his duties other exercise of his powers shall be guilty of an offence and shall be liable on conviction to a fine not exceeding $500 and, in the case of a continuing offence, to a further fine not exceeding $100 for every day or part thereof during which the offence continues after conviction.

Auditor's report

20.—(1) The chief financial officer of the Corporation shall prepare the financial statements in respect of each preceding financial year and submit them to the Corporation's auditor who shall audit and report on them to the Minister and the President.

(2) The Corporation's auditor shall state in his report of his audit whether

(a) the financial statements show fairly the financial transactions and the state of affairs of the Corporation;

(b) proper accounting and other records have been kept; and

(c) the receipt, expenditure and investment of moneys and the acquisition and disposal of assets by the Corporation during the year have been in accordance with the provisions of this Act and the Constitution.

(3) The Corporation's auditor shall report on any other matter arising from the audit as he considers necessary.

Presentation of financial statements

21.—(1) A copy of the audited financial statements signed by the Chairman, the chief executive officer and the chief financial officer, and certified by the Corporation's auditor, together with a copy of any report made by the auditor, shall be submitted to the Ministern not later than 8th September and to the President not later than 30th September in each year.

(2) Where the Auditor-General has not been appointed to be the auditor of the Corporation a copy of the audited financial statements and any report made by the auditor shall be forwarded to the Auditor-General at the same time as they are submitted to the Minister.

(3) The Minister shall present a copy of the audited financial statements and the report of the Corporation's auditor to Parliament.

(4) The audited financial statements and the auditor's report referred to in subsection (3) shall be published in the *Gazette*.

Annual report

22.—(1) The Corporation shall, not later than 8th September in each year, unless the Minister otherwise authorises in writing, furnish to the Minister a report of its functions during the preceding year.

(2) The Minister shall cause a copy of every such report to be presented to Parliament.

Bank account and accounting records

23.—(1) All moneys paid to the Corporation shall forthwith be paid into such banks as may from time to time be decided by the Corporation.

(2) The accounting records of the Corporation shall distinguish between capital and revenue transactions.

(3) Moneys received by way of loans shall be shown separately in the books and accounts and in the balance-sheet of the Corporation.

Payments to be made in accordance with budget

24.—(1) No payment shall be made by the Corporation unless the expenditure is covered by an item in a budget and a sufficient balance for the item is available.

(2) Notwithstanding the absence of such provision, the Corporation may pay —

(a) sums deposited by contractors or other persons whenever by the conditions of the deposit any such sum has become repayable;

(b) sums collected and credited to the funds of the Corporation in error;

(c) sums payable by the Corporation under any award of the Collector of Land Revenue or under any of the provisions of this Act or of any other written law relating to the acquisition of land for a public purpose or under any judgment or order of any court; and

(d) any expenditure incurred to secure the proper execution of the functions and duties of the Corporation under this Act which, in the opinion of the Corporation, cannot be postponed.

(3) Provision shall be made in a supplemental budget for any payment made under subsection (2)(c) or (d).

Transfer of sums from one item to another

25. Notwithstanding any of the provisions of this Act, the Corporation

may transfer all or any part of moneys assigned to one item of expenditure to another item under the same head of expenditure in a budget approved by the Minister and the President.

Power of investment

26. The Corporation may invest its moneys in accordance with the standard investment power of statutory bodies as defined in section 33A of the Interpretation Act (Cap. 1).

27. [Repealed by Act 23/95]

28. [Repealed by Act 20 of 2013 wef 08/11/2013]

29. [Repealed by Act 20 of 2013 wef 08/11/2013]

30. [Repealed by Act 23/95]

Special provisions relating to sale of land by Corporation

31. For the purposes of registration of an assurance relating to the sale by the Corporation of any land, the mortgage of such land in favour of the Corporation or there conveyance or discharge of such mortgage —

(a) in the case of land registered under the provisions of the Registration of Deeds Act (Cap. 269), section 11 of that Act shall not apply; and

(b) in the case of land registered under the provisions of the Land Titles Act (Cap. 157) where a solicitor is not employed by the Corporation, a certificate of an officer authorised in writing in that behalf by the Corporation shall be sufficient for the purposes of section 59 of that Act.

Regulations

32.—(1) The Minister may, after consultation with the Corporation, make such regulations as he may consider necessary or desirable for the proper conduct of the business of the Corporation and, in particular, for any of the following matters:

(a) the convening of meetings of the Corporation and the procedure to be followed threat;

(b) the provision of a common seal and the custody and use thereof;

(c) the manner in which documents, cheques and instruments of any description shall be signed or executed on behalf of the Corporation;

(d) the manner and terms of issue and redemption of bonds and debentures by the Corporation; and

(e) generally for the exercise of the powers of the Corporation under the provisions of this Act.

(2) All regulations made under this Act shall be presented to Parliament as soon as possible after publication in the *Gazette*.

Obstruction of officer of Corporation

33. Any person who obstructs any officer of the Corporation or any person duly authorised by the Corporation in that behalf in the performance of any thing which the Corporation is by this Act required or empowered to do shall be guilty of an offence and shall be liable on conviction to a fine not exceeding $5,000 or to imprisonment for a term not exceeding 6 months.

Transfer to Corporation of assets and liabilities of Economic Development Board

34. As from 1st June 1968, such of the lands, buildings and other property, movable and immovable of the Economic Development Board constituted under the provisions of the Economic Development Board Act (Cap. 85), including all such assets, powers, rights, interests and privileges as well as such debts, liabilities and obligations in connection therewith or appertaining thereto as may be specified by the Minister by notification in the *Gazette* shall be deemed to have been transferred to and vested in the

Corporation without further assurance.

Corporation's symbols

35.—(1) The Corporation shall have the exclusive right to the use of —

(a) the symbols which are set out in the Schedule; and

(b) such other symbol as it may devise or adopt from time to time and thereafter display or exhibit in connection with its activities or affairs.

(2) The Corporation shall publish the symbol referred to in subsection (1)(b) in the *Gazette*.

(3) Any person who uses a symbol identical with, or which so resembles, any of the Corporation's symbols as to or be likely to deceive or cause confusion, shall be guilty of an offence and shall be liable on conviction to a fine not exceeding $2,000 or to imprisonment for a term not exceeding 6 months or to both.

(4) Nothing in this section shall be construed to authorise the Corporation to use any symbol which any person has acquired the exclusive right to use the same under the Trade Marks Act (Cap. 332) or otherwise.

35A.—(1) The Corporation or any employee thereof authorised by the Corporation in that behalf may, for the purpose of obtaining statistical information in relation to industrial property in Singapore, by notice require any person to furnish to the Corporation or the employee so authorised, within such period as shall be specified in the notice, all such particulars or information relating to all such matters as may be required by the Corporation and as are within knowledge of that person or in his custody or under his control.

(2) Subject to subsection (6), a notice issued under subsection (1) may be served in the following manner:

(a) in the case of an individual —

(i) by delivering it to the individual personally;

（ⅱ）by leaving it with an adult person apparently resident at，or by sending it by prepaid registered post to，the usual or last known address of the place of residence of the individual;

（ⅲ）by leaving it with an adult person apparently employed at，or by sending it by prepaid registered post to，the usual or last known address of the place of business of the individual;

（ⅳ）by affixing a copy of the notice in a conspicuous place at the usual or last known address of the place of residence or place of business of the individual; or

（ⅴ）by electronic communication，by sending an electronic communication of the notice to the last email address given to the Corporation by the individual as the email address for the service of documents on the individual;

（b）in the case of a partnership other than a limited liability partnership —

（ⅰ）by delivering it to any one of the partners or the secretary or other like officer of the partnership;

（ⅱ）by leaving it at，or by sending it by prepaid registered post to，the principal or last known place of business of the partnership in Singapore;

（ⅲ）by sending it by facsimile transmission to the fax transmission number operated at the principal or last known place of business of the partnership in Singapore; or

（ⅳ）by electronic communication，by sending an electronic communication of the notice to the last email address given to the Corporation by the partnership as the email address for the service of documents on the partnership; and

（c）in the case of any limited liability partnership or any other body corporate —

（ⅰ）by delivering it to the secretary or other like officer of the body corporate or，in the case of a limited liability partnership，the manager thereof，or to any person having，on behalf of the limited liability partnership or other body corporate，powers of control or management over the business， occupation, work or matter to which the notice relates;

（ⅱ）by leaving it at, or by sending it by prepaid registered post to, the registered office or principal place of business of the limited liability partnership or other body corporate in Singapore;

（ⅲ）by sending it by facsimile transmission to the fax transmission number operated at the registered office or principal place of business of the limited liability partnership or other body corporate in Singapore or elsewhere; or

（ⅳ）by electronic communication, by sending an electronic communication of the notice to the last email address given to the Corporation by the limited liability partnership or other body corporate as the email address for the service of documents on the limited liability partnership or body corporate.

（3）If the person on whom service is to be effected has an agent within Singapore, the notice may be delivered to the agent.

（4）Any notice issued under subsection（1）which is to be served on the occupier of any premises —

（a）may be served by delivering it to an adult person on the premises or, if there is no such person on the premises to whom it can with reasonable diligence be delivered, by affixing the notice to a conspicuous part of the premises; and

（b）shall be deemed to be properly addressed if addressed by the description of the occupier of the premises without further name or description.

（5）Where any notice issued under subsection（1）and required to be served on any person is —

（a）sent by registered post to any person in accordance with subsection （2）, it shall be deemed to be duly served on the person at the time when it would, in the ordinary course of post, be delivered, whether or not it is returned undelivered, and in proving service of the notice, it shall be sufficient to prove that the envelope containing the same was properly addressed, stamped and posted by registered post;

(b) sent by ordinary post to any person in accordance with subsection (2), it shall be deemed to be duly served on the person to whom it is addressed on the day succeeding the day on which it would, in the ordinary course of post, be delivered;

(c) sent by a facsimile transmission to the fax transmission number operated at the last known place of residence or business or registered office or principal place of business in accordance with subsection (2), it shall be deemed to be duly served on the person to whom it is addressed on the day of transmission, subject to receipt on the sending facsimile machine of a notification (by electronic or other means) of a successful transmission to the place of residence or business or registered office or principal place of business, as the case may be; and

(d) sent by electronic communication to an email address in accordance with subsection (2), it shall be deemed to be duly served on the person to whom it is addressed at the time of entering the information system addressed to the email address.

(6) Service of any notice under this section on a person by electronic communication may be effected only if the person gives as part of his or its address for service an email address.

(7) Any person who on being required by notice under this section to furnish any particulars or information —

(a) wilfully refuses or without lawful excuse (the proof of which lies on him) neglects to furnish the particulars or information within the time specified in the notice; or

(b) wilfully furnishes or causes to be furnished any false particulars or information in respect of any matter specified in the notice requiring particulars or information to be furnished, shall be guilty of an offence and shall be liable on conviction to a fine not exceeding $2,000 or to imprisonment for a term not exceeding 6 months or to both.

（8）Nothing in this section authorises the Corporation, or any employee thereof authorised by the Corporation in that behalf, to require the Inland Revenue Authority of Singapore or the Urban Redevelopment Authority to furnish to the Corporation or the employee so authorised —

（a）any particulars or information in the possession of the Inland Revenue Authority of Singapore obtained in the performance of any of its functions; or

（b）any particulars or information in the possession of the Urban Redevelopment Authority obtained in the performance of any of its functions.

Request for information from Inland Revenue Authority of Singapore and Urban Redevelopment Authority

35B.—（1）For the purpose of obtaining data for statistical purposes relating to industrial property in Singapore, the Corporation may in writing require —

（a）the Inland Revenue Authority of Singapore to furnish or supply to the Corporation any particulars or information in the possession of the Inland Revenue Authority of Singapore that it obtained in the performance of its function as an agent of the Government in administering, assessing, collecting and enforcing payment of property tax or stamp duties; or

（b）the Urban Redevelopment Authority to furnish or supply to the Corporation any particulars or information in the possession of the Urban Redevelopment Authority —

（ⅰ）that the Urban Redevelopment Authority obtained pursuant to any notice under section 44 of the Urban Redevelopment Authority Act; or

（ⅱ）that was collected by the Research and Statistics Unit before 1st September 1989 and transferred to the Urban Redevelopment Authority under section 31 of the Urban Redevelopment Authority Act.

（2）Notwithstanding the provisions of the Inland Revenue Authority of

Singapore Act and the Urban Redevelopment Authority Act，the Inland Revenue Authority of Singapore and the Urban Redevelopment Authority，respectively，shall furnish the particulars and information required under subsection（1）within such time as may be agreed to between the Corporation and the Inland Revenue Authority of Singapore or the Urban Redevelopment Authority，as the case may be.

Preservation of secrecy

—（1）Any member，officer or employee of the Corporation shall not disclose any particulars or information which has been obtained by the member，officer or employee of the Corporation in the performance of his duties or the exercise of his function under section 35A or 35B unless —

（a）the disclosure is with the previous consent in writing of the person who furnished the particulars or information under section 35A or the person to whom the particulars or information relate;

（b）the disclosure is as statistics which do not identify the person who furnished the particulars or information under section 35A or the person to whom the particulars or information relate;

（c）the disclosure is to the Urban Redevelopment Authority pursuant to its request made under section 44A of the Urban Redevelopment Authority Act;

（d）the disclosure is to the Chief Statistician pursuant to his direction under section 6 of the Statistics Act（Cap. 317）where the particulars or information are not exempted under section 6（2）of that Act from being so furnished;

（e）the disclosure is for the purposes of any proceedings for an offence under section 35A（7）or this section or any report of those proceedings; or

（f）the particulars or information are already in the public domain at the time of its disclosure.

（2）The Corporation may，in respect of any particulars or information disclosed to any person under subsection (1)(a), impose conditions as to the use of such particulars or information by notice in writing to that person.

(3) Any person who discloses any particulars or information in contravention of subsection (1), or who fails to comply with any condition imposed on him under subsection (2), shall be guilty of an offence and shall be liable on conviction to a fine not exceeding $ 2,000 or to imprisonment for a term not exceeding one year or to both.

(4) For the avoidance of doubt, nothing in subsection (1) authorises disclosure of any particulars or information referred to therein to any officer or employee of the Corporation not charged with any duties or function under section 35A or 35B.

Entry on premises to obtain statistical information

35D.—Any officer of the Corporation authorised by the Corporation in that behalf may, with such assistants as are necessary, at any reasonable time, with the consent of the occupier of any land or premises or after 6 hours' previous notice to such an occupier, and without involving any search or seizure of any premises, person or thing, enter the land or premises for all or any of the following purposes:

(a) for or in connection with obtaining statistical information in relation to industrial property in Singapore;

(b) for the purpose of verifying the accuracy or completeness of any particulars or information furnished by any person pursuant to a notice issued under section 35A(1).

PART IV
SALE OF FLATS, HOUSES OR OTHER BUILDINGS

Application of this Part

36. This Part shall apply only to flats, houses or buildings which are used

or intended to be used solely for the purpose of human habitation.

Restrictions on registration of assurance，lease，mortgage，transfer or charge

37.—(1) The Registrar of Deeds and the Registrar of Titles shall not register any assurance，lease，mortgage，transfer or charge relating to any flat，house or building which has been bought or sold，leased，mortgaged or disposed of by a person in contravention of section 38 or 40(1).

(2) A certificate of the Corporation that any flat，house or building has been purchased，sold，leased，mortgaged，transferred or charged in accordance with the provisions of this Part shall be conclusive evidence of that fact.

Conditions relating to sale，lease，mortgage or transfer of or charge on flat，house or building

38.—(1) No flat，house or building which has been sold by the Corporation under the provisions of this Part shall be sold，leased，mortgaged，transferred or charged without the written consent of the Corporation.

(2) Where any assignment，mortgage，transfer，charge or lease of any such flat，house or other building which is executed by or on behalf of the owner thereof without the prior written consent of the Corporation is registered under the provisions of the Registration of Deeds Act (Cap. 269) or the Land Titles Act (Cap. 157)，the Corporation may by an instrument lodged with the Registrar of Deeds or the Registrar of Titles，as the case may be，declare such assignment，mortgage，transfer，charge or lease to be void and the Registrar of Deeds or the Registrar of Titles，as the case may be，shall register the instrument without being concerned to inquire into its regularity or validity，and upon registration thereof shall cancel the registration of such assignment，mortgage，transfer，charge or lease.

(3) Any assignment，mortgage，transfer，charge or lease by an owner of a flat，house or other building sold subject to the provisions of this Part which

would not be void but for this section, shall be deemed to be valid for the purposes of any legal proceedings instituted by the Corporation under sections 45, 46 and 51.

Special provisions relating to sale of flat, house or building

39.—(1) Where —

(a) a flat is sold by the Corporation to any person under the provisions of this Part; or

(b) any estate or interest in such flat is —

(i) subsequently transferred by or to any person with the written consent of the Corporation; or

(ii) surrendered to the Corporation, and a solicitor is not employed by that person to act for him in the transaction, the Corporation may by its duly authorised officer act for that person.

(2) Where the Corporation acts for any person under subsection (1), then for the purposes of the registration of any instrument relating to the sale of the flat or the transaction in respect of the flat —

(a) in the case of an instrument which is required to be registered under the Registration of Deeds Act (Cap. 269), Section 11 of that Act shall not apply if a duly authorised officer of the Corporation certifies that the flat has been sold under the provisions of this Part; and

(b) in the case of an instrument which is required to be registered under the provisions of the Land Titles Act (Cap. 157), a certificate of an officer of the Corporation duly authorised by the Corporation to act for the person shall be sufficient for the purposes of section 59 of that Act.

(3) For the purposes of this section —

"flat" means any flat, house or other building sold by the Corporation under the provisions of this Part;

"transfer", in relation to a flat, means the conveyance, sale, purchase, assignment, mortgage, charge or the disposal in any manner of any estate or interest in the flat and includes a discharge of a mortgage, or a reconveyance, or the devolution of the rights of a deceased owner of the flat to another person, and "is transferred" shall be construed accordingly.

(4) Section 30 of the Legal Profession Act (Cap. 161) shall not apply to any officer of the Corporation acting for any party to the transactions referred to in subsection (1).

Restrictions relating to purchase of flat, house or building

40.—(1) No person shall be entitled to purchase any flat, house or other building sold subject to the provisions of this Part if that person, his spouse or any authorised occupier —

(a) is the owner of any other flat, house, building or land or has an estate or interest therein; or

(b) has, at any time within 30 months immediately prior to the date of making an application to the Corporation to purchase the flat, house or building or between the date of such application and the date of completion of the purchase of the flat, house or building, sold any flat, house, building or land of which he was the owner, or divested himself of any interest therein.

(2) Where a person purchases a flat, house or other building in contravention of subsection (1), he shall not present for registration under the provisions of the Registration of Deeds Act (Cap. 269) or the Land Titles Act (Cap. 157) the assurance of the flat, house or other building.

(2A) The Corporation shall on discovery of such a purchase—

(a) serve a written notice upon the purchaser of the flat, house or other building of its intention to lodge with the Registrar of Deeds or the Registrar of Titles, as the case may be, an instrument for the vesting in the Corporation of the title to or the estate or interest in that flat, house or other building; or

(b) where no lease has been registered in favour of the purchaser, serve a written notice of the Corporation's intention to terminate the agreement for a lease and to re-enter upon the flat, house or other building or part thereof in the name of the whole and thereupon any interest of the purchaser shall absolutely determine.

(3) The purchaser may, within 14 days after the service of the notice given pursuant to subsection (2A), appeal to the Minister whose decision shall be final and shall not be questioned in any court.

(4) Where an appeal has been made to the Minister pursuant to subsection (3), the Corporation shall not proceed to vest the title to or the estate or interest in the flat, house or other building in itself, or to repossess the flat, house or other building, until the appeal has been disposed of or withdrawn.

(5) The Registrar of Deeds or the Registrar of Titles, as the case may be, shall register any instrument, lodged under subsection (2A), without being concerned to inquire into its regularity or validity, and upon its registration the title to or the estate or interest in the flat, house or building shall vest in the Corporation without further assurance free from all encumbrances (subject to such subsisting covenants, conditions or restrictions, if any, as may be binding on the Corporation) for such title, estate or interest as the Corporation would have had on the date of the registration of the instrument, if there had been no sale of the flat, house or building.

(6) Upon the registration of such an instrument —

(a) in the case of a flat, house or building registered under the provisions of the Registration of Deeds Act (Cap. 269), the Registrar of Deeds shall make an entry in the books of the Registry that the flat, house or building has vested in the Corporation in accordance with subsection (5), and upon that entry being made, the flat, house or building shall vest in the Corporation free from all encumbrances, subject to such subsisting covenants, conditionsor restrictions, if any, as may be binding on the Corporation; or

(b) in the case of a flat, house or building, registered under the provisions of the Land Titles Act (Cap. 157), the flat, house or building shall vest in the Corporation free from all encumbrances, subject to such subsisting covenants, conditions or restrictions, if any, as may be binding on the Corporation, and the Registrar of Titles shall cancel the registration of any lease, mortgage or charge thereby overreached.

(7) The Corporation may, in its discretion, forfeit any moneys paid or deposited in respect of the purchase of any flat, house or other building from the Corporation if the Corporation discovers that the person has purchased or seeks to purchase the flat, house or other building in contravention of subsection (1).

(8) The Corporation may, in its discretion, exempt any person or class of persons from all or any of the provisions of this section.

(9) Notwithstanding subsection (1), the Corporation may sell or lease a flat, house or other building to any person, notwithstanding that the person, his spouse or any authorised occupier has purchased or acquired with the prior written consent of the Corporation, any commercial property not exceeding in value $250,000 or such higher value as the Minister may allow, and that commercial property is used or intended to be used by any such person for business purposes.

Conditions in respect of flat, house or building

41.—(1) No lien by deposit of the title deeds, as security for a debt, of any flat, house or building that has been sold by the Corporation under the provisions of this Part shall be capable of being created in favour of any person and no caveat in support of any such lien by deposit shall be capable of being registered under the provisions of the Registration of Deeds Act (Cap. 269) or the Land Titles Act (Cap. 157).

(2) No such flat, house or building shall vest in the Official Assignee on the bankruptcy of the owner thereof.

（3）No such flat, house or building shall be attached in execution of a decree of a court.

（4）Every trust or alleged trust, whether the trust is express, implied or constructive, which purports to be created in respect of such flat, house or building by the owner thereof shall be null and void and shall be incapable of being enforced by a court.

Transfer of flat, house or other building on the death of owner

42—（1）The transmission on the death of the owner, whether testate or intestate, or any transfer by the personal representatives of a deceased owner, of a flat, house or other building that has been sold subject to the provisions of this Part shall not be registered under the provisions of the Registration of Deeds Act（Cap. 269）or the Land Titles Act（Cap. 157）without the written consent of the Corporation.

（1A）Where the Corporation refuses to give its consent, the Corporation may lodge an instrument with the Registrar of Deeds or the Registrar of Titles, as the case may be, to have the flat, house or other building vested in the Corporation.

（2）Where no representation has been taken out under a will or on the intestacy of a deceased owner of a flat, house or other building within 12 months from the death of the owner, or where representation has been taken out but the personal representatives do not apply for the Corporation's written consent for the transmission or transfer of the flat, house or other building within 6 months from the date of representation, the Corporation may lodge an instrument with the Registrar of Deeds or the Registrar of Titles, as the case may be, to have the flat, house or other building vested in the Corporation.

（3）Where on the death of the owner of a flat, house or other building that has been sold subject to the provisions of this Part the lease in favour of the owner has not been registered under the provisions of the Registration of Deeds

Act or the Land Titles Act, or where no representation has been taken out under a will or on the intestacy of a deceased owner of such flat, house or other building within 12 months from the death of the owner, the Corporation may rescind the agreement for the lease of such flat, house or other building.

(4) Where the Corporation decides to lodge an instrument under subsection (1A) or (2) to have the flat, house or other building vested in itself or to rescind an agreement for a lease under subsection (3), the Corporation shall —

(a) serve a written notice on the personal representatives of the deceased owner of, and on all persons known or believed to have an interest or estate in, the flat, house or other building; and

(b) in the case where no representation is taken out, serve a notice on the flat, house or other building and on all persons known or believed to have an interest or estate in the flat, house or other building, of its intention to lodge with the Registrar of Deeds or the Registrar of Titles, as the case may be, an instrument of vesting under subsection (1A) or (2) or of its decision to rescind the agreement for a lease and of the compensation to be paid therefor and the date on which the instrument will be lodged as aforesaid, or the date the rescission is to take effect, not being a date earlier than 28 days after the date of the service of the notice.

(5) The personal representatives and any person who is interested in the estate of the deceased owner may, within 28 days after the day of service of the notice, appeal to the Minister whose decision shall be final and shall not be called in question in any court.

(6) Where an appeal is made to the Minister pursuant to subsection (5), the Corporation shall not proceed to lodge an instrument of vesting under subsection (1A) or (2) or rescind he agreement for a lease until the appeal is determined or withdrawn.

(7) The Registrar of Deeds or the Registrar of Titles, as the case may be, shall register any instrument lodged under subsection (1A) or (2) without

being concerned to inquire into its regularity or validity and —

(a) in the case of a flat, house or other building registered under the provisions of the Registration of Deeds Act (Cap. 269), the Registrar of Deeds shall make an entry in the books of the Registry that the flat, house or other building has been vested in the Corporation; and

(b) in the case of a flat, house or other building registered under the provisions of the Land Titles Act (Cap. 157), the Registrar of Titles shall register the instrument on the relevant folio of the land register without the necessity of the production of the duplicate certificate of title.

(8) Upon entry being made or registration under subsection (7), the title to and the estate or interest in the flat, house or other building shall vest in the Corporation free from all encumbrances, subject to such subsisting covenants, conditions or restrictions, if any, as may be binding on the Corporation, and the Registrar of Deeds or the Registrar of Titles, as the case may be, shall cancel the registration of any mortgage, charge or lease thereby overreached.

(9) Where an appeal has been determined by the Minister or on the expiry of a period of 28 days after the service of the notice referred to in subsection (4) and the personal representatives do not consent to receive the compensation, or where representation has not been taken out under a will or on the intestacy of the deceased owner, or where there are conflicting claims to the compensation to be paid by the Corporation, the Corporation shall apply to the High Court ex parte by originating summons, supported by an affidavit, for an order to deposit the amount of the compensation in Court and, notwithstanding anything to the contrary in the Rules of Court for the time being in force, the High Court may make such an order.

(10) The compensation to be paid by the Corporation for any flat, house or other building vested in the Corporation under this section shall be determined by the Corporation.

Establishment of management corporations

43.—(1) The owners of flats in any building or buildings of the Corporation shall, as soon as possible after they are directed by the Corporation in writing, establish a body corporate under the name of "The Management Corporation for flat numbers... of the Jurong Town Corporation building situate in Lot number... in Town Sub-Division or Mukim...".

(2) The Corporation shall not, without consulting all the owners of the flats in any building or buildings, issue any direction under subsection (1) to the owners of the flats.

(3) Where a direction of the Corporation under subsection (1) is not carried out, the Corporation may, by notification in the Gazette, authorise a company, incorporated under the provisions of any written law for the time being in force relating to companies, to exercise the functions, duties and powers of a management corporation.

(4) The Corporation may, by notification in the *Gazette*, revoke any authorisation granted to a company under subsection (3) without assigning any reason.

(5) A management corporation, referred to in subsection (1), shall be constituted by order made by the Corporation, which shall be published in the *Gazette*.

(6) Upon the constitution of a management corporation under subsection (5) and so long as one exists in relation to one or more buildings, the owners of flats in the building or buildings shall be —

(a) members of the management corporation; and

(b) entitled to such voting rights as may be prescribed.

(7) A management corporation constituted under subsection (5) shall have perpetual succession and may sue and be sued in its name and do all other matters and things incidental or appertaining to a body corporate and not inconsistent with the provisions of this Act.

（8）The management corporation shall establish and maintain a fund for administrative purposes sufficient in the opinion of the management corporation for the control，management and administration of the common property of the building or buildings in relation to which the management corporation exists，for the payment of any rent，rates and premiums of insurance in respect of the common property and the discharge of any other obligations of the management corporation.

（9）For the purposes of establishing and maintaining a fund in accordance with subsection（8），the management corporation may ——

（a）determine from time to time the amounts to be raised for the purposes referred to in subsection（8）;

（b）raise amounts so determined by levying contributions on the owners of flats in the building or buildings referred to in subsection（8）in such proportions as may be prescribed; and

（c）recover from any of the owners by an action in a court of competent jurisdiction any sum of money expended by the management corporation for rents，rates，premiums，maintenance，conservancy or for repairs to or done by it at its direction to his flat.

（10）Subject to subsection（12），any contribution levied under subsection（9）shall be due and be payable ——

（a）on the passing of a resolution to that effect by the management corporation and in accordance with the terms of that resolution; or

（b）if the Corporation or a company，as the case may be，is performing the functions of a management corporation and has been vested with its powers，under section 44，on the service of a written notice and in accordance with the terms of that notice，and may be recovered by the management corporation or the Corporation or company，as the case may be，in an action in a court of competent jurisdiction from the owner of a flat in a building referred to in subsection（8）at the time when the resolution or notice，as the case may be， was passed or served and from the owner of the flat at the time when the action is instituted jointly or severally.

(11) A certificate of the Corporation shall be conclusive evidence of the amount that may be due to the Corporation under subsection (10).

(12) A management corporation shall, on the application of an owner of a flat in a building in relation to which the management corporation exists under the provisions of this Act or a person authorised in writing by him, certify —

(a) the amount determined as the contribution of the owner;

(b) the manner in which that contribution is payable;

(c) the extent to which his contribution has been paid by the owner; and

(d) the amount of any rates paid by the management corporation and not recovered by it, and in favour of any person dealing with that owner such a certificate shall be conclusive evidence of the matters certified therein.

(13) A management corporation constituted under subsection (5) shall not be wound up except by an order made by the Corporation cancelling the order by which it was constituted.

(14) An order made under subsection (13) shall be published in the Gazette and shall provide for the winding up of the management corporation and for its dissolution.

Corporation or company may exercise the powers of management corporation

44. The functions and duties of a management corporation constituted under section 43(5) may be performed and its powers shall be vested in and may be exercised by —

(a) the Corporation —

(i) where a management corporation has not been constituted under section 43(5); or

(ii) where a management corporation constituted under section 43(5) has been wound up by an order made under section 43(13); or

(b) a company authorised by the Corporation under section 43(3).

Determination of lease of flat, house or building

45. The Corporation may, where a flat, house or building has been sold by the Corporation under the provisions of this Act —

(a) if any rent reserved by the lease or part thereof is unpaid for 3 calendar months after becoming payable and the Corporation has sent a demand in writing by registered post addressed to the owner of the flat, house or building (whether the demand has been received by the owner or not);

(b) if the owner has committed any breach of a condition against assigning, underletting or parting with possession of the flat, house or other building or any part thereof or has committed any other condition the breach of which is not capable of remedy and the Corporation has sent a notice in writing by registered post addressed to the owner or purchaser at the flat, house or other building (whether the notice has been received or not);

(c) if any condition (being a condition the breach of which is capable of remedy) on the part of the owner is not performed or observed within 2 weeks after a notice in writing has been sent by the Corporation to the owner addressed to the owner of the flat, house or other building drawing the attention of the owner to the non- performance or non-observance of the condition (whether the demand has been received by the owner or not);

(d) if the owner has submitted a false statement in his application form for the purchase of the flat, house or building;

(e) if the owner has, in the opinion of the Corporation, committed a breach of any of the rules made under section 53(1)(f); or

(f) if the owner has, in the opinion of the Corporation, used the flat, house or building otherwise than for a purpose allowed by the lease, in every such case re-enter upon the flat, house or building or a part thereof in the name of the whole and thereupon the lease shall determine; but such determination shall be without prejudice to any right of action or remedy of the Corporation in respect of any such breach or any other breach of the conditions contained in the lease.

Corporation may compulsorily acquire property sold subject to this Part

46.—(1) The Corporation may compulsorily acquire any flat, house or other building sold subject to the provisions of this Part, whether before or after 23rd March 1978 —

(a) if the owner thereof and his spouse, if any, has in the opinion of the Corporation ceased to occupy the flat, house or other building;

(b) if the owner thereof, his spouse or any authorised occupier has at any time, whether before or after that date, acquired whether by operation of law or otherwise any title to or an estate or interest in any other flat, house or building or land;

(c) if the flat, house or other building has in the opinion of the Corporation been used otherwise than for the purpose permitted by the lease;

(d) if the owner thereof has permitted any person other than an authorised occupier to reside or stay in the flat, house or other building;

(e) if the owner thereof has failed to perform or observe any condition contained in the lease to be performed or observed on the part of the owner after a notice in writing has been sent by the Corporation drawing his attention to the non-performance or non-observance of the condition in the lease and the Corporation is of the opinion that he is likely to continue to do the same if he should continue to own the flat, house or other building;

(f) if the owner thereof has made a misleading or false statement in his application to the Corporation for the purchase of the flat, house or other building;

(g) if the owner thereof has made misrepresentation of a material fact, whether innocently or otherwise, in his application to the Corporation for the purchase of the flat, house or other building;

(h) if the owner thereof assigns, underlets or parts with the possession of the flat, house or other building or any part thereof without obtaining the prior written consent of the Corporation;

(i) if, in the opinion of the Corporation, the flat, house or other building is not being occupied by such minimum number of persons as the Corporation may require;

(j) if the owner thereof has at any time, whether before or after that date, ceased to be a citizen of Singapore; or

(k) if the rent or any payments or any part thereof due to the Corporation reserved under the lease remains unpaid for 3 calendar months after they are due and payable and the Corporation has sent a notice of demand in writing to the owner thereof.

(2) Subsection (1)(b) shall not apply to any owner or his spouse or any authorised occupier who has purchased or acquired, with the prior written consent of the Corporation, any commercial property not exceeding in value $250,000 or such higher value as the Minister may allow and the commercial property is used or intended to be used by any such person for business purposes.

(3) Where the Corporation intends to exercise its powers of compulsory acquisition conferred by this section, the Corporation shall serve a notice in writing on the owner of the flat, house or other building and all persons known or believed to be interested in claiming all or any part of the compensation to be paid for the flat, house or other building (referred to in this Part as an interested person) stating the Corporation's intention to acquire the premises and the compensation to be paid therefor.

(4) An owner or interested person who objects to a proposed acquisition by the Corporation may, within 28 days after the date of the service of a notice referred to in subsection (3), submit in writing to the Corporation precisely the

grounds upon which he objects to the acquisition and the compensation offered by the Corporation.

(5)The Corporation shall consider the objection and may either disallow it or allow it either wholly or in part, and shall serve the owner or interested person by post or otherwise with a written notice of its decision.

(6) Any owner or interested person aggrieved by the decision of the Corporation may, within 28 days after the date of the service of such decision, appeal in the prescribed manner to the Minister whose decision shall be final.

(7)This section shall not limit or affect the powers conferred upon the Corporation by any other provision of this Act or under any other written law to exercise its right of forfeiture and right of re- entry for a breach of any of the conditions of a lease.

(8)The compensation to be paid by the Corporation for any flat, house or other building compulsorily acquired by the Corporation under this section shall be determined by the Corporation.

Vesting of acquired property in Corporation

47.—(1) When the Corporation has made a decision pursuant to section 46 to compulsorily acquire a flat, house or other building, the Corporation may —

(a) lodge an instrument with the Registrar of Deeds or the Registrar of Titles, as the case may be, for the vesting in the Corporation of the title to or the estate or interest in that flat, house or other building —

(i) in the case where no objection has been made pursuant to section 46 (4), on the expiry of a period of 28 days after the date of the service of the notice referred to in section 46(3); and

(ii) in the case where an appeal has been made to the Minister, at any time after the appeal has been determined by the Minister or when the appeal is withdrawn, as the case may be; and （b）in the case where no lease has been registered in favour of the owner, serve a written notice to terminate the agreement for a lease and to repossess the flat, house or other building or part thereof in the name of the whole and thereupon any interest of the purchaser shall absolutely determine.

（2）The Registrar of Deeds or the Registrar of Titles, as the case may be, shall register any instrument lodged under subsection （1） without being concerned to inquire into its regularity or validity and —

（a）in the case of a flat, house or other building registered under the provisions of the Registration of Deeds Act（Cap. 269）, the Registrar of Deeds shall make an entry in the books of the Registry that the flat, house or other building has been vested in the Corporation; or

（b）in the case of a flat, house or other building registered under the provisions of the Land Titles Act（Cap. 157）, the Registrar of Titles shall register the instrument on the relevant folio of the land register without the necessity of the production of the duplicate certificate of title.

（3）Upon entry being made or registration under subsection （2）, the title to and the estate or interest in the flat, house or other building shall vest in the Corporation free from all encumbrances, subject to such subsisting covenants, conditions or restrictions, if any, as may be binding on the Corporation, and the Registrar of Deeds or the Registrar of Titles, as the case may be, shall cancel the registration of any mortgage, charge or lease thereby overreached.

Payment of compensation

48.—（1）The Corporation shall pay the compensation determined by the Corporation, or varied by the Minister on an appeal, to an owner or to both an owner and an interested person in such proportion as the Corporation may decide or as may be varied by the Minister.

（2）Where any party refuses to accept the compensation or where there is a dispute between the parties to the proportion they are entitled to the compensation to be paid, the Corporation shall apply to the High Court ex parte by summons supported by an affidavit for an order to deposit the amount of the compensation or any part thereof in Court and notwithstanding anything to the contrary in the Rules of Court for the time being in force the High Court may make such an order.

(3) The Corporation may withhold any compensation payable in respect of any flat, house or other building vested in the Corporation under this Act to any person until the Corporation has taken possession of that flat, house or other building.

Taking possession

49.—(1) Where any flat, house or other building has been vested in the Corporation pursuant to section 40 or 47, the Corporation may proceed to take possession of that flat, house or other building on the expiry of a period of 30 days after the service of a notice on the owner thereof.

(2) If any officer of the Corporation is opposed or impeded in taking possession under this section of any flat, house or other building, the Corporation may take such measures (including the calling for the assistance of the police) as are necessary to have the occupants evicted from and to enforce the surrender of the flat, house or other building and to remove all things and other movable property found therein.

Giving false information

50. Any person who makes any statement in his application to the Corporation for the purchase of a flat, house or other building which is false, and which he either knows or believes to be false or does not believe to be true, shall be guilty of an offence and shall be liable on conviction to a fine not exceeding $5,000 or to imprisonment for a term not exceeding 6 months or to both.

Unauthorised subletting

51.—(1) Any person who being the lessee of a flat，house or other building sold by the Corporation subject to the provisions of this Part assigns，underlets or parts with the possession of the flat，house or other building or any part thereof without obtaining the prior written consent of the Corporation as required by the lease shall be guilty of an offence and shall be liable on conviction to a fine not exceeding $5,000 or to imprisonment for a term not exceeding 6 months or to both.

(2) Any person who abets the commission of an offence under this section shall be punished with the punishment provided for the offence.

Direction of Minister to be conclusive evidence

52. If any dispute arises or should a ruling be required as to whether any property is a commercial property within the meaning of this Act, a direction by the Minister to the effect that the property is, or is not, a commercial property shall be conclusive evidence for all purposes; every such direction shall be final and shall not be called in question in any court or tribunal.

Power to make rules

53.—(1) The Corporation may, with the approval of the Minister, make rules for giving effect to this Part and, in particular, for or with respect to all or any of the following matters:

(a) the terms and conditions for the sale of a flat, house or building under the provisions of this Part;

(b) the persons to whom the flat, house or building may be sold and the persons who are allowed to stay in the flat, house or building, including the qualifications as to income, the minimum number in the family, citizenship and ownership of any other properties by all or any such persons;

(c) a scheme of savings by a prospective purchaser of the flat, house or building with the Corporation for the first minimum payment therefor;

(d) the minimum first payment for the purchase of the flat, house or building and the maximum period that may be allowed for the payment of the balance of the purchase price thereof, together with the prescribed interest;

(e) the functions, duties and powers of a management corporation constituted under section 43;

(f) regulating the use, management and control of flats, houses or buildings that have been sold under the provisions of this Part, and the common property thereof;

(g) prescribing the fees to be charged by the Corporation for acting for any person in the sale, purchase, transmission of the interest of a deceased owner, transfer, assignment, mortgage, discharge of a mortgage, reconveyance or surrender of a flat sold under the provisions of this Part or for acting for any surviving joint owner of such a flat in his application to register his entitlement consequent upon the death of the other joint owner; and

(h) prescribing the penalty (such penalty, if unpaid, to constitute a debt due to the Corporation and be recoverable as such) to be paid by the owner of any flat, house or other building sold under the provisions of this Part or by any applicant for such flat, house or other building for non-observance or non-compliance with any of the restrictions, conditions or requirements of section 40, 45 or 46, where the Corporation does not institute proceedings against him under any of those sections.

(2) All such rules shall be presented to Parliament as soon as possible after publication in the *Gazette*.

Exemption

54. The Minister may, by notification in the *Gazette*, exempt any person or class of persons or any flat, house or building described therein from any of the provisions of this Part.

PART Ⅴ

LIABILITY OF CORPORATION AT JURONG PORT

Interpretation of this Part

55. In this Part, unless the context otherwise requires —

"goods" includes animals, carcases, baggage and any other movable property of any kind whatsoever;

"Jurong Port" means any place in the district of Jurong in Singapore which is owned by the Corporation and where facilities are provided by the Corporation for ships to load or unload;

"owner" —

(a) in relation to goods, includes any consignor, consignee, shipper or agent of the owner for the sale, custody, loading, handling, discharge or delivery of such goods; and

(b) in relation to any vessel, includes any part-owner, charterer, operator, consignee or mortgagee in possession thereof or any duly authorised agent of any such person;

"transhipment goods" means goods landed from a vessel and placed in the custody of the Corporation for the purpose of shipment on another vessel on a through bill of lading dated at the port of loading of such goods and showing that the destination is via Singapore, with the ultimate port of destination marked on each package or unit containing such goods and declared on a transhipment manifest lodged with the Corporation prior to or at the time such goods are placed in its custody;

"vessel" includes any ship or boat or air-cushioned vehicle or floating rig or platform used in any form of operations at sea or any other description of vessel.

Application of this Part

56. This Part shall only apply to the Jurong Port and to any place or premises controlled or used by the Corporation for the purpose of providing and maintaining adequate and efficient port services and facilities in the Jurong Port.

Loss or destruction of or damage to goods other than transhipment goods and goods accepted for storage

57. Neither the Corporation nor any person acting for or on behalf of the Corporation shall be liable —

(a) for any loss caused to any person by reason of misdelivery, short delivery or non-delivery of any goods deposited with or placed in the custody or control of the Corporation, other than transhipment goods and goods accepted for storage by the Corporation under section 63; or

（b）for damage to or destruction of such goods as have been duly acknowledged by the Corporation to be in its custody in the sum of more than $2,000 per package or unit unless the nature and value of the goods contained therein have, prior to delivery to the Corporation, been declared in writing to the Corporation by the person delivering or causing the same to be delivered, and the Corporation shall not in any event be liable therefor where the value of any such goods has been misstated.

Liability for loss under contract

58.—（1）Notwithstanding section 57, the Corporation shall, on application made to it by the owner of any vessel, enter into a contract with the owner whereby the Corporation shall accept liability for any loss caused by reason of short delivery by the Corporation of any goods deposited with or placed in the custody or control of the Corporation or any failure by the Corporation to deliver or account for them.

（2）For the purposes of this section, the Corporation may prescribe the terms and conditions of the contract and may, with the approval of the Minister, from time to time prescribe the rates to be levied.

（3）The Corporation may, in its discretion, refuse to enter into such contract unless the contract is in respect of all of the goods to be loaded into or discharged from a vessel, as the case may be.

Loss or destruction of, or damage to, transhipment goods deposited with Corporation

59.—（1）In respect of any transhipment goods delivered by any person to, or placed by any person in the custody of, the Corporation, the Corporation shall, from the time of acknowledgment of the receipt of such goods and until delivery of the goods alongside the on-carrying vessel for loading, be liable, subject to section 60, for the loss or destruction of, or damage to, the goods.

(2) The Corporation shall not be liable for any such loss, destruction or damage in a sum of more than $2,000 per package or unit unless the nature and value of the goods contained therein have, prior to delivery to the Corporation, been declared in writing to the Corporation by the person delivering or causing them to be delivered, and the Corporation shall not in any event be liable therefor where the value of any such goods has been mis-stated.

Force majeure, etc.

60. Sections 57 and 59 shall not impose on the Corporation or any person duly authorised by it any liability for the loss or destruction of, or damage to, any goods arising from —

(a) fire or flood, unless caused by the actual fault or privity of the Corporation;

(b) an act of God;

(c) act of war or of public enemies;

(d) seizure under any legal process;

(e) quarantine restrictions;

(f) any act, omission or default of the owner or carrier of such goods;

(g) strikes, lock-outs or stoppages or restraints of labour from whatever cause, whether partial or general;

(h) riots and civil commotions;

(i) saving or attempting to save life or property;

(j) insufficient or improper packing, defective or insufficient marks or leakage from defective drums, containers or packages;

(k) any inherent liability to wastage in bulk or weight, latent or inherent defect or natural deterioration;

(l) any deficiency in the contents of unbroken packages; or

(m) the dangerous nature of those goods.

Cargo subject to general or particular average

61.—(1) The owner or master of any vessel discharging or intending to discharge any cargo which is the subject or likely to be the subject of a declaration of general or particular average into the premises of the Corporation shall inform the Corporation of the existence or likelihood of the declaration and of the particulars of the cargo affected or likely to be affected thereby prior to the commencement of the discharge.

(2) The Corporation shall be exempt from all liability in respect of the discharge, reception, storage or removal of any cargo referred to in subsection (1).

Corporation not responsible for acts of stevedore or workman

62. Any stevedore or workman whilst engaged in performing work in or in respect of any vessel shall, notwithstanding that his wage or remuneration for performing the work is paid by the Corporation, be deemed to be the employee of the owner and master of the vessel and the Corporation shall be exempt from all liability for any loss or damage caused by any act, omission or default of the stevedore or workman.

Saving

63.—(1) Nothing in this Part shall preclude the Corporation from accepting goods for storage as well as liability for any loss, destruction or damage thereto.

(2) Nothing in this Part shall affect any liability that may be imposed on the Corporation by any written law relating to compensation to workmen.

PART Ⅵ
MISCELLANEOUS

Sanction for prosecution

64. No court shall try any offence under this Act or any rules or regulations made there under except with the consent of the Public Prosecutor.

Conduct of prosecution

65. Proceedings in respect of any offence under this Act or any rules or regulations made thereunder may, with the authorisation of the Public Prosecutor, be conducted by any officer of the Corporation or any other person authorised in writing in that behalf by the Chairman.

Service of notice

66. Unless otherwise expressly provided, every notice, order or document required or authorised by this Act or any rules or regulations made thereunder to be served on the owner of a flat, house or building sold under the provisions of this Act shall be deemed to be sufficiently served —

(a) if the notice, order or document is delivered to the owner or is delivered at the flat, house or building to some adult member or servant of his family;

(b) if it is sent to the owner by registered post at his flat, house or building (whether or not it has been received by him); or

(c) if it is affixed to some conspicuous part of his flat, house or building.

Composition of offences

67.—(1) The chief executive officer of the Corporation or any other officer of the Corporation who is authorised by the chief executive officer of the

Corporation may, in his discretion, compound any offence under this Act or any rules or regulations made thereunder which is prescribed as a compoundable offence by collecting from a person reasonably suspected of having committed the offence a sum not exceeding the lower of the following sums:

(a) one half of the amount of the maximum fine that is prescribed for the offence;

(b) a sum of $5,000.

(2) On payment of such sum of money, no further proceedings shall be taken against that person in respect of the offence.

(3) The Minister may make regulations to prescribe the offences which may be compounded.

JURONG TOWN CORPORATION ACT

This Legislative History is provided for the convenience of users of the Jurong Town Corporation Act. It is not part of this Act.

1. Act 5 of 1968—Jurong Town Corporation Act 1968

Date of First Reading	:	9. 5. 68　(Bill　No.　9/68 published on 10. 5. 68)
Date of Second and Third Readings	:	21. 5. 68
Date of commencement	:	1. 6. 68

2. 1970 Revised Edition (Cap. 209)—Jurong Town Corporation Act 1970

Date of operation	:	1 January 1970

3. Act 36 of 1970—Jurong Town Corporation (Amendment) Act 1970

Date of First Reading	:	2. 9. 70 (Bill　No.　39/70 published on 2. 9. 70)
Date of Second and Third Readings	:	2. 9. 70
Date of commencement	:	4. 9. 70

4. Act 7 of 1971—Jurong Town Corporation (Amendment) Act 1971

Date of First Reading	:	30. 12. 70 (Bill　No. 55/70 published on 31. 12. 70)
Date of Second and Third Readings	:	11. 1. 71

Date of commencement : 1. 2. 71

5. Act 35 of 1973—Statutes of the Republic of Singapore（Miscellaenous Amendment）Act 1973

Date of First Reading	:	11. 7. 73 （Bill No. 35/73 published on 16. 7. 73)
Date of Second and Third Readings	:	26. 7. 73
Date of commencement	:	1. 9. 73

6. Act 29 of 1974—Jurong Town Corporation（Amendment）Act 1974

Date of First Reading	:	28. 8. 74 （Bill No. 22/74 published on 2. 9. 74)
Date of Second and Third Readings	:	23. 10. 74
Date of commencement	:	1. 1. 75

7. Act 11 of 1978—Jurong Town Corporation（Amendment）Act 1978

Date of First Reading	:	31. 1. 78 （Bill No. 6/78 published on 3. 2. 78)
Date of Second and Third Readings	:	17. 2. 78
Date of commencement	:	23. 3. 78

8. Act 31 of 1980—Jurong Town Corporation（Amendment）Act 1980

Date of First Reading	:	29. 7. 80 （Bill No. 19/80 published on 2. 8. 80)
Date of Second and Third Readings	:	31. 10. 80
Date of commencement	:	12. 1. 81

9. Act 7 of 1983—Statutes（Miscellaenous Amendments）Act 1983

Date of First Reading	:	3. 12. 82 （Bill No. 25/82 published on 8. 12. 82)
Date of Second and Third Readings	:	24. 3. 83
Date of commencement	:	15. 4. 83

10. 1985 Revised Edition—Jurong Town Corporation Act

Date of operation	:	1 January 1985

11. Act 27 of 1986—Jurong Town Corporation (Amendment) Act 1986

Date of First Reading	:	29. 7. 86 （Bill No. 18/86 published on 4. 8. 86)
Date of Second and Third Readings	:	25. 8. 86

Date of commencement : 19. 9. 86

12. 1985 Revised Edition—Jurong Town Corporation Act

Date of operation : 30 March 1987

13. Act 11 of 1991—Statutes (Miscellaenous Amendments) Act 1991

Date of First Reading : 3. 1. 91 （Bill No. 4/91 published on 4. 1. 91)

Date of Second and Third Readings : 14. 1. 91

Date of commencement : 30. 11. 91

14. Act 18 of 1994—Statutes (Miscellaenous Amendments) Act 1994

Date of First Reading : 25. 7. 94 （Bill No. 25/94 published on 29. 7. 94)

Date of Second and Third Readings : 25. 8. 94

Date of commencement : 1. 10. 94

15. Act 23 of 1995—Jurong Town Corporation (Amendment) Act 1995

Date of First Reading : 25. 5. 95 （Bill No. 18/95 published on 26. 5. 95)

Date of Second and Third Readings : 7. 7. 95

Date of commencement : 4. 8. 95

16. 1998 Revised Edition—Jurong Town Corporation Act

Date of operation : 30 May 1998